薄荷实验
Think As The Natives

格伦费尔塔楼
火灾是如何发生的

Show Me the Bodies

How We Let Grenfell Happen

Peter Apps

[英] 彼得·阿普斯 著

崔航蔚 译

华东师范大学出版社

·上海·

图书在版编目（CIP）数据

　　格伦费尔塔楼火灾是如何发生的 /（英）彼得·阿普斯著；崔航蔚译. —上海：华东师范大学出版社，2025. —ISBN 978-7-5760-6372-1

　　Ⅰ. I561.55

　　中国国家版本馆 CIP 数据核字第 20253FM230 号

SHOW ME THE BODIES: HOW WE LET GRENFELL HAPPEN
by Peter Apps
Copyright © Peter Apps, 2022
This translation of SHOW ME THE BODIES: HOW WE LET GRENFELL
HAPPEN is published by arrangement with Oneworld Publications Ltd.
Simplified Chinese translation copyright © 2025 by East China Normal
University Press Ltd.
ALL RIGHTS RESERVED

上海市版权局著作权合同登记 图字：09-2024 - 0075号

格伦费尔塔楼火灾是如何发生的

著　者	〔英〕彼得·阿普斯
译　者	崔航蔚
责任编辑	顾晓清
项目编辑	郑絮文
审读编辑	王文洁
责任校对	姜　峰　时东明
封面设计	登出计划

出版发行　华东师范大学出版社
社　址　上海市中山北路 3663 号　邮编　200062
网　店　http://hdsdcbs.tmall.com/
客服电话　021 — 62865537

印 刷 者　苏州工业园区美柯乐制版印务有限责任公司
开　本　890×1240　32 开
印　张　11.5
版面字数　233 千字
版　次　2025 年 8 月第 1 版
印　次　2025 年 8 月第 1 次
书　号　ISBN 978-7-5760-6372-1
定　价　79.80 元

出 版 人　王　焰

（如发现本版图书有印订质量问题，请寄回本社市场部调换或电话 021—62865537 联系）

献给 72 位遇难者和所有爱他们的人

目 录

序

　　这本该是一场寻常的公寓火灾。它的起因只是一栋建于 20 世纪 50 年代的公共住宅楼 7 层的一个家用电器出了故障。伦敦消防局每天都在处理这类火情，他们往往在楼里其他住户毫无察觉时就能将火苗扑灭。但这次的火灾不一样。

　　这栋塔楼疏于维护，进一步恶化了本就严重的消防安全隐患。居民们反映过自己的担忧，但都无济于事。大楼没有接受过法定的风险评估，更糟糕的是，在近期的翻修中，大楼外墙上还被安装了极易燃的墙板。

　　火灾发生时正值炎炎仲夏，火舌从一扇打开的窗口蹿出，引燃了其中一块墙板。火势开始向整栋楼蔓延，还威胁到了别的公寓。

　　这打了消防部门一个措手不及。按理说火势不会从一间公寓蔓延至另一间。当被困居民的电话一个接一个打进来时，接线员只能照本宣科地建议道："原地等待。"地面上的救援行动一片混乱。消防员们从未在训练中遇到过这种情况，不知该如何应对。老化的设施也拖了协调响应的后腿。指令在消防员间传得飞快，而事关解救被困居民的重要信息却并没有被迅速传达到地面队伍。居民们绝望地等待着从未到来的救援。如果曾有人叫他们快速撤离，他们本有机会活下来。

之后的一场大型公开质询中播放了 999 通被困者报警电话的录音，每一通都撕心裂肺，记录下他们在烟雾吞没燃烧的公寓时攀升的恐惧。大火迅速摧毁了这栋疏于维护的大楼，防火门全部失效。最终，唯一的楼梯间被漆黑而呛人的烟雾填满。在一间浴室里，两位母亲和她们的三个孩子丧生于此，其中还包括一名刚出生几周的婴儿。

"地方议会知道我们的担忧。我们告诉过他们，我们需要确切、到位的措施，"一位居民在火灾发生几天后告诉《标准晚报》，"可是每次我们投诉，他们都说已经把我们担心的事记录在案了，但从未采取任何行动。"[1]

很快，全国各地其他社会住房①的安全问题也开始受到关注，因为人们发现某些酿成这场火灾惨剧的安全问题似乎随处可见。面对来自各方的强烈批评，消防部门表示将反思自己向被困居民给出的"原地等待"的建议。这是英国有史以来最严重的塔楼火灾。政客们郑重承诺，此类事件不会再发生。但这

---

① 社会住房（social housing）是指由政府或其他组织所有的、不以营利为目的进行出租的公共住房，主要面向低收入群体。——译注

些承诺很快就被打破了。

这不是 2017 年的格伦费尔塔楼火灾,而是 2009 年伦敦东南部萨瑟克地区的拉卡纳尔公寓火灾。

三名成年人、两名儿童和一名仅出生 20 天的婴儿在这场令人悲痛却本可避免的公共惨剧中丧生。但海伦·乌多阿卡哈和她的女儿米歇尔,达亚娜·弗朗西基尼和她的孩子泰依丝、费利佩以及凯瑟琳·希克曼的尸体也不足以说服这个国家做出改变。

八年后导致格伦费尔塔楼惨剧的所有祸根,都能在他们丧生的火海中找到:易燃的外墙板帮助火源所在公寓的火星蔓延开来,沿着建筑外层向上爬去;内部的防火漏洞致使烟雾和火焰在楼内畅通无阻;而消防队对"原地等待"的盲目信任导致遇难者们错失逃生机会。

所有这些在格伦费尔塔楼被火焰吞噬之前就已尽人皆知,但我们就是无所作为。我们既没有修订法规,也没有制订计划避免灾难重演,并对警告视而不见。

这场火灾让我们看到自己是如何被治理的,以及人命——尤其是穷人、移民和少数族裔的性命——在我们的政治和经济体系中的优先等级。格伦费尔事件是一系列选择造成的苦果,是国家的怠慢和企业的恶行在多个领域的叠加,是我们诸多社会结构弊病的重灾区。最重要的是,它是政治选择的结果。"格伦费尔是一面棱镜,折射出我们被治理的方式。"王室大律师斯蒂芬妮·巴尔维斯(Stephanie Barwise)如是说。她在 2021 年 12 月担任格伦费尔塔楼火灾遇难者家属和幸存者的法律代理人。[2]

本书将透过这面棱镜一探究竟，而它所揭露的画面令人愕然。在过去的至少三十年间，不断堆积的证据都在向我们证明采取行动预防高层建筑灾难的必要性，而我们的民意代表们却一次又一次地选择不作为。他们故意轻慢，将公共部门私有化，不然本书原本没有必要出现。他们还和企业界勾结，而这些企业对人的生命表现出一种近乎病态的漠然。

如果你觉得这是夸大其词，想想下面这些情景吧——本书接下来将逐一进行解释。某隔热材料制造商的一名员工将2007年一场含有该公司产品的覆层系统的防火测试形容为"熊熊燃烧的炼狱"，但公司隐瞒了测试结果，并将它定向推销给高层建筑使用。当其防火效果遭到质疑时，一名经理让提出问题的人都"去死吧"。一家建筑覆层材料制造商的高层在内部沟通邮件中写道，公司对自己产品的糟糕表现"心知肚明"，却告诉销售人员要对真实的防火表现**"绝对保密！！！！！"**。此外，还有一份内部文件预测，如果一幢被他们导致"六七十人"死亡的覆层产品包裹的住宅楼发生了火灾，可能会造成怎样的商业后果。这两种材料有可能都被用在了格伦费尔塔楼上。

试想某承包商的员工吹嘘着如何把塔楼覆层材料替换成更便宜的选项，以此"捞油水"赚取额外差价。试想另一个承包商轻描淡写地回绝了对坚固防火屏障的需求，写道："众所周知，ACM[①]（覆层）在火灾中很快就会被烧干净。"试想物业管理公

---

① 对ACM材料的介绍请见本书第23页。——译注

司隐瞒了排烟系统的缺陷报告，并写道："让我们相信好运常在，没有火灾。"试想消防部门为是否公开警告易燃覆层的广泛使用而烦恼，因为这可能会"泄露天机"。

再试想这样一个政府，其官员内部对加强消防安全法规的呼吁一笑置之，因为这会影响到"英国企业"。2001年，格伦费尔塔楼使用的覆层的测试结果就已经说明了一切，它在测试中的表现一塌糊涂，高达20米的火焰仅用了5分钟就摧毁了一套测试装置，但这尚不足以让官方产生一丝丝动摇，从而勒令该覆层退出市场。拉卡纳尔公寓火灾的验尸官为防止进一步死伤，曾给出过简单明了的建议，但完全没有得到落实，对此负责的官员写道，政府"不需要拍她的马屁"。

政府秉持着一个信条：不应该管控私营经济，只有减少限制才能让它们促进经济增长。而在格伦费尔火灾之前，这一信条沦为了对规章制度的彻底破坏，体现在"繁文缛节挑战"[①]和"一进三出"原则[②]中，二者有效禁止了任何限制商业的新规出台。在高层建筑消防安全这一细微但要紧的领域，这一信条完全破坏了政府保障公民安全的能力。

从始至终，政府都将火灾伤亡人数下降作为自己放任消防安全规则不管的挡箭牌。据说有官员使用了如下表述："倒是给

[①] "繁文缛节挑战"（red tape challenge），由英国政府于2011年发起，旨在减少不必要的规章制度。——译注
[②] "一进三出"（one in, three out）原则，英国政府21世纪初期推行的一项监管成本控制政策，指每新增1英镑的企业监管成本，政府需通过废除或简化其他监管措施抵消3英镑的存量成本，实现净兼管负担下降。——译注

我看尸体啊（show me the bodies）。"[①] 死亡数字就是不够多，不足以名正言顺地对商业加以新限制。2017 年 6 月 14 日，我们的政府终于得偿所愿了。

🔥

格伦费尔塔楼火灾造成了包括 18 名儿童在内的 72 人死亡。它撕裂了众多家庭，重创了整个社区，摧毁了 129 套住房，给众多被卷入其中的人造成了永远无法治愈的伤痛。这是 21 世纪发生在英国国土上最严重的罪行。

在我撰写本书时，警方的调查仍在进行中，另有一项长达 4 年的公开调查正接近尾声。这在一定程度上限制了能够从证据中得出的结论。尽管如此，这些证据本身已经可以足够清楚地呈现英国政府的失职、众多企业的恶行以及一系列公共部门的无能。

这正是一个讲述这些失职如何导致一场灾难的故事：2017 年 6 月 14 日，一场震惊世人的灾难在伦敦西部一个社区降临。有的家庭在一夜之间失去了三代人。即使幸存下来，这次经历所造成的创伤也会伴随他们终生。

本书的写作过程始终夹杂着个人情感。当 2017 年 6 月 14

---

① 萨姆·韦布和阿诺德·塔林在证人陈述中称，他们曾听到公务员布赖恩·马丁使用过这一表述。但当在调查质询中被问及此事时，马丁否认曾经说过这样的话。（本书脚注若无特别说明均为作者原注）

日早上一睁眼就看到格伦费尔塔楼火灾的图片时，我的第一反应是：还是发生了。

我当时是《住房观察》（*Inside Housing*）杂志的新闻编辑，这是一本面向社会住房业人士的专业刊物，几个月之前，我们刚刚撰写了一系列针对消防安全的"乌鸦嘴"报道。同年 3 月，鉴于拉卡纳尔公寓火灾后的一些关键整改建议没有落实，我的同事索菲还写文章表达了对此的担忧。建筑师兼消防安全专家萨姆·韦布告诉她，议会是时候讨论"真正严肃的"消防安全问题了。他也补充道，消防安全和建筑节能材料"二者不可兼得"。他说："所用的材料并不防火，有时甚至是可燃的。"[3]

在这之前，我提交了一项"信息自由"①请求，询问前一年夏天发生在伦敦西部牧羊人丛林（Shepherd's Bush）地区的一起住宅楼火灾的相关情况，并在 4 月收到了回复。根据调查，起火的是一台滚筒烘干机，火焰从厨房窗户喷薄而出，而这栋建筑的墙面安装了由聚苯乙烯与胶合板制成的板材，这就为火势沿着墙外蔓延提供了路径。我们采访的专家明确表示：这类火灾有可能还会发生。"我为所有的覆层系统担心。长久以来，人们为了隔热效果往外墙上附加了很多东西。这可能是个灾难性的问题，尤其是在火焰可以从窗户进入室内，且人们又被要求'原地等待'的时候。"特许调查员阿诺德·塔林在报道中如是

---

① 信息自由（Freedom of Information）是一项赋予公众获取政府所掌握信息的权利。英国的《信息自由法案》（Freedom of Information Act）于 2000 年生效，旨在增强公共部门的公开性，依据该法案，公民可以书面形式要求政府提供指定信息。——译注

说。我们将这篇报道取名为"严正警告"。[4] 我也计划在那年夏天针对覆层的安全性问题进行一次更广泛的调查。

同时，我们还在准备另一篇揭示伦敦周边的多处楼群的火灾风险评估都已过期的报道。我们知道，如果发生火灾，居民可能会被要求原地等待，而且一旦建筑的保护措施失效，他们很可能会丧命。风险评估是确保防护措施充足的唯一方法，但数据显示这些评估毫无规律可言。这篇报道已经动笔，但在格伦费尔火灾发生时尚未发表。

火灾发生的几天前，我在东伦敦的家附近遇到一群正在处理住宅塔楼火情的消防员。道路被封，居民们穿着睡衣站在地下室附近仰望着这栋楼。我想到了一位消防专家说过好几次的评论：如果拉卡纳尔火灾发生在夜里，那么死亡人数会是实际情况的 4 倍。

然后格伦费尔火灾就发生了。在那之后的几天里，我扪心自问有没有把警钟敲得足够响。我曾听到过同样的反思，因为许多人都对灾难的到来有所预感。但即使没有人能回到过去，我们至少也能继续促成有意义的改变。这也是五年来我一直尝试去做的，这本书便是那篇报道的最终成果。这是一个令人愤怒的故事，一个直指我们社会最深层裂痕的故事。要想修复它，我们就必须聆听这个故事。

1

00:54

格伦费尔塔楼 5 层的一间厨房里，烟雾开始从冰箱底部冒出来。住在这间公寓的三个人都在熟睡。厨房里的烟雾警报器响了起来，吵醒了睡在前厅一张床垫上的男人。

这个人叫贝哈伊鲁·凯贝德，是一名优步（Uber）网约车司机。他是这间公寓的借住者，同住的还有两位租客。他晚上 11 点 30 分下班回来，冲了澡换了衣服，就在客厅的一张床垫上睡着了。

听到警报声，他走进厨房查看，被眼前的景象吓得不轻。

贝哈伊鲁回到客厅拨打 999 报警电话。他一边等着电话接通，一边使劲拍打两名租客的房门告诉他们着火了。应急救援服务电话接通了。

"消防队。"接线员说道。

"对，喂，你好。着火了，在格伦费尔塔楼 16 号公寓。"

"什么，哪儿着火了？"

"格伦费尔塔楼，16 号公寓。冰箱着火了。"

"消防队出发了。你跑出来了吗？"

"快快快……火已经烧起来了。"

"他们已经在路上了。"[1]

贝哈伊鲁边打电话边来到 5 层中央大厅大声拍打房门，吵醒了本层 6 间公寓的邻居们。邻居们回想起他敲门的声音"很大，很疯狂"。有人回忆道："他（贝哈伊鲁）吓坏了，像疯了似的。"

贝哈伊鲁冲回了自己的公寓，穿上裤子。考虑到火灾可能是由电引起的，他关闭了保险盒里的红色开关，切断了公寓电源。紧接着便抛下所有家当离开了：他的黑色真皮沙发，电视机，鱼缸，从埃塞俄比亚带来的圣母玛利亚画像。他再也不会回来了。

接下来的几天里，某些媒体报道声称他离开前打包了一个手提箱，还对他的亲友穷追不舍，要求他们发表评论，贝哈伊鲁被迫躲了起来。这些经历会给他的精神造成严重且挥之不去的冲击。这些报道纯属捏造。案件调查委员会称赞了贝哈伊鲁的行为，说他"做到了一个有责任感的人在那种情况下应该做的一切"[2]。可问题是，有许多人并没有做到。

🔥

在格伦费尔火灾调查期间，冰箱的生产厂家威而浦对认定其产品为火源的结论提出了质疑，理由之一是可能有人从一楼窗外向贝哈伊鲁的公寓扔了一个未熄灭的烟头。但鉴于厨房在 5 层，这一主张被调查委员会主席马丁·摩尔－比克爵士以"异想天开"为由驳回，他采纳了两名专业证人的证词并得出结论，冰箱就是火源。[3]

这台冰箱是贝哈伊鲁五年前在布伦特十字购物中心花了大约 250 英镑买的，只有一次因为除霜而不得不解冻了几天，除此之外从未出过故障。[4] 除了大件家电本身就有偶尔起火的可能性，根本想不到任何它突然起火的理由。伦敦消防局平均每天都会处理一起这类火情。根据消费者杂志《该买哪个？》提交的一系列"信息自由"申请结果，2012 年至 2018 年间，英国境内由厨房家电引起的火灾大约有 16000 起。[5]

之后的一份专家报告指出，是贝哈伊鲁的冰箱底部出现了故障。电线缠绕方式不当，很容易过热。[6] 专家认为是电线过热导致装线盒内出现小火苗，接着点燃了冰箱背部的塑料绝缘层。威而浦在其提供的证据中对这一结论提出了强烈质疑，而最终报告也并未对起火的缘由给出明确判断。

然而，线路并非冰箱的唯一问题。在美国，冰箱是不允许使用塑料背板的，所有冰箱都要求具备金属外层。专家约翰·格罗弗博士告诉调查组："钢背板能包住内部火苗，将其长时间控制在元器件内部。"[7] 2014 年，针对纽卡斯尔市一场住房火灾的调查引起了公众对热点牌双门冰箱绝缘层的担忧，因为它导致了火势的"迅速蔓延"。[8] 冰箱就是塔楼的奇怪缩影：尽管警告和规定一项比一项严厉，可它还是被若无其事地包裹在易燃的塑料外壳中。

不过，在 0 点 54 分，这场火灾还没什么特别。这只是一场小意外，在繁忙的住宅楼里屡见不鲜。公寓楼的设计本身就应该使其能够承受这类事故。格伦费尔塔楼在其 40 年的岁月里肯定经受过与之类似，甚至更严重的火情。可这次不一样了。

貝哈伊鲁的报警电话被转到了伦敦消防局指挥中心。指挥中心通常位于伦敦南部的默顿地区，但在 2017 年 6 月 14 日，它被临时搬到了东伦敦的斯特拉福德。

斯特拉福德的办公室比默顿的更小，也更拥挤，只能容纳 16 张接线员办公桌，而默顿的办公室能容下 29 张，除此以外还有两台巨型等离子显示屏电视，通常会播放 24 小时新闻频道，紧急情况下还可以接入警用直升机信号。而斯特拉福德的办公室只有一张坏了的等离子显示屏，角落里有一台小电视机，不能连接到直升机上，甚至都没人打开它。

貝哈伊鲁的电话在 0 点 54 分打进来时，当晚一切如常。夜班时间是晚 8 点到次日早上 8 点，共有 11 名员工当班。那通电话录入系统后就被自动识别并发送给了距离最近的三辆消防车——两辆来自北肯辛顿消防站，一辆来自肯辛顿消防站。由于塔楼是高层建筑，为谨慎起见，他们几分钟后还从汉默史密斯调来了第四辆消防车。

城市另一边的北肯辛顿消防站中警铃乍响，惊醒了正在熟睡的夜班人员。警情表上只写着"火警——兰开斯特西区，格伦费尔塔楼，16 号公寓"。消防站的两辆消防车全部准备就绪，10 名消防员在值班队长迈克尔·唐顿的带领下登上了消防车。迈克尔是一名拥有 14 年经验的消防员，他曾经去过格伦费尔塔楼，熟悉塔楼和街区的布局，但从未在这里救过火。此时此刻，他还没有什么可担心的，他的队员们也一样。

"根据所提供的信息，情况没有什么异常，所以没什么担心的理由。"一名队员回忆道。[9]他们以为就是去扑灭一场简单的公寓火灾，然后就能回消防站睡觉。

此时，他们对塔楼的情况知之甚少。消防队数据库中的信息已经好几年没更新了：塔楼被错记为20层高，实际上是24层。没有预案，也没有能用得上的照片。一个名为"战略预案"的文件夹里一片空白，创建日期是2009年10月30日。之后的调查报告称有关格伦费尔塔楼的信息缺失"极其严重"且"不可原谅"。[10]在短暂的车程中，忧虑逐渐在队中蔓延开来。驾驶室前方的屏幕也持续闪烁，消息显示指挥中心此时接到了"多个来电"报告火情。一名队员回忆道："我记得当时在想：'肯定出事了。'"

01:00

在塔楼的14层，学生蒂亚戈·阿尔维斯正在上网看电视剧。他从小就住在这栋楼里，在附近读了小学和初中。他很爱自己的家和社区。楼里的孩子们也都就读于他以前的学校。"我们总是互相照顾，"他说，"每个人都非常乐于助人，尤其是同一层的住户。大家都能感到这种凝聚力。"他小时候会和朋友在家门外的中央大厅踢足球——在电梯外面踢来踢去，或者去塔楼旁边的球场。"这里就是我在这个世界上最喜欢的地方。"

那天晚上，他妈妈的表亲刚从南非来到伦敦。一家人在肯辛顿村的一家餐厅一起吃了晚饭，在讨论了政治以及附近疯涨

的房价之后,他们回到公寓喝咖啡。到了 0 点 30 分,父母开车
送亲戚回酒店,而蒂亚戈回到自己的房间看视频。此时正是他
的大二暑假,第二天他就要和朋友们去瑞士度假。

快 1 点时,他的父亲冲进公寓。蒂亚戈听到门被"砰"地
一声打开,立刻意识到事情不对劲——父亲开门一向很小心,
生怕打扰到邻居。

"快穿衣服,楼里着火了。"他说。蒂亚戈开始套衣服,同
时父亲叫醒了妹妹伊内丝。她第二天还有 GCSE[①] 化学考试,因
此很生气被吵醒。但蒂亚戈的父亲上楼时看到了 5 层的烟雾,
下定决心要把一家人带出楼。他在葡萄牙的一个森林火灾频发
的地方长大,在他看来,你如果位于火源上方,就必须得跑。

蒂亚戈抓起手机、钥匙和钱包就和伊内丝一起离开了。他
的父亲米格尔留下来敲打本层所有邻居的房门让他们快跑。14
层的居民能全部生还,有一部分要归功于他的预警。

蒂亚戈和伊内丝在下楼途中遇见了母亲。她看到消防员
赶来,打开门让他们进入楼内。一家人逃了出来,和一小群居
民在 1 层会合。叫醒邻居后,米格尔也离开了大楼,他把自己
的门禁卡交给了迈克尔·唐顿,这样消防员就可以自由进出塔
楼了。

北肯辛顿的消防车是最先抵达格伦费尔塔楼的,几乎就在
1 点整,也就是接到报警 6 分钟后。就在迈克尔·唐顿下车穿他

---

① GCSE(General Certificate of Secondary Education)为英国普通初级中学毕业
文凭。——译注

的荧光色反光马甲时，贝哈伊鲁·凯贝德跑了过来。他告诉唐顿冰箱着火了，所有人都跑出了公寓。消防员们在地面上就能看到他家窗户后面的橙色火焰。

一队消防队员的任务是在大楼的3层建立一个"大本营"，作为大楼内消防行动的基地。迈克尔·唐顿则留在外面。

进入大楼后，消防员们尝试用一种特殊钥匙控制其中一部电梯。这是应对高层建筑火灾的一项常规操作：消防员接管电梯权限用于执行任务。但没能成功。他们把钥匙插入锁中转了转，电梯却没有反应。

这就是个问题了。如果不能接管电梯权限，他们就不能阻止居民使用电梯，而一旦火势蔓延，居民可能会被困在电梯里。他们也无法保证能快速地将沉重的设备在楼内搬上搬下。

电梯钥匙为什么不能用？在调查过程中，为了弄清这个问题花了很多时间，但尚无确凿证据。一位专家证人的观点是，当晚现场的消防员所使用的钥匙并不适配。[11]但消防协会强烈质疑这一结论，认为原因并不在此，而是因为开关被塔楼翻修剩下的建筑废料堵住了。

需要注意的一点是，格伦费尔塔楼拥有一套复杂的电梯"紧急开锁钥匙"①接管机制，而明明还有一套更简单、更可靠，并且在欧洲广泛使用的方案。格伦费尔塔楼的物业之所以选择了更复杂的方案，是出于对反社会行为风险的考虑：他们担心楼

---

① 紧急开锁钥匙（drop key），指一种部分可以弯曲的特制钥匙，将其插入电梯厅门的钥匙孔便可打开厅门，通常用于电梯紧急情况救援。——译注

内居民会网购万能钥匙，故意让电梯停运。同样，他们没有给电梯配备包括供消防员使用的逃生口在内的全套消防设备，在一定程度上也是出于对反社会行为风险的考虑——比如，居民可能会爬出逃生口体验"电梯冲浪"。可见对社会住房居民的偏见已经明显破坏了大楼的安全性。

由于不能控制电梯，其中一名消防员用常规方法按了电梯，他们一起来到了 3 层。两名消防员去了 5 层，将消防水带接入干燥的水管，等着灌满水。来水之后，又有两名戴着呼吸器、拿着热成像仪的消防员前来扑火。

贝哈伊鲁·凯贝德站在楼外，用手机对着厨房窗后的橙色火光录像。火光越来越亮了。

01:07

两名戴着呼吸器的消防员往门上喷了一点水来测试温度。如果水"嗞"地一声蒸发了，他们就知道自己即将面对的是熊熊烈火。见水并未蒸发，他们便用强拆工具破门而入。

他们在公寓中摸索着前进——紧盯着热成像仪，试着确定火焰的位置。浓重的灰烟填满了整个公寓，他们离厨房越近，烟雾越厚越浓，过道更是漆黑一片，需要靠热成像设备才能看得见。由于浓烟涌向了楼道，其他消防员只能撤回楼梯间。其中一名消防员还走上第 6 层查看火势有没有向上蔓延。

楼外围观人群的氛围还算平静。家长们还指着窗后的火焰，告诉孩子们这就是不让他们玩火的原因。贝哈伊鲁继续不安地录像，迈克尔·唐顿则在密切观望。但公寓的火势好像不太正常——不知怎的，它好像穿透窗户爬上了外墙。

🔥

在翻修期间，塔楼装上了新的硬聚氯乙烯（uPVC）窗户。这些新窗框被妥帖地粘在了旧的木质窗框上，中间夹着一层橡胶膜。由于新窗户比旧窗框略小，所以需要向外挪几厘米才能嵌入外墙新装的覆层系统。这就在旧外墙和窗户之间留出了一拳见宽的空隙，里面填满了极其易燃的隔热材料。新窗户的上角有一个排气扇——它也被镶嵌在塞满易燃隔热材料的面板上。

在调查中，三位专家证人的注意力都主要集中在火究竟是怎么穿透窗户的。最终结论是，硬聚氯乙烯窗框受热开始融化，连同隔热板一起从所粘的旧木窗框上脱落。调查报告称，火苗之后便轻而易举地烧穿橡胶膜，畅通无阻地到达覆层系统，而这套覆层系统极度易燃。[①]

🔥

凌晨1点刚过，拉尼亚·易卜拉欣给她的姐姐萨耶达打了

[①]《格伦费尔塔楼火灾第一阶段调查报告》，第四卷，第537页。该报告记录了2019年5月建筑调查委员会对16号公寓大火进行的独立模拟实验，结果表明火焰很可能是从厨房排气扇外蹿的。《格伦费尔塔楼火灾第二阶段调查报告》将给出确切结论。

个视频电话。她告诉姐姐楼里发生了火灾，自己恐怕逃不出去了。姐姐的女儿替她打了 999 报警电话并报告了她的位置——却得知消防队已经接到火警，让她们保持镇静。

拉尼亚和两个孩子——四岁的法提亚和三岁的哈尼亚——一起住在 24 层。她的丈夫哈桑彼时正在国外照顾一位病重的亲戚，所以只有母女三人在家。这家人于 2016 年 2 月搬进了格伦费尔。在这栋塔楼上可以俯瞰伦敦的美景，但也让拉尼亚感到不安——封闭的空间可能会触发她的幽闭恐惧症。她曾对另一个姐姐拉莎说："一旦发生火灾，我们都会死。"

实际上，对死亡的恐惧最近一直困扰着拉尼亚。2016 年 3 月，她回到故乡埃及看望拉莎，告诉她自己近来总在做关于死亡的梦。但那次旅行总体上还是愉快的：拉莎怀孕了，拉尼亚为她的孩子取了名字——西德拉·蒙塔哈，这是天堂中一棵树的名字。

姐妹俩一直非常亲密。她们在埃及南部城市阿斯旺长大，拉尼亚出生时，拉莎很开心家里又多了个新妹妹。年幼时，才刚学会走路的拉莎甚至不想让家里其他人抱她。她们在少女时代更是形影不离，经常一起去开罗帮拉莎办去英国投奔姐姐的签证。2020 年，拉莎在与我的交谈时回忆道："我们喜欢看电影，喜欢在去影院的路上买衣服。我们在旅程中分享过无数的趣事。"

在大学学习法律后，拉尼亚取得了前往英国的签证，并在 2009 年离开了埃及。她在伦敦当地的清真寺认识了哈桑并与他结了婚，一家人幸福地生活在伦敦西部，与许多亲友住得很近。

她依然经常给留在埃及的拉莎打视频电话。

但眼下她和孩子们命悬一线。她的家人们在恐惧中等待着，盼望消防队能够及时赶来救她。

🔥

凌晨 1 点 09 分，大火从厨房破窗而出，也开始有燃烧的碎片掉落到楼外的地面上。外墙上的火焰已近白炽。

迈克尔·唐顿让地面上的消防员将消防水带对准窗户的上方和下方。在现场另一名值班队长的建议下，迈克尔又调来了两辆消防车。

贝哈伊鲁公寓正上方的 26 号公寓住着一个四口之家。1 点左右，看电视时睡着的母亲从沙发上醒来。厨房传来响铃声，她前去查看，发现是三年前市政厅免费发放的一氧化碳警报器在响。此时厨房已经满是烟雾。

但她很疑惑：并没看到有东西着火了。她在厨房绕了一圈试图找到烟雾来源。那天很热，所以厨房的窗户是开着的。

"就在我查看厨房寻找烟雾来源的几秒内，火突然从开着的窗口钻了进来，一下子点燃了百叶窗，"她回忆道，"百叶窗几乎立刻就被烧掉了。火焰是深黄或者橙色的，覆盖了整个厨房的窗户，还爬上了天花板。"

一家人迅速逃离并带上了门。他们在楼梯间遇见了前来查看 6 层情况的消防员，告诉他自己家着火了。

而在楼外，大火开始向楼上爬去——它已点燃了崭新的覆层。"我看见火烧到了大楼外面，"一名目击者说，"我吓呆了。只能站在原地看着它越爬越高。"

格伦费尔塔楼从 5 层起每层都有 6 间公寓，围绕着中央大厅排列，电梯入口和单人楼梯间就位于中央大厅。大楼通体的布局都一样，所以火焰从贝哈伊鲁的 16 号公寓厨房窗口向上爬，殃及了 6 层的 26 号公寓的厨房窗户，接着是 7 层的 36 号公寓，以此类推。由于 1 至 3 层的商铺被改为了 9 间公寓，因此大楼的房间编号系统十分混乱：现在房间的位置要比房号所指代的高三层。[①] 贝哈伊鲁的公寓上方还有 114 户人家，许多窗户都是暗着的。楼里的居民们此刻都在熟睡，对楼下正在发酵的危险一无所知。

🔥

格伦费尔塔楼所用的覆层系统在建筑业内被称作"雨幕"（rainscreen），就是在建筑外墙上装上隔热板，留一道小缝来让水汽蒸发，再将外层覆层板固定到前方的金属框架上，目的是美化建筑外观以及改善隔热效果。

格伦费尔塔楼上的大部分隔热材料是由色罗提公司生产的，原材料为塑料聚异氰脲酸酯（plastic polyisocyanurate）。还有一

---

① 由于英国楼层编号是从 0 开始的，而塔楼的 1 层（floor 0）至 3 层（2nd floor）被改造成公寓，因此如今大楼 4 层（3rd floor）对应先前的 1 层，房号为 01 至 06，5 层（4th floor，即起火层）对应先前的 2 层（1st floor），房号为 11 至 16，以此类推。——译注

小部分是由他们的竞争对手金斯攀公司用另一种塑料——酚醛泡沫（phenolic foam）制成。两种塑料均为可燃物，且在燃烧时会产生有毒烟雾。

覆层板则是由铝复合材料（aluminium composite material，下文简称为ACM）制成。ACM实际上是两片由塑料芯连接在一起的薄铝片，这就使该材料相较于纯铝更坚固、更容易切割且制造成本更低，但缺陷在于其防火性能差。

将金属粘合在一起的塑料是聚乙烯（polyethylene）。它提炼自石油——就是那种能让车跑、让大气变暖的东西，然后被转化成树脂、压制成薄片，再塞入塑料中。它本质上就是固态石油，能像石油一样燃烧。实际上，由于变成固体后密度增加，它甚至变得更易燃了。[12] 早在格伦费尔火灾发生之前，全世界范围内都不止一次发生过ACM着火——大火从侧面撕开高层建筑。

这就是即将发生在格伦费尔塔楼上的事情。

🔥

在16号公寓内，消防员们已经来到厨房门外。其中一名消防员用消防水带往里喷水，水立刻变成了蒸汽。一名消防员回忆道："我心想，'天呐'，温度太高了，蒸汽穿透了我的防护装备。从肘关节到手腕，连同头颈后面，都火辣辣地疼。"屋里一片漆黑，而热成像仪只能显示白光。他们只能尝试用别的方法，从另一边靠近房门。

此时他们还不知道楼外的火焰已经蔓延到上面两层了。

而在 3 层的大本营，消防员们遇到了从那几层逃下来的住户。"开始有人走楼梯下来。他们说自己是 6 层和 7 层的住户，他们的公寓着火了。能看出他们被烟熏得不轻，眼睛流泪，被呛得不停咳嗽，看起来被吓坏了。"有人回忆道，"我以为他们的公寓并没有着火，只是布满了烟雾……因为火势蔓延到两层楼之上的可能性非常小。我在伦敦消防局的 19 年里只见过一次火势向上蔓延点着窗帘的，但从没在高层建筑火灾中见过这种情况。"

贝哈伊鲁公寓里的消防员终于进入厨房了，其中一名队员"瞬间搞定"了火势，但他们还是能看到烈焰在大楼外墙扩散。他们拼命朝头顶的火焰喷水，但都无济于事。

"我还记得火有多烈，"一名消防员回忆道，"我只能说那就像是巨大的火球，连同碎片一起往下掉；火没有停，依然熊熊燃烧……我们不停地朝它喷水，但一点用也没有。"

此时已经是 1 点 20 分了。距离第一批消防员到达已经过去了 20 分钟，距离第一通报警电话已经过去了 26 分钟。消防员飞速到达了现场，尽管被电梯耽误了一些时间，但他们还是以最快的速度进入了公寓。调查报告将其总结为"以能达到的最快速度采取了行动"[13]。但火焰已经蹿上了大楼。一切都太迟了。

大楼外，迈克尔·唐顿开始感受到压力了。他看得出火势愈发严重。他回忆自己的所见时说，他看到火焰逐渐爬满外墙，"像镁燃烧时一样火花四溅"。

所有玻璃窗在火灾中最终都会碎掉，所以一旦火苗在覆层系统上蔓延开来，火势必然会殃及其他公寓。但导致火焰从贝哈伊鲁的公寓破窗而出的缺陷很可能会将火焰引入楼上的居民家中。会融化脱落的硬聚氯乙烯窗框、易燃隔热层、橡胶膜、排气扇和隔热系统中的缝隙，这些都为火焰入室创造了充足条件。

在 8 层的一间公寓中，一名住户走进了自家厨房，发现窗上的排气扇正在燃烧。排气扇掉进了厨房，在电源线上摇摇欲坠，喷出的橙色火焰点燃了他的窗帘。他把窗帘拽了下来，把火踩灭，但更猛烈的火势侵袭了窗户左侧，窗户突然整个儿倒了进来。弥漫着塑料臭味的黑色浓烟涌进厨房。他赶紧关上门逃生了。

另一位住户回忆道："我来到厨房透过窗户向下看，看到一个大火球从大楼外墙掉了下去，颜色就像落日一样亮……然后厨房的窗户就朝内炸开了。"还有人形容排气扇脱落时喷进厨房的黑烟"就像水枪喷出的水"。

临近 1 点 20 分，迈克尔·唐顿调来了另外两辆消防车。他越发感到不知所措：他不知道火势为什么会如此发展，实战训练中也没教过这类火灾的扑救方法和扑救流程。火势已经蔓延到贝哈伊鲁家楼上的 7 个公寓了，并以几乎一分钟一层的速度继续攀爬。

他说："这时候我开始招架不住眼前发生的一切了。火势恶化和扩散的速度太快了，我之前从没见过这种场面，我的感官过荷，大脑几乎一片空白。"尽管他被大楼火势的扩散吓呆了，但仍以为火势仅停留在大楼外侧而已。此时的他还没想到大火会破门而入点燃公寓。他不知道大楼 5 层以上的消防员也遭遇了浓烟，也没有考虑下令疏散塔楼居民。[14]

现在，格伦费尔塔楼的灾难开始了。它已经被酝酿了四十多年。

2

"垃圾倾倒场"

历史上有许多节点都可以成为格伦费尔塔楼火灾之路的起点，但我要选择的是1968年5月16日凌晨5点45分。在东伦敦坎宁镇一栋名为"罗南之角"的新建住宅塔楼里，住在19层的蛋糕裱花师艾薇·霍奇用火柴点燃了煤气灶。

　　随之而来的爆炸粉碎了她的厨房，并导致大楼的一角完全坍塌，砸死了4人。如果事故发生得再晚一点，或者如果这幢新落成的大楼住满了人，死亡人数会更多。[1]

　　罗南之角的缺陷要归结于政治。在拆除战前贫民窟并进行重建的倡议下，历届政府竞相建造更多住房。他们鼓励地方政府建造新一代社会住房，并给予资金支持。他们鼓励把楼建得越高越好：5层以上的建筑每多建一层就可以获得更多补贴。据估算，1959至1967年间大约有4800座高层住宅楼落成。我们的城市拥有了一道新的混凝土天际线。

　　人们发现了一种以空前速度建造高层住宅的新方法——"大模板体系建造法"（large panel system building）。把预制的巨型混凝土楼板拉到施工现场，用起重机一个个吊起来，再用螺栓固定。这种现代化方法迅速又高效，还大大减少了施工所需的工人数量。中央政府增加了住房数量，地方政府得到了补贴，承包商和建造商凭借高效率和低成本赚到了更多的钱。

可是一个棘手的问题被忽视了：这种房子安全吗？这种新楼房就像叠叠乐积木，一旦其中一块滑落，整个结构就可能坍塌。一位名叫萨姆·韦布的年轻建筑师开始害怕灾难的发生。他曾见过建筑工人们用大锤使劲敲螺栓，因为它们和混凝土楼板不配套。"没人真的把安全问题当回事儿，"他回忆道，"这对他们（建造商）来说是很大一笔钱，所有人都认为有政府做后盾，肯定不会有问题。"[2]

罗南之角的一侧垮塌之后，调查显示，本应填满混凝土的接缝处却掺入了报纸，雨水从螺栓之间渗了进来，削弱了楼板间的连接，因此在煤气灶爆炸时，整栋大楼差不多都要塌了。

然而这是一个政治问题。万一所有政府出资修建的住宅楼都不安全呢？维修的钱又该从哪儿出呢？"（官方回应的）主要任务是帮助两党[①]政客撇清关系。"萨姆说道。[3]罗南之角甚至没有疏散住户。相反，垮塌的那一侧被重修加固，住户们接到通知，要么住回去，要么失去他们的社会住房租约。萨姆至今都在为这些住户讨还公道，而彼时的他就预言，没有疏散大楼住户是一个错误。

他是对的。20世纪80年代中期，在注意到大楼外墙出现大裂缝之后，不安的住户们发起了一系列安全运动，萨姆受纽汉姆地方议会住房委员会主席委托对大楼进行了检查。他从一

---

① 英国的两个主要政党通常指保守党（Conservative Party）和工党（Labour Party）。——译注

个租户的墙上撕下一片墙纸扔进了一条裂缝,墙纸便消失在了大楼幽深的洞里。"一个租户问我:'你在干什么?'"他回忆道,"然后我说:'我刚杀死了罗南之角。'"[4]

1984年,这栋大楼被清空,并被下令拆除。但萨姆想知道它的真实情况,所以他的青年建筑师团队将它小心地拆解开并进行了检查。他后来回忆道:"我知道我们肯定会看到差劲的工艺——但其规模之大还是吓了我一跳。没有一个接缝是对的。"[5]

在这之后,时任住房大臣表示所有如此建造的高层住宅都应该被评估一遍。[6]但政府并未监督这项工作的完成情况,对很多住宅楼来说,这项评估工作可能永远都不会完成。

当这一连串事件正在英国主岛上演时,马恩岛①上发生了另一起灾难。1973年8月,有人在一个仅建成两年的娱乐中心"夏日乐园"纵火。火焰穿透了易燃塑料制成的屋顶,这座当时容纳了3000多人的建筑被烈焰吞噬,50人丧生。

我们可以从这两场灾难中看到格伦费尔塔楼火灾的祸根——失控的建筑业、对风险的真相充耳不闻的政府、跟不上技术发展的规章制度,以及易燃塑料作为建筑材料的广泛使用。

这些问题永远不会得到解决。事实上,新的政治势力正在席卷全国,而它们只会放大这些问题。

---

① 马恩岛(Isle of Man)位于大不列颠岛和爱尔兰岛之间,为英国王室属地。——译注

"眼下正是彻底变革之机"

格伦费尔塔楼落成于 1974 年。当时伦敦的建造商们都在遵循一套名为"伦敦示范条例"（London Model Byelaws）的准则，该条例明令禁止建筑外墙使用任何易燃物。这一规定可以追溯到 1666 年伦敦大火^①时期的一项要求用砖取代木材的法案："砖不仅更美观耐用，而且更安全，能够抵御未来的火灾风险。"⁷

对易燃材料的憎恶在 300 年的时间里将伦敦塑造成了一座混凝土和砖石之城。我曾听一位专家说，这在一定程度上帮助伦敦撑过了第二次世界大战期间纳粹德国轰炸所引起的火灾。可如今，旧制正被人抛至脑后。

1979 年，玛格丽特·撒切尔带领保守党赢得了大选，并着手缩减政府规模。她最为知名的是私有制改革——英国石油、英国电信、英国航空以及众多其他公司被卖给了私人投资者。但这还不是全部。撒切尔及其盟友都赞成一种经济观点，即政府应该避免给企业强加约束，而是让市场自己决定规则。于是她发起了一场大规模的放松管制运动。

在她的第二届任期内，这项运动波及到了建筑业。负责住房的时任国务秘书迈克尔·赫塞尔廷向建筑业承诺，政府将会

---

① 伦敦大火（the Great Fire of London）发生于 1666 年 9 月 2 日至 5 日，是伦敦历史上最严重的火灾。一家面包房失火，火焰在风的作用下蔓延至其他木质建筑，最终烧毁了伦敦约六分之一的建筑。——译注

贯彻"最大限度自我调控，最小限度政府干预"的原则。[8]

方式之一就是将规定的执行也进行部分私有化。从这时起，建筑商可以自行聘请私人顾问，即"特许调查员"（Approved Inspector），来证实他们的项目符合建筑法律规定，而不用向当地市政厅申请批准。

但规则本身也在变。设计师和建造商渴望能无拘无束地"创新"：新购物中心这样的当代建筑就与一些陈旧刻板的规定格格不入——比如关于达到消防出口最短时间的规定。在议会的一次辩论中，一位持支持态度的议员表示，规定的目标是为大型建筑商减少"不必要的麻烦"，并"帮助他们降低成本"。赫塞尔廷先生曾说："当前的机制远不够理想。建筑商对其造成的延误和额外成本颇有微词。设计师对其强加的限制不以为然……而眼下正是彻底变革之机。"[9]

1984年，一项新法案诞生，旨在将大约350页的旧建筑法规变成一堆废纸，取而代之的是仅有24条的简洁标准。所有地方性和区域性法案也都被取代了——包括《伦敦示范条例》严格限制外部火势蔓延的强制要求。

新规将"基于规定"转变为"基于表现"。这意味着建筑商不必再循规蹈矩，只需以自行决定的方式实现一定的成果即可。对于外墙火势蔓延的情况，新规的要求是："考虑到建筑的高度、功能和位置，建筑外墙须防止火势从墙面蔓延或扩散至另一栋建筑。"

除了这些"基于表现"的规定，政府还颁布了新的非强制"许可文件"，内含关于如何达到标准的官方指导。消防规定在

《许可文件（B 类）》中。

有人发出了警告。在这项法案就快要获得王室批准时，工党贵族西德尼·欧文勋爵也曾试图敲响警钟："我希望当政府考虑建筑条例及许可文件中的指导意见时，能够杜绝任何在不可燃性等问题上掉以轻心的情况。要记住，在建筑标准放宽的情况下，这往往会招致灾难。"[10]

可他的警告被置若罔闻。

"我们收到指令……马舍姆街新闻办公室要求淡化火灾影响"

人们在第二次世界大战后满怀热情建起来的混凝土住宅楼到了 20 世纪 80 年代已经越发地不宜居了。许多房子都又透又冷，取暖费用高昂。

一种改善隔热效果的新方式出现了：外部覆层。也就是在住宅楼墙外再加一层覆盖系统，可以改善建筑的保暖效果。但这也可能会出问题。早在 1986 年，政府就对这种做法的消防隐患心知肚明。1986 年 12 月 9 日，环境部发布的一份通告称："含有易燃隔热层的外部覆层系统的实验室测试发现，火势纵向蔓延的风险有所增加。这些火苗可能会从窗户再次进入住宅楼。"[11]

然而，人们还是兴致勃勃地研究起了覆层系统的使用效果。1989 年，政府投入近 100 万英镑，给默西赛德郡一栋名为"诺斯利高地"的 11 层住宅楼装上了试点覆层系统。这项工作是由建筑调查机构（Building Research Establishment，下文简称为BRE）负责监督的，该机构当时是一个国有的建筑测试和调查部门。这栋塔楼安装了"雨幕"覆层系统。在一卷卷不可燃的隔热材料被平整地装上混凝土外墙后，玻璃钢制的面板被装在隔热材料前面的铝制框架上。25年后，类似的覆层系统也出现在了格伦费尔塔楼上。

该工程于1991年完工，似乎大获成功。BRE的报告称："诺斯利所使用的技术和理念可以轻松适用于其他多层住宅楼。"但问题很快就出现了。

1991年4月5日凌晨2点，有人点燃了大楼外的一个垃圾桶。大火彻底摧毁了这栋楼——火焰入侵了11层楼的所有公寓，消防员赶到时，火焰已经蔓延到了楼顶。"这是我们在消防员生涯中见过的最恐怖的事情，"一名参与扑救的消防员说，"从地面到楼顶，每一扇楼道窗后都有火焰钻出来。"[12] BRE受命撰写一份调查报告。但政府内部似乎有人不想让全部的真相被公之于众。

我从国家档案文件中找到了一张手写便条，没有日期，只有一个署名——"林恩"。纸条上写道："我们通过HMEA收到指令，M街新闻办公室要求淡化火灾的影响。我们呈给国务秘书的简报绝对真实，据我所知，诺斯利地方议会（该住宅楼的房东①）也不想火灾的事闹大。"

---

① 英国社会住房的房东通常是公共组织，常见的是地方议会，近年来也开始有私营企业或组织成为社会住房房东。——译注

"M 街新闻办公室"应该是指马舍姆街（Marsham Street），即资助该住宅楼项目的政府部门所在地。"HMEA"则是房屋管理与不动产执行组（Housing Management Estates Action）的缩写，即管理资金的政府小组。

几天后，一份由 HMEA 撰写的内部报告称大火"无足轻重"。"大楼功能良好，防火门完好无损且各在其位（这在默西塞德郡并不多见），疏散楼里的人轻而易举，只有三人受到了烟雾影响，而且所有租客都很乐意搬回去继续居住。"这份官方文件如是写道。

政府为什么要"淡化"这场火灾事故？答案或许就藏在档案里的一封手写信中。信中说这个项目"对本部门至关重要，因为诺斯利高地……使用了一种对本国社会住房来说相对较新的覆层技术，而其他高层住宅楼也在使用这种技术"。这封信还提到了另一个位于兰伯斯的项目，尽管诺斯利发生了火灾，但该项目"仍在继续"。

但如果当时对火灾进行仔细调查，就能够发现修改标准的紧迫性。易燃的外墙覆层面板的防火性能被评为 0 级。这意味着它达到了《许可文件（B 类）》中的标准。

0 级评定标准对格伦费尔的故事至关重要。这套标准派生自一份旧的《英国标准》文件中的两项测试，主要用于评定火焰在某种材料表面的扩散情况。但这也是它的缺陷所在。如果一种材料表层包裹了防火化学品，或者是复合的——表里材料不同——它就可以通过实验室测试，但被固定在建筑外墙时依然极度危险。

1991 年诺斯利高地那场摧毁 0 级防火覆层的大火本可以是发现这一指导意见存在重大——甚至是致命——缺陷的第一个好机会。0 级标准本可以，也本应该被舍弃，并代之以更为严格的覆层标准。

但 BRE 的报告并没有对这一有缺陷的标准着墨过多。实际上，它认为大楼所用的覆层材料并不易燃，还指出首要原因不是易燃的覆层板，而是防火屏障的缺失。报告的结论是，"没有理由认为覆层会危及生命"，除非覆层和隔热层之间存在巨大缝隙。

之后的几年里，诺斯利大火都被误认为是一个警示众人防火屏障必不可少的故事，而非不要使用易燃覆层。如果没有被"淡化"，整个危机可能就不会出现。专家证人卢克·比斯比教授在 2022 年夏天告诉调查委员会："我认为怎样强调那些漏洞的重要性都不为过。"[13]

这还不是最后一个没有把握住的机会。

"这会破坏规定的健全性，进而增加消防安全风险"

诺斯利火灾之后，政府要求 BRE 着手进行一项新的"大规模"覆层测试，以用一种更为精密的方法评估覆层系统的消防风险。这项实验需要在位于卡丁顿的 BRE 总部搭建一个四层高的测试装置。BRE 进行了多次模拟测试，并在 1994 年撰写了实验报告。这项调查证实了 0 级覆层板的问题。报告写道："显然……符合 0 级标准的覆层材料可能会扩散表面火势。火势通常会蔓延到被测建筑（高 9 米左右）的顶部，如果条件允许还会继续蔓延。"[14] 但官方指导依旧没有任何改变。

1999 年 6 月又发生了一场火灾，这次是位于苏格兰欧文市的加诺克公寓。大火烧毁了 1991 年安装在窗下的一条覆层，从 6 层一直烧到了楼顶，火焰和浓烟直冲云霄。消防员们奋力扑救在 10 层楼内同时燃烧的烈火。退休老人威廉·林顿被困在高层，不幸遇难。

BRE 负责准备这场火灾的报告——一份给中央政府，一份给北艾尔郡议会。报告再一次发现，玻璃钢面板与火灾脱不了干系。报告称："烟羽点燃了玻璃钢并和它保持接触，造成了自蔓延火灾。"[15] 在提交给北艾尔郡议会的报告中，BRE 特别注明这些面板必须达到 0 级标准，并且建议郡议会在重新翻修大楼时使用"不可燃"材料。可奇怪的是，以上这些部分都在呈交给中央政府的报告中被省去了。无论是 BRE 还是中央政府的证人，都无法在调查中就此事给出解释。

这两起火灾并非没有引起英国议会的注意。一个由议员组成的特别委员会组织了一次覆层材料火灾风险调查，向 BRE、住房部门和多名业内专家收集证据。

这里有必要提到另一个消防分级——有限可燃性。这是比 0 级标准严格得多的测试，可以有效筛除塑料、木材等易燃物。在 1999 年，一套雨幕覆层系统中的隔热层必须达到有限可燃性标准，但覆层面板只需达到 0 级标准即可。作为消防安全设备制造商的代表，来自消防安全发展集团（the Fire Safety Development Group）的专家鲍勃·穆尔博士撰写了一篇报告向特别委员会解释这一问题。他写道:"易燃材料,如塑料、木头等,都**不是**有限可燃材料,但可以通过增加阻燃化学品或者在易燃材料上覆盖金属箔片的方式达到 0 级防火标准……这会破坏规定的健全性,进而增加消防安全风险。"[16]

但覆层材料业也发声呼吁要谨慎行事。行业代表表示:"任何出于单一考量——比如防火效果——而改变建筑立面的行为都会影响外墙的效能和成本。"并补充道,防火外墙"在经济上行不通"。[17]

在这场调查中,国会议员在 1999 年 12 月发布了一份报告,以此要求内阁大臣们废除 0 级标准,并且要求所有覆层系统要么完全不可燃,要么能够通过 BRE 大规模测试中的一项。他们也呼吁政府要求房屋供应商检查自己的住宅楼目前使用的覆层系统的安全性,并将其纳入之后的风险评估体系。他们在报告中写道:"我们不相信只有多人丧身火海才能让应有的风险管理措施全部到位。"[18]但政府并没有采纳他们的建议。2000 年 4 月,政府票选决定坚持使用 0 级标准,仅把 BRE 的大规模测试作为备选方式。为什么?一名前官员在格伦费尔火灾的调查中表示,政府认为要求覆层系统完全不可燃的要求"不切实际且负担过重",要求对所有覆层系统进行大规模测试会"得罪行业"。[19]

我曾在 2021 年采访过鲍勃·穆尔博士,他说:"他们就是觉得不值得这么做。"在那之后不久穆尔便退休了,也不再考虑这个问题,直到 2017 年他在电视上看到了格伦费尔塔楼火灾。"我一直在想自己是不是难辞其咎,"他说,"也许我当时应该多说一些。"[20]

"如果出现这种情况，
将会给建筑业乃至整个英国带来经济上的后果"

1999 年，布赖恩·马丁入职 BRE。在这之前他是当地政府的一名建筑管理调查员，负责检查和批准开发商提交的开发计划。他对工作中与消防安全相关的部分很有兴趣，但并没有取得消防安全方面的资格证。在成为一名建筑管理调查员之前，他还在建筑业内做过接合工人和工地经理——彼时他对消防安全的全部经验仅停留在"装几扇防火门"。[21]

然而他即将肩负一项重任。BRE 在 1997 年实现了私有化，结束了其近八十年的英国国有部门历史。他们依然以与政府签订正式私人合同的方式为政府提供建议，其中就包括协助政府维护并更新《许可文件（B 类）》。依照合同约定，进入 BRE 仅仅几周后，布赖恩就被借调到了白厅①，他每周都会到白厅办公两到三天，为官方指导提供建议。

官方指导确实会做出调整。尽管政府投票否决了特别委员会提出的废除 0 级标准的建议，但还是同意引入 BRE 在诺斯利高地火灾之后设计的新型大规模测试，将其作为评定覆层系统安全性的备选方式。政府委任 BRE 完善这项测试：设定"合格或不合格"的判定标准，以及检验广泛使用的覆层系统表现如何。

---

① 白厅（Whitehall），也称"怀特霍尔"，英国政府办公楼聚集区，经常作为英国政府的代名词。——译注

为了完成这项任务，BRE 本应对英国的覆层系统进行一次"全面"调查，但他们只收到了 13 个地方政府的回复——仅是全国 300 多个地方政府的一小部分。他们也会从行业期刊上收集信息，了解市面上都有哪些覆层产品。

他们最终设计了 14 款覆层系统，并在 2001 年 5 月至 11 月之间完成了测试，而其中最为突出的是 2001 年 7 月 8 日的那场。

BRE 测试了一款由不可燃的玻璃棉隔热层以及 ACM 覆层板组成的覆层系统。测试结果令人震惊。

这款材料仅用了 3 分钟就达到了不合格的标准。不到 6 分钟，燃烧覆层的烈焰就蹿上了 20 米——9 米高的测试装置的两倍还多。为了保护在场人员安全，只得叫停测试扑灭火焰。使用填充了聚乙烯的 ACM 覆层材料的风险，也就是会在 16 年后造成毁灭性后果的风险，早在 2001 年夏天的这场英国政府资助的测试中就已暴露无遗。

更令人担忧的是，测试中使用的 ACM 覆层板当时已获得 0 级认证，符合《许可文件（B 类）》的指导意见，是可以用在高层建筑上的。为阻止大祸降临，修改官方指导迫在眉睫。但在 2002 年 9 月递交给政府的报告中，BRE 并未说明此事。报告强调该材料符合 0 级标准，但依然是大规模测试中"表现最差的产品之一"，然而也只说"这些问题还需进一步考虑"。①

---

① S. 科尔维尔，《BR 135 项目防火测试数据分析——基于欧洲及英国 ISO 9705 号标准》。当被问到为什么不进一步解释《许可文件（B 类）》需要修订时，BRE 的证人称他们不会以这种方式给出直接的政策建议。

建筑业也给更严厉的标准的推行施加了阻力。2002 年 8 月，窗户与覆层技术中心（the Centre for Window and Cladding Technology）代表覆层材料行业发出警告，称这种判定其他很多覆层产品不合格的新测试方法会导致雨幕覆层系统被"弃用"。他们称："如果出现这种情况，将会给建筑业乃至整个英国带来经济上的后果。"[22]

在调查中被问及此事时，前官员安东尼·伯德说，他认为没有必要更改官方指导。法规要求建筑物应当"充分防止"火焰扩散，那即使它达到了 0 级标准，也不应该使用 ACM 这种极度易燃的材料。但这是个死循环。测试能够证明它们有可燃风险，而测试结果却从未公布。被直接问及这是否是一种"掩饰"时，伯德先生坚决否认。[23]

即使没有这项测试，单是为了符合欧盟标准，政府也应该废除 0 级标准。欧盟采取了一种新的测试方法，将建筑材料按字母顺序从"A1"（最好）到"E"（最差）进行排序。作为成员国，英国应该放弃自己狭隘的区域性分类法，转而使用这一标准，保证欧盟阵营内质量的一致性。官方指导修订讨论会的一份会议纪要显示，官员们收到了警告，如果不采纳更高的标准，英国就会成为劣质产品的"垃圾倾倒场"。[24]

官员们投票决定将欧洲标准 B 级作为 0 级标准的备选方案。这比很多欧洲国家的标准都要低，而且依然允许使用某些易燃材料。2000 年 5 月递交给政府的一份报告警告称，制定更高的标准将会"严重限制市场选择"。[25]

但欧洲标准 B 级至少比一无是处的 0 级标准严苛一些。这项新的欧洲标准本应在 2005 年取代过时的国家标准强制生效，但事实并非如此。相反，英国进入了一个过渡期，在此期间，0 级标准和欧洲标准 B 级都可以作为覆层板的认证标准。这种情况一直持续到格伦费尔塔楼火灾发生。有文件称这是行业内游说的结果。制造商担心能够满足 0 级标准的材料在欧洲标准下只能被评为 C 级或 D 级，所以他们的代表都在为反对这一修订而四处游说。2003 年 5 月，隔热材料制造商金斯攀公司（后面的章节将再次提及该公司）做的一本小册子称："政府已经声明，在本行业准备好之前不会执行新的欧洲评级系统。"[26] 那应该就是永远也不会执行了。

"这绕开了原版官方指导的初衷"

2005 年 6 月，英国又发生了一起严重的塔楼火灾。这一次，大火只用了不到 10 分钟就把位于索尔福德的 19 层住宅"边缘大厦"从 3 层到顶楼全部烧毁了。调查发现，这栋大楼外墙使用了"三明治面板"——两片金属薄板夹着极其易燃的聚乙烯隔热层。问题再一次显而易见：面板达到了 0 级标准，符合《许可文件（B 类）》要求，所以可以使用。

这场火灾本可以成为促成修订官方指导的良机。新版本的《许可文件（B 类）》原计划在 2006 年发布，布赖恩·马丁和同事们正忙着对它进行更新。毋庸置疑，易燃覆层又导致了一起真实发生的火灾，那么 0 级标准终于可以被废除了吧？

2005 年 1 月，布赖恩·马丁在给同事的信件中引用了边缘大厦火灾，称"官方指导亟需进一步说明"。他补充道："这场火灾似乎是由施工实操中的变动导致的，为的是绕开原版官方指导的初衷。"[27]

他建议修改有关"隔热层"的措辞，注明"建筑外墙所使用的'任何其他材料'也须达到'有限可燃性'标准"，这样便可一劳永逸地将 ACM 等易燃覆层产品排除在外。但这一建议并未付诸实践。马丁先生担心这一改动会"误伤木结构建筑"，也就是使用木材而非传统石材或钢材作为框架的建筑。

马丁先生的解决方案是对标题为"隔热材料 / 产品"的段落进行修订，注明"所有的'填充材料'都应该达到有限可燃标准"。他希望这是个巧妙的解决办法——既能精准打击边缘大厦使用的"三明治面板"，同时也允许继续使用木质结构和其他特定的易燃产品。

现在，"填充材料"四个字被寄予厚望。它是表明导致边缘大厦火灾和 2001 年那场可怕测试的材料被禁止使用的唯一迹象。阻止一场未来悲剧的希望都寄托于行业能否理解"填充材料"这几个字的含义，不再将这些危险的材料装进人们的家。

可问题就在于马丁先生所指的"填充材料"含义不明。该条款位于一个标题为"隔热材料 / 产品"的段落里，而外墙覆层板并不属于隔热材料。而且，对多数从业者来说，"填充材料"指的是一种用于填补空隙的灰泥类产品。

马丁和他的团队从未咨询过"填充"这个词的含义。他们在总结关键改动的传单里也没有提及这一点。当 2022 年的调查问他是否试图以"蒙混过关"的方式促成修改从而避免业界反对时，马丁承认他在一定程度上是这样想的。[28]

但与此同时，0级评定标准还是留在了官方指导里。而且由于建造商并没有被告知三明治面板的夹层已不再包括在该评定法之内，因此他们仍然继续安装这些易燃材料，并且似乎对要求建筑应防止火焰蔓延的规定不以为意。随着建于第二次世界大战后的高层社会住房翻新项目的启动，越来越多的易燃材料被装上了建筑外墙。这些大楼彼时已经有近50年的历史，它们开始老化，消防安全系数越来越低，火灾隐患越来越像一场完美风暴。2009年7月初的一个暑天，这场风暴在南伦敦爆发了。

"天啊，不，听着，我看见火已经烧到门口了"

拉卡纳尔公寓是一栋建于20世纪50年代的14层社会住宅楼，共有98套复式公寓，每一套都包括上下两层。大楼是以法国教育体系奠基人约瑟夫·拉卡纳尔命名的，大楼周遭所有的住宅楼都是以法国的杰出人物命名的，可能只有最初的规划师才最清楚个中缘由。

在2006至2007年间的一次大规模翻修中，出于美观和隔热的目的，公寓楼外墙的窗户下方被装上了面板。面板由一种叫做"高压胶合板"（high pressure laminate）的材料制成，其本质上是用压制的木板和胶水将隔热层夹在一起的木板。这些材料加上楼内严重的消防缺陷，把大楼变成了一个火灾陷阱。

下午4点刚过，凯瑟琳·希克曼就闻到了烟味。只有她一个人在家——男友马克是一位成功的明星发型师，彼时正在纽约。

凯瑟琳的前途一片大好：她创立的服装品牌"莫与凯"大举登陆了美国和日本的潮流品牌折扣店。歌手比约克曾委托她的品牌为其定制服装，她的设计也登上了从纽约到雷克雅未克的各种秀场。她的家人后来说："她为自己所选事业的付出终于有了回报，她在时尚界的美妙旅程才刚刚开始。"2007年，她和马克一起搬进了拉卡纳尔的那套复式公寓。

几周之前，她还和马克谈起过自己对消防安全的担忧。她曾问："墙上不应该有指示牌或者海报告诉我们火灾发生时的逃生路线和逃生须知吗？"

下午4点21分，她从窗户看到楼下公寓的窗户有火焰钻出来，便拨打了999报警电话。

"我在79号公寓，我楼下的公寓，有火烧出来了——从窗户烧出来的。"她说。

"好的，明白。请你待在——待在你的公寓里。"接线员答道。

凯瑟琳照做了。但情况开始恶化，火舌已经扩散到了大楼外部，点燃了外墙面板。火焰很快就攀上了她的窗框，烧炸了她的玻璃，点燃了她的窗帘。

凯瑟琳一直和应急救援部门保持通话。她询问自己是否应该离开公寓，接线员却建议她试着堵住烟雾。她一边保持通话，一边逃到了复式公寓的二层。

"现在火从地板进来了，还有烟，"她说，"我该怎么做？我该跑出去吗？"接线员却让她躲进烟雾较少的房间。"我想让你待在那儿，你不要尝试乱跑，好吗？"接线员说道。

火焰在不断逼近。"天啊,不,听着,我看见火已经烧到门口了。"她说。下午4点45分,她突然大叫一声:"有一个很烫的东西砸到我了,从天花板上掉下来的。"接线员建议她爬到已经布满烟雾的房间的另一个区域。她的声音逐渐微弱。4分钟后,也就是她报警的28分钟后,她彻底没了音讯。

大楼外一片混乱。居民仓皇逃出,消防员陆续抵达,警察则试图阻止忧虑的围观者和房客亲属进入大楼。65号公寓蹿出的火焰正沿着"Z"字形撕开大楼。漆黑的浓烟正涌上伦敦湛蓝的天空。而在大楼外,拉斐尔·切尔维想进入大楼寻找他的妻子达亚娜·弗朗西基尼以及他们的孩子泰依丝和费利佩。

拉斐尔和达亚娜在2006年搬进了拉卡纳尔公寓。他们是在2003年在一家巴西俱乐部认识的。达亚娜让他和当时只有三个月大的女儿泰依丝见了面。"在那之后我就再也离不开她俩了。"拉斐尔在2013年的调查中回忆说。两人搬到了一起,几年之后的2005年,他们的儿子费利佩出生了。拉斐尔视如己出的泰依丝在学校是模范学生。"她总是能让一切变美好,总是充满活力,是个聪明的孩子。"拉斐尔说。他当时刚开始教她骑车。三岁的费利佩是个淘气包,"总会做一些疯狂的事情",比如偷走发胶涂在身上。拉斐尔的母亲说这都是随了他。

火灾发生当天,拉斐尔一直在伦敦桥附近工作,距离拉卡纳尔公寓楼并不远。下午4点半,他注意到妻子打来了一个未接电话。他回了电话,她告诉他大楼着火了,烟雾涌进了他们的公寓。她说自己躲在烟雾较轻的浴室里。拉斐尔在4点42分拨打了消防队的电话并报告了妻子的位置,并在惊慌之余飞奔回家。当赶到现场看到火势时，他想进入大楼却被警察拦了下来。他把自家的位置告诉了消防员，接着便是绝望地等待，一遍又一遍地给达亚娜打电话，想知道情况怎么样了。她告诉他一家人被困在了浴室里，情况十分危急，费利佩开始喘不上气了。

隔壁的海伦·乌多阿卡哈同样受到了烟雾侵袭。她和自己出生只有 20 天的宝宝米歇尔在家，丈夫姆贝特去上班了。夫妇两人是在 2003 年就读于尼日利亚拉各斯大学时认识的。姆贝特先搬到了英国，海伦在 2007 年和他重聚，搬进了他在拉卡纳尔的公寓。他在攻读商业课程的同时兼职做保安，她则在考取护理和社会服务方面的国家资格证。当得知即将拥有一个女儿时，两人都非常激动。

和拉斐尔一样，姆贝特也在 4 点半左右接到了妻子的电话，告诉他楼里失火了。她说公寓里都是烟雾，自己无法呼吸。他跳上出租车赶往拉卡纳尔公寓。在路上，海伦告诉他自己移动了位置——她现在在 81 号公寓的浴室里，一起的还有达亚娜和她的孩子们以及另一家人——这家人最终离开浴室来到阳台并获救。但海伦和达亚娜留在浴室里，等待消防员来救他们。他们永远没能等到。下午 5 点 38 分，达亚娜最后一次拨打了紧急求救电话。五分钟后，海伦也拨出了她的最后一通求救电话。当天晚上，人们找到了两个女人和三个孩子的尸体。

"那天下午，我目睹了自己所经营的一切，所梦寐以求的一切，都没了。"四年后，拉斐尔在调查中谈及他们的死亡时如是说。

海伦年逾古稀的父亲在姆贝特告诉他女儿和外孙女死讯的当晚突发心脏病去世。"我的生活被永远地改变了,我对她们的死永远无法释怀。"姆贝特在调查中说,"我每次扫墓都会这样告诉海伦,因为墓地从来都不在我们的计划内。"

这场灾难坐实了自 20 世纪 80 年代以来高层建筑不断累积的危险。英国政府有责任确保悲剧永远不会再度上演。

3

01:20

在斯特拉福德，指挥中心开始意识到正在处理的这场火灾的规模了。凌晨 1 点 21 分，他们接到了第一通除贝哈伊鲁之外的住户的报警电话，而这位报警人告诉消防局自己已经安全逃出大楼了。一位住在 23 层的女子打电话报警称自己能闻到烟味。接线员让她关上公寓门，待在原地。

几分钟后，用一位接线员的话说，指挥中心"全线崩溃"。凌晨 1 点 24 分至 26 分之间，报告本场火灾的电话数量从 9 通暴涨至 17 通。到了 1 点 30 分，共有 29 通。电话不停地响起，很明显，现在接线员们要处理的是一场规模巨大且火势急剧恶化的火灾。其中一位接线员回忆自己当时想的是："我的天，这比拉卡纳尔还严重。"

此时此刻，指挥中心中的各位还没有看到大楼外的人们所看到的场景。他们的大屏幕上显示 5 层的一间公寓 75% 的面积已经着火，尚未更新到火势已经从大楼外侧向上蔓延了。

当他们接到单独报告"整个塔楼都着火了"和"一条火链正在塔楼外向上爬"的电话时，没人把这些电话串联起来组成一幅完整画面，也没意识到地面上发生了什么。

因此，没有人质疑伦敦消防局针对高层建筑的刻板政策：

让报警人原地等待。于是楼内的报警人被要求关上门窗并且原地等待。

在拉卡纳尔火灾中，报警人也被要求原地等待，并因此在等待救援的过程中错失逃生机会。于是消防队告诉拉卡纳尔火灾中 6 名死者的验尸官，他们已经对接线员的培训进行了改进，以应对需要进行电话"火灾生存指导"的情况。

但是，正如我们将在第 16 章和第 18 章看到的那样，真正的改变微乎其微："原地等待"依旧是默认指令。拉卡纳尔悲剧发生的 8 年后，许多曾经的错误将再度上演——而且规模更大了。

🔥

大楼外，指挥官迈克尔·唐顿正拼命地想制定出应对策略。烈焰正在撕裂大楼，一平米左右的巨大金属片正从 70 米高的大楼上脱落，盘旋着砸到地上。"有些残屑被烧化了，掉到地上时明显还在燃烧。"他在自己的证人陈述中回忆道。

1 点 24 分，他征调了 10 辆消防车，到了 1 点 27 分，眼见火势没有任何减退的迹象，他又调来了 5 辆，其中 2 辆还配备了长梯。此刻，他看到逃出大楼的人们都被烟雾呛得不行，同时接到无线电消息称目前有"多人报告"火灾。这是一条重要信息——这说明居民们都受到火灾影响并且身处险境。两分钟后，在另一名刚抵达的值班队长的建议下，他又调用了 5 辆消防车。他的计划依然是扑灭火焰、控制火势。他安排一组消防员尝试登顶，从上方扑灭火焰。

"我或许在某些时刻真的感到了绝望，"他之后在调查中说道，"身为事故指挥官真的非常非常痛苦，因为那场面实在……实在是太残酷了……我从未经历过那样的事。火灾的发展态势无比迅猛，惨绝人寰。"

差不多就在这时，第一批警察赶到了现场。其中一人在1点23分通过无线电向指挥部报告："其他公寓也有着火的风险，需要进行大规模疏散。"但这并不在迈克尔·唐顿的计划内。他依然相信消防员能够控制住火势，并继续依此行事，浑然不知大楼内部已经被烧透了。他并没有真的考虑疏散整栋楼的居民。

🔥

迈克尔·唐顿为什么没有下令疏散居民？此时居民还能够走楼梯下楼，也可以相对顺利地离开大楼。楼梯间的烟雾并不重，多数楼层的中央大厅也一样。在1点15分至31分之间的16分钟里，有77人走楼梯下来，毫发无伤地离开了塔楼。有一名专家估计（如不考虑年龄和健康状况），如果有办法提醒他们逃跑，火灾当晚楼内的293位居民可以在7分钟内走楼梯全部撤离。[1]

但是英国对"原地等待"的依赖意味着格伦费尔和国内几乎所有的高层建筑一样没有安装公共火灾警报器。实际上，迈克尔·唐顿仅有的选项只有让队员拿着扩音器向大楼喊话，让接线员告诉报火警的人赶快离开，或者让消防员挨家挨户让居民撤离，并在必要时候帮助他们。

但这些选项执行起来都非常复杂且风险极大，并且唐顿根本没有接受过任何执行这种疏散的训练。他就没有学过该在什么时候放弃"原地等待"指令，也没学过该如何组织居民疏散。北肯辛顿消防站的其他队员们也没有学过，尽管他们加起来已经做了 52 年消防员了。

"作为一名消防员，你就应该按手册行事，不能临场发挥，"看到迈克尔·唐顿在调查中接受质询后，一名资深消防员这样告诉我，"你需要知道你的搭档会按照你的要求行动，因为在火场中，你的性命要仰仗于他和你执行一样的计划。如果迈克尔·唐顿临场下令疏散，导致 30 人丧生，那么他就是那个杀死了 30 个人的消防员。"[2]

伦敦消防局只教过他们的火灾指挥官依赖"原地等待"指令。我们将在第 16 章再来探讨其原因，但马丁·穆尔－比克爵士在他的最终报告中狠狠抨击了这种情况。他说这个概念已经成为"伦敦消防局的内部信条，根深蒂固到在任何情况下都不敢想象要去背离它"[3]。

而在大楼内部，许多住户正在自发地逃离塔楼。住在六十几号公寓的居民看到火焰闯进了自家厨房后立刻逃走了——大多都处于惊慌失措之中。一名女子回忆起被楼外的骚动吵醒。她走进厨房，看到空中飘着火星。厨房排气扇附近的电线烧了起来。她清走了窗户旁边的物品，希望大火别进到屋里来。但接着窗户破了。"厨房的窗户整个碎成了两半，"她说，"通风口完全掉了下来。我站在那儿时看到玻璃碎了，火烧进来了。窗户周围的塑料都在燃烧。"

大多数居民的第一反应就是离开大楼。由于电梯还能使用，5 名住户搭乘了电梯。在他们下降过程中，电梯意外停在了 11 层，电梯门开了，滚滚浓烟涌了进来。"真的很可怕，那些烟雾真的很恐怖，带着一股浓烈的化学品的苦味。我想说话，但烟雾让我很难说出话来，"一位乘坐电梯的居民说，"我想走出电梯，但很难出去。我还感觉到有人从背后抱住了我，但因为太暗了，我看不清是谁。"

3 名住户在慌乱中走出了电梯。据估计，该层的烟雾过重，他们可能在 30 秒到两分钟之间就会昏迷。在这种黑暗又窒息的环境中，他们也许再也无法找到楼梯间的入口。几个小时后，他们的遗体将会被消防员抬出去。他们很可能是这场火灾的第一批遇难者。

🔥

住在 12 层的超市经理娜塔莎·埃尔科克在格伦费尔塔楼住了 21 年，她在和伴侣一起看《猜火车》的时候在沙发上睡着了。1 点刚过，她被公寓外的声音吵醒，打开门看见邻居们站在楼道里说他们的公寓里有烟雾。

回到家里，她和伴侣向窗外看去，能看到下面的消防员正在朝着从 5 层伸出的火柱喷水。娜塔莎穿好衣服并在 1 点 28 分拨打了火警电话。她说自己住在 12 层，不知道该怎么逃出去。她说能看到楼道里有烟雾，但自己的公寓里还没有。接线员让她关上门并待在原地，说会告诉消防员她的位置。此时娜塔莎并没有非常担心，她知道附近的其他大楼里发生过火灾，但都被消防队解决了。她相信他们这次也会把火扑灭。

到了凌晨 1 点 27 分，火焰已到达塔楼最顶层。那场面和 ACM 导致的其他火灾惊人地相似——烫到发白的烈焰形成了一条垂直的火柱。但这场火还远没有结束。它马上就要变得比之前任何一场火灾都更严重。

4

"给我看尸体"

就在 2009 年 7 月发生拉卡纳尔火灾之后，政府要求 BRE 对事故原因进行调查。当时，该机构和政府签订了一份长期合同，前者要负责检查其他几场重大火灾的后果，并且评估这些结果是否表明建筑法规需要修订。

BRE 的调查员在火灾结束后不久来到现场进行初步勘查。公寓楼本应能够阻止火势扩散，为消防员在火势失控前将其扑灭留出充足时间。要么是大楼建筑没有达到规定要求，要么是相关规定还不够严格，总之一定是哪里出了问题。BRE 的任务就是找到这个问题。

不过，政府内部好像已经有了说法。7 月 14 日，BRE 的报告还未出炉，实际负责消防安全规定的公务员布赖恩·马丁给一位询问过火灾相关事宜的消防工程师发了一封电子邮件，并在邮件中说："根据目前接触到的碎片化信息，我认为没有必要对《许可文件（B 类）》做任何修改。"[1]

两天后，BRE 发布了初步调查报告。这份报告证明拉卡纳尔外墙上确实存在塑料面板，并且火势是从外墙开始扩散的。要想理解这种情况发生的原因，并把离散的信息点串联起来杜绝火灾再次发生，显然还有很多工作要做。

但是 BRE 却接到通知让他们不用再做什么了。7 月 28 日，就在他们提交最终报告之前，还在起步阶段的调查便被叫停了。"基于你们和本部门的火灾调查合同，我可以确切地告知你们，不用再去拉卡纳尔公寓了，"马丁先生写道，"之后任何前去勘查的费用都将由第三方承担。"①

根据调查中的证人证词，政府内部已经一致认为拉卡纳尔公寓火灾的事故原因是违反规定，所以不需要修改官方指导，也不需要对高层建筑易燃材料的使用施加更严格的规定。

这一共识在 2009 年 12 月迎来了考验。伦敦警察厅和伦敦消防局继续调查火灾原因。11 月时，他们要求 BRE 对大楼外墙使用的面板进行测试，结果发现它们熊熊燃烧，甚至连有限的 0 级标准都达不到。

时任伦敦消防局局长罗恩·多布森给政府首席消防救援顾问肯·奈特爵士写了一封信，告知他实验结果，并警告他消防局"已经得知此类面板的供应商不止一家"。他说："鉴于此情况，我们认为应该向住房供应商发出警告，建议他们检查其高层住宅的外墙板规格，并检查所安装的外墙板是否符合相应的规格标准。"

但政府并不想费这个力气。在政府内部，一名官员写道，他们应该"格外小心"，避免"没事找事"。另一名官员说，这样的警告"对房地产来说至关重要"，因此"我们需要评估一下

---

① 调查笔录，2022 年 2 月 10 日。马丁先生告诉调查委员会，该项火灾调查最好转交给警方和伦敦消防局。

哪些信息是可以公之于众的"。² 最终，肯爵士回复多布森先生说，测试中发现的信息尚不充足，"不足以"向住房供应商们发出严正警告，所以他们只发送了一个一般性警告，提醒供应商确认"是否对法规存疑"。^① 被问到为什么没有以拉卡纳尔火灾为契机对其他大楼上的材料进行调查时，布赖恩·马丁告诉格伦费尔调查委员会，因为事情并没有"严重到"值得这么做的地步。³

结果，这条至关重要的信息就这样被压了下来——危险而不合规的面板出现在了伦敦的一栋高层建筑上，并且很可能导致了6人丧生。只有伦敦消防局高层和负责建筑法规的政府部门才知道这件事。有人曾希望随着拉卡纳尔的更多信息被披露出来，政府能采取更多切实措施防止悲剧重演。但政治形势即将发生变化，收紧监管变得几乎不可能。

"本联合政府的新年计划非常明确，
那就是永远根除对健康和安全的执念"

2010年5月6日，保守党在大选中成为多数党，再一次成为英国执政党。他们和自由民主党组成的联合政府终结了工党长达13年的统治，戴维·卡梅伦当选为新首相。新政府带来了新的意识形态。

---

① 调查笔录，2022年3月1日。肯爵士在调查中表示，他担心向公众披露过多信息会影响警方调查。

由于整个国家以及整个世界都在遭受全球性金融危机，政府的解决方案是大规模削减政府规模，希望以此释放经济增长活力。政府开始了一项紧缩计划——削减和压缩公共预算，一分钱也不放过。但这套哲学远不止于此。在卡梅伦所谓的"大社会"（the Big Society）口号下，政府设想让私人或志愿组织接管之前属于中央政府的职责。"地方主义"（localism）将决定权下放到地方政府，而"半官方组织之火"（bonfire of the Quangos）运动系统性地关停了众多国有组织，终止了它们的职责。这是撒切尔夫人以来最为激进的英国政府改革。

尽管这些政策部署都与格伦费尔塔楼火灾息息相关，但它们的影响力都比不上卡梅伦的政府削减计划的最后一根支柱：放松管制。"管制"一词在其领导下成了一个贬义词。2011 年 4 月，内阁办公室宣布开启"繁文缛节挑战"，并在发布的声明中写道："过度管制正在拖累企业，阻碍经济，损害社会。"[4] 从今往后，政府会想尽一切办法减轻所谓的"企业负担"。彼时，随着银行危机带来的大衰退，新房建造数量跌破历史以来最低值，而政府相信恢复新住宅建设对经济复苏至关重要，因此住房建筑业被放在了这一计划的核心位置。作为 2011 年 3 月预算的一部分，政府通过了一项规定——除非获得特殊豁免，否则政府将无权修改建筑法案。对此，一项后果评估报告警告说，这可能有违国家保障生命权的义务。令人不寒而栗的是，政府放弃了自己的首要义务，选择了一意孤行。[5] 2011 年 4 月，卡梅伦先生以个人名义写信给各位内阁大臣，下令"清除一切不必要的官僚主义和复杂手续"。他说，"这并不是礼貌地请求他们在条件允许时减少管制",而是"一项变革,意味着大臣们应该为施加在部门内外的管控和负担数量负责"。[6] 2012 年 1 月,他在一次演讲中表示:"本联合政府的新年计划非常明确,那就是根除对健康和安全的执念。"他发誓要向"过分追求健康和安全的文化宣战,它们已经成了英国企业的项上桎梏"。[7]

一项针对管制的新政策拉开了战争的大幕:"一进两出"政策,即每增加一项管制措施,就要废除两项。该政策以财政作为量化标准:公务员会估算每项新规对商业造成的财务负担,之后必须为受影响的企业解除一定限制,使企业减少的成本达到财务负担的两倍。一名前高级公务员告诉我,这招实际上扼杀了颁布重大新规的可能性。安东尼·伯德在 2012 年之前一直和布赖恩·马丁一起负责《许可文件(B 类)》,他形容该政策实际上"暂停"了新规的诞生。这项政策在 2016 年变成了"一进三出"。

这些政策都对建筑法规的制定部门造成了深远影响,该部门隶属于社区与地方政府部(Department for Communities and Local Government,DCLG),由卡梅伦的盟友埃里克·皮克尔斯领导。作为地方主义的代言人,皮克尔斯对缩减中央政府影响力的作用深信不疑。他也在自己的部门内推行这套理论。一名前副大臣回忆说,当某位官员建议增加新的管制措施时,皮克尔斯会大骂其是"管制狂魔",再给人家扣上"读《卫报》的左派分子"的帽子。[8]

"曾经有一股横扫了部门内一切事务的放松管制风潮,"一名前公务员在 2019 年告诉我,"由于部门内的这场运动及其所奠定的感情基调，公务员很难建议推行新的管制措施。"他们因提出了大臣们不爱听的建议而大受打击。这名公务员将其形容为"敌对氛围"。公务员如果向大臣们提交了有悖于先前共识的报告，有可能会被骂哭。"那种环境很不健康，"这位公务员说道，"真的很难很难提出建议，他们就是无差别地憎恶管制。"2011 年 12 月，埃里克·皮克尔斯向戴维·卡梅伦上书阐述他的放松管制计划，其中就包括建筑法案中的消防安全条款，并承诺如果将其废除，每年可以为企业减负 2540 万英镑。①

理查德·哈雷尔是布赖恩·马丁在部门内的顶头上司，他在调查中表示，由于工作重点集中在计划改革和减少繁文缛节上，因此建筑法案在部门内被"长年边缘化"。他说部门内对放松管制的强烈欲望"肉眼可见"。他说："其影响显而易见，与大臣们的讨论又使这些影响进一步加深了。"9

与此同时，政府好像还不想听到唱衰这项政策的消息。2012 年 10 月，政府续签了与 BRE 签订的调查重大火灾成因的长期合同。但新合同包括一项条款，要求他们的报告"应不包含任何政策性建议"，或者对官方指导提出任何修订意见。只有当部门直接要求时才可以给出建议。一名 BRE 科学家在调查中说："这发生在放松管制之风盛行之后，所以管制措施肯定不受欢迎。"10

而这种对削减繁文缛节的自我陶醉注定将与消防安全发生

---

① 调查笔录，2022 年 4 月 7 日。皮克尔斯称这是一个"错误"，坚称消防安全规则不受放松管制条款的约束。

正面冲突。因为在 2013 年初，期盼已久的拉卡纳尔火灾遇难者调查开始了。哪一方会胜出呢？是避免悲剧重演的需要，还是不顾一切削减管制的渴望？

《许可文件（B 类）》是"一份极其难用的文件"

拉卡纳尔公寓火灾遇难者调查持续了 50 天。调查揭示了大楼内部消防隔断的一系列缺陷：防火门失效；吊顶绕过了防火屏障，这意味着火焰可以在走廊畅通无阻；公寓通过管道彼此相通，因此烟雾也可以到达被困居民躲避的位置。作为大楼的房东，萨瑟克地方议会事先也没有对公寓楼进行法定风险评估。

验尸官对《许可文件（B 类）》中的消防安全官方指导表示了极大的担忧，并敦促政府采取行动。在紧随证词结论之后寄出的一封信中，她告诉埃里克·皮克尔斯这是"一份极其难用的文件"。她说应该对文件进行审查，确保翻修和新建大楼也能充分适用，并且要"能为参与建筑物的建造、维护和翻修的人员和机构所理解"。更重要的是，她告诉皮克尔斯要保证文件能"提供清晰的指导……尤其是针对火焰在建筑外立面扩散这一点"。[11]

文件措辞严重含混不清，这一点自 1991 年诺斯利高地发生火灾以来就显而易见，现在终于要对它采取行动了。0 级标准需要被废除，2006 年新增的含糊其词的"填充材料"修订条款也一样，并且需要有明确的规定，禁止在高层建筑外墙中使用易燃材料。这不再只是一个单纯的学术课题了。已经有六人失去了生命，如果政府无所作为，会有更多人的生命处于险境。转眼间，拉卡纳尔火灾已经过去四年了，是时候做出改变了。

"我们唯一的职责是给验尸官答复，又不是拍她马屁"

给大臣们写简报的任务落到了布赖恩·马丁肩上，他需要上报验尸官的建议以及如何执行这些建议。验尸官呼吁对外部火势扩散问题的官方指导是否合理进行直接而有针对性的调查。但马丁先生却暗示大臣们，验尸官的建议是重写《许可文件（B类）》。他说这么做"需要大量资源，而且会对建造业产生破坏性的影响"[12]。而他的建议则是，政府只需要修改一下窗户安装商的资格认证制度，确保他们的成员知道这些规定就可以了——但这并不是验尸官的建议。对《许可文件（B类）》的审议被安排在2016至2017年进行，这也可能会引起验尸官的注意。

马丁将验尸官对外部火灾扩散的最大担心扔在了一边。但大臣们却接受了他的提案。埃里克·皮克尔斯批准了写给验尸官的回复，告诉她部门正"全身心投入在一个简化项目上"，还引用了对窗户安装工规定的审查，而验尸官并未如此要求。"我们已经派人对这一部分建筑法规进行了审查，"他补充道，"我们希望这项工作能够为正式审查打下基础，在2016至2017年间出台新的许可文件。"[13] 于是，对法规的修改又被搁置了。

验尸官并不只是呼吁修改建筑法规。她还了解到自动洒水灭火系统确实可以在火势从火源所在公寓扩散前就将其熄灭。于是她建议政府"鼓励高层住宅楼供应商……考虑改装自动洒水灭火系统"[14]。但这一系统并不受政府欢迎。肯·奈特爵士撰写了一份报告，认为尽管洒水系统对室内火灾非常有效，但高昂的费用使它们"无论在实操上还是经济上都行不通"。

其实在这之前，另一名验尸官也曾向政府提出过类似的建议，他当时在调查南安普敦雪莉塔楼火灾中两名消防员的遇难事件。调查结果是，政府向住房供应商发出了一封信。

所以，官员们觉得没必要再寄一封了。马丁称其为"一项艰巨而几乎无意义的任务"。他说部门可以"告诉验尸官，我们已经向社会住房的房东们交代过此事……所以我们不打算再采取任何行动了"。他写道："我们唯一的职责是给验尸官答复，又不是拍她马屁。"①

雪莉塔楼火灾的调查结束后，皮克尔斯的信连同建议被一起寄给了社会住房房东们。仅此而已。马丁之后告诉调查委员会，如果强制地方议会改装洒水系统，部门就要依法为他们提供经济资助。而在节衣缩食的时代，这根本做不到。

然而，对洒水系统的憎恶远不止于此。实际上，在给验尸官写信的 3 天后，皮克尔斯又给威尔士政府寄了一封信，指责他们"头脑一热"就要求新建筑配备洒水系统，平添了 1.3 万英镑的新建住房成本。

或许即使没有政府的要求，住房供应商也会自己行动呢？一家受雇于地方政府的住房管理机构早在皮克尔斯寄出信的 18

① 调查笔录，2022 年 3 月 29 日。马丁说这是一句"非正式评论"，并且他只是想表示部门的法律责任要求他们考虑验尸官的来信，并不一定会照此行事。

天前，就仔细思考了拉卡纳尔火灾验尸官的判断。他们特别指出，如果将这些建议（比如洒水系统）付诸实践，"会对所有负责高层住宅楼的房东造成巨大影响"。但这份会议纪要接着表示，从"社区与地方政府部展现出的初步姿态来看，它们不太可能采纳这些建议"。[15] 最后果然什么也没发生。

这家管理机构的名称是"肯辛顿－切尔西租户管理组织"（Kensington and Chelsea Tenant Management Organisation，下文简称为 TMO）。格伦费尔塔楼便是其负责管辖的地产之一。同英国的大多数社会住宅楼一样，格伦费尔塔楼也没有配备洒水系统，就是那种当厨房冰箱起火但还没等它扩散到大楼外就能将其浇灭的洒水系统。

"如果在特建公寓楼发生重大火灾悲剧，那么本组织一定会提请其他人注意这一点"

尽管埃里克·皮克尔斯除了声称他的部门已经有了计划，并将在 4 年内发布新版《许可文件（B 类）》之外什么也没做，但这确实意味着小型建筑法规部门现在也要按这个时间表行事了。如果他们真的想完成这个任务，就必须行动起来。

第一步是发布针对官方指导的调查报告，该报告已经在 2012 年委托编写，必须先向公众公布收集意见，之后交由政府进行许可文件的修改咨询。大臣们只需要签字即可发布这些文件。文件于 2015 年 2 月交了上去，但签字却迟迟没有下来。2016 年的 5 月、7 月、8 月、10 月、11 月、12 月，2017 年的 1

月、3月。公务员们往大臣们的私人办公室跑了一趟又一趟请求签字，但他们总是有别的事要忙。可在一封发给大臣顾问请求批准的电子邮件中，这项调查却被描述为"远非当务之急"。于是这份报告直至格伦费尔塔楼火灾发生也没有发布。承诺的审查甚至都没离开起跑线。

那同时间内发生了什么呢？建筑法规部门发现自己被"审查住房标准"工作占据了——该工作本质上还是和放松管制有关——因此无暇开始履行审查官方指导的承诺。

在这段时间里，布赖恩·马丁收到了一份更为明确的警告，告诉他大难临头了。2014年7月，他与行业专家一起出席了一场由游说集团窗户和覆层技术中心主办的会议。他提前离场了，但收到了一份会议纪要。这份标题为"ACM在高层建筑中的用途"的纪要称，"这种材料普遍达到了消防分类中的0级标准"，并且与世界范围内多起严重火灾都有联系。他们解释说，在禁用这种材料时使用"填充材料"一词"不够明确"。为澄清困惑，他们建议BRE起草一份"常见问题解答"，并由马丁进行发布，以阐明这种致命材料已经被禁用了。[16]

但这永远也没发生。BRE并没有就这个话题起草"常见问题解答"，马丁也没发布过。修改的进度反而又被打回到全面审查许可文件那一步，而部门一直搁置此事。

与此同时，马丁对世界各地牵扯到ACM的火灾心知肚明，但他向同事们保证英国禁止使用该材料。比如，2012年5月法国发生了一场火灾，火焰撕裂了一栋住宅塔楼的外立面，在这之后他告诉同事们："这种（覆层）材料（可能）不符合建筑法规。"2012 年 12 月，又有一场发生在迪拜的火灾烧毁了 34 层的塔姆维尔塔楼，火焰几分钟内就从地面烧到了楼顶。一位同事问他是否知道此事，马丁先生回答："知道。你看视频了吗？可壮观了。"

也存在一些外部压力敦促他们采取行动。戴维·阿麦斯爵士是对绍森德西部选区负责的保守党议员——他于 2021 年在自己的选区办公室遇刺身亡——他当时是一个跨党派议会组织的常务主席，该组织致力于动员消防安全改革，比如安装洒水系统。组织顾问由建筑师兼活动家萨姆·韦布担任，他当时正在帮助受到拉卡纳尔公寓和罗南之角火灾冲击的社区，并且敏锐地察觉到政府并没有尽全力阻止一场更为严重的灾难。组织秘书由前消防员同时也是洒水系统的长期拥护者龙尼·金担任。该组织要求大臣们考虑一项 2012 年的新研究，研究表明洒水系统当前已经物超所值，并建议废除 0 级标准，转而采取更为严格的覆层面板防火性能标准。

他们认为，只需要对官方指导"稍作修改"便可以立即解决这一问题，不用等到 2016 至 2017 年的全面审查了。但这些信息并没有被大臣们注意到——毕竟他们经常只用两三个段落来简要回复冗长的信件。

2014 年 9 月 9 日，在多次发函敦促他们采取行动之后，当时负责建筑法规的大臣斯蒂芬·威廉姆斯写道："我既没有看到，也没有听说任何迹象表明审议这些潜在的修订条款是当务之急，我也不愿主动要求将这一任务提前，以免扰乱本部门的工作。"[17]

戴维爵士回复说自己"难以理解您是如何得出结论，认为不偏不倚又攸关性命的证据并非当务之急"。他补充道："既然如此，本组织希望向您指出，如果从现在到 2017 年间，照护机构或特建公寓楼等场所发生重大火灾悲剧并造成人员伤亡，而此处提出的问题被认定对火灾后果负有责任，那么本组织一定会提请其他人注意这一点。"[18]

该组织再也没收到对这封信的回复。而在部门内部，官员们对此不屑一顾。"没错——他就是很烦人，"布赖恩·马丁在 2014 年 11 月的一封信中如此评价龙尼·金，"他就是恼火既然我们 2013 年进行了一些放松管制的改革，为什么现在不快点修改许可文件，这样他们就能到处装洒水器了。龙尼才不会听我解释，所以我也不会搭理他。"[19] 在之前的一封邮件中，他曾说让金先生负责《许可文件（B 类）》可能"并不符合英国企业的最大利益"。在 2022 年的调查中被问及如果让金先生这样的人负责建筑法规会怎么样，马丁奇怪地说他会让国家"破产"，"我们都会饿死"。[20]

2015 年 2 月，迪拜又发生了一起重大火灾，这次是名字就很不幸的"火炬塔楼"。建筑法规部门再一次就此次火灾互通邮件。布赖恩·马丁给出了保证，他写道："建筑法规中有专门预防这种问题的条款，所以英国不会出现这种问题。当然，也不能百分百保证。"他对"填充"一词产生的歧义只字未提，也未提及有人呼吁请他澄清该词的含义，而他却无所作为。他后来承认，这种保证让他的同事们陷入了一种虚假的安全感之中。[21]

由于马丁没有准备常见问题解答来阐明 ACM 在英国已被禁用，矫正这些致命缺陷的机会全都押在了被推迟的对《许可文件（B 类）》的审查上。而 2015 年 5 月，政治形势再一次发生变化。大选剥夺了自由民主党的执政党身份，保守党占多数席位的政府上台。欣喜之余，他们加速推进了放松管制议程。审查消防安全指南的可能性变得更渺茫了。

"铝材料遇火就会融化，露出聚乙烯芯。唰！"

2015 年大选之后，官方决定将《许可文件（B 类）》和更广泛的许可文件审查工作"结合起来"。这很符合实际。他们知道自己必须遵循"一进两出"原则，在增加新规的同时砍掉行业的巨额"负担"。如果他们分头开展消防安全审查，就只能从各自的规定中减少管制。但是如果能和一些不那么攸关性命的规定——比如隔音——绑定在一起，可能就有操作空间了。只是这也意味着进程会有所推迟，最快可能也要到 2019 年才能完成。

与此同时，一场正在逼近的灾难的警钟声音越发响了。2016 年 1 月，中东地区又发生了一场塔楼火灾。在一封和同事们讨论该事件的电子邮件中，马丁写道："这东西（ACM）特别硬，造出来的建筑闪亮又好看。可惜铝材料遇火就会融化，露出聚乙烯芯。唰！"[22]

仅仅两周后，一位名叫尼克·詹金斯的覆层材料供应商联系到了马丁，他对在英国境内销售的 ACM 数量感到担忧。他最近在一次会议上说"迪拜那样的大火可能会在伦敦的任意一栋楼上重演"，并在联系马丁之前已经给多位业内联系人发了电子邮件。在给马丁的电子邮件中，詹金斯告诉他英国有"许多大楼"都在使用 ACM，且数字"还在增长"，它们中的大多数都"同时安装了各种（易燃的）泡沫隔热板"。他说情况"非常危急"，希望马丁先生能为规定提供一个"更为明确的声明"。[23] 这是一项具体的警告——这种 18 个月后点燃格伦费尔塔楼的覆层材料依然在英国境内使用。这封邮件后来在调查中被称为"危急情况红色警报"，"显然是极其重要且生死攸关的大事"。马丁从中东火灾中得知存在风险，他知道官方指导在这一关键问题上含糊不清，如今他又从这封邮件获悉这种材料还在英国境内使用。他确定不要做点什么吗？

还真没有。不仅没有，他还告诉詹金斯他"并不认为所有规定都含糊其词"，并解释道他相信官方指导中的"填充材料"一词"应该会被理解成"禁用这种面板。他补充说："如果设计师或者建筑管理机构另有打算，那就随他们去吧。"马丁告诉调查委员会他"严重低估了"ACM 的危害，迪拜火灾没有造成伤亡也"影响了我对其危害的判断"。[24] 英国政府实际上也通过马丁得知会有一场覆层灾难发生，但他们决定什么也不做。

2016 年 3 月，马丁和窗户与覆层技术中心——那个两年前请求他提供一份《常见问题解答》的组织——一同出席了一场后续会议。会议纪要显示，窗户与覆层技术中心认为《许可文件（B类）》在如此关键的一点上的指导意见"写得很差，可以随意解读"。马丁说会在下一次审查文件时进行更正。所有希望都寄托于这次审查能够在大火烧毁一栋大楼前完成。政府磨蹭拖延，而与此同时越来越多的住宅楼都装上了这种危险材料。但在一个拒绝优先讨论它的部门里，审查依然无望地处于搁置状态。

负责此事的大臣们那边也毫无进展。保守党主导的政府开始推行一些撒切尔时代以来最为激进的住房行业政策，他们计划强迫地方政府抛售他们价格最高的社会住房，于是社会租户的各项租金都在上涨，最低工资标准却纹丝不动，建筑法规成了一个被遗忘的注脚，一个无人在意的吃灰政策。马丁回忆，"法规成了部门内部的违禁词"。他的上级理查德·哈雷尔说团队被裁撤得"甚至无法完成基本运转"[①]。他说："老实说，我觉得我们在心理上就被打败了。"[25]

关注消防安全的跨党派议会组织继续给大臣们写信，敦促他们采取行动，但被新任建筑法规的主管大臣詹姆斯·沃顿霸道地打发了，理由是政府想"减轻繁文缛节的负担"。戴维·阿麦斯爵士写信给沃顿，告诉他议会组织"一致驳回"了他的所有评论。

这时政府为自己辩解称火灾中的死亡人数不足以修改法案。死于火灾的人数正在下降，所以为什么还要给这个行业增加负担呢？但死亡人数下降与法案无关，而是要归功于吸烟率和炸锅使用的减少以及烟雾警报器的充分利用。政府对这些数字的误解为岌岌可危的建筑法规体系错误地做了背书。

---

① 据作者在《住房观察》的报道，2006 年至 2015 年，该部门人数从 14 名建筑专家加 3 名高级公务员削减为 5 名专家加 1 名高级公务员。且迫于"咨询禁令"，他们也无法寻求外部帮助。详细信息请见 https://www.insidehousing. co.uk/insight/grenfell-tower-inquiry-diary-week-67-when-exposed-to-a-fire-the-aluminium-melts-away-and-exposes-the-polyethylene-whoosh-74680。——译注

　　萨姆·韦布回忆说，他在 2016 年 2 月的一次议会午餐中坐在马丁旁边。他说自己警告马丁，如果不废除官方指导的标准，拉卡纳尔那样的火灾"有可能"还会发生。他还说，如果火灾发生在"大家都在熟睡的半夜，死亡人数很可能就不是拉卡纳尔火灾的 6 人了，而是它的 10 到 12 倍"。"布赖恩·马丁的回答是：'证据呢？倒是给我看尸体啊。'"韦布说，"就好像必须得发生一场大灾，不然他和政府不会采取行动。"接受调查委员会直接质询时，马丁否认曾说过这样的话。

　　其他消息来源告诉我，他们也曾听到过这句话。其中就包括阿诺德·塔林，他是一名特许调查员，也是消防安全的长期提倡者，在拉卡纳尔火灾之后帮助跨党派议会组织为修订文件四处游说。"我曾说过国内有这种产品（ACM），并且由于我们没有洒水系统，它会造成大量伤亡。"塔林先生回忆道："所有人都认为我说得对，所有人都听见了我必须要说的话，但就是没有人采取行动。他们的理由是死于火灾的人数在逐年减少，所以大楼都很安全。如果你说，'没错，但是我们盖楼的方式和以前不一样了，现在我们给楼装上了易燃的罩子，着起火来就会像恐怖片一样'，他们就会说，'不是还没发生呢吗？'"他回忆称曾在不同场合不止一次听到"给我看尸体"这句话。

　　火灾死亡人数下降等于不需要做出改变，这一观点曾被频繁重申。"火灾死亡人数下降良好。（内阁办公室）认为公众安全并没有正在遭受威胁，因此也不需要对法规进行重大调整。"被动消防论坛（Passive Fire Protection Forum）前主席戴维·萨格登回忆道——该论坛也曾多次警告必须做出改变。

其实政府内部人士也知道这有多荒诞。2016 年 9 月，一组公务员讨论了"火灾死亡人数下降证明了建筑法规的有效性"这一结论。一名高级顾问写道："我们能否确定死于火灾的人数下降**到底**是因为建筑消防标准，还是因为家具标准的调整，或者是在家吸烟或使用开放式炸锅的人数减少了？假如死于老房子火灾的人数也有相同幅度的下降，那就说明和建筑安全标准**没有**任何关系，即这套法规没有任何效果。"

马丁回复说："正如您所说，总体火警数量的减少主要是由一些与建筑标准无关的因素引起的。"这些数据都只是些烟雾弹，只是应付犀利问题时的话术罢了。[26]

马丁委托 BRE 出具的外部火灾扩散风险报告或许也打消了他的疑虑。这份报告是在 2016 年 4 月递交的，结论是没有必要对法规或者官方指导做出重大调整。报告称："除了仅有的一两场小概率的不幸，本项调查目前还没有别的证据认为现行的指导意见……违背了其初衷。"但报告作者向调查委员会承认该报告存在缺陷。由于预算极度有限，只能进行非常基础且不完整的测试，并且没有对真正装上住房外墙的材料进行测试。[27]

2016 年夏天，英国政坛再次发生了变化。全民公投决定英国将退出欧盟，特蕾莎·梅接替戴维·卡梅伦成为首相，建筑法规的相关责任被移交给了新任住房大臣加文·巴韦尔。

"只要能让我们有进展，你给屎贴金都行"

当向巴韦尔简要汇报他即将面对的建筑法规事务时，公务员们甚至没有提到要对《许可文件（B 类）》进行审查的承诺——这件事在部门内的优先级已然降低了。

尽管承诺给验尸官的最后期限马上就要到了，巴韦尔的全部精力还是集中在新的住房白皮书上，新白皮书旨在推行划时代的改革，修建更多新住房。他在 2017 年春季之前都全神贯注于这项工作，把几乎所有其他事务都抛诸脑后。

戴维爵士的跨党派议会组织一直写信求见，试图警示他危险正在迫近。但在 2016 年 10 月，巴韦尔拒绝了他们的请求，他们之后的几封信也都石沉大海。

2017 年 2 月，白皮书终于不再挡道，建筑法规小组整理了一系列文件呈给了巴韦尔，终于重启了被一再搁置的《许可文件（B 类）》审查。他们还讨论了该如何描述迄今为止发生的事情才能看起来不像是"我们一直束手旁观"。马丁先生回答说："我可以很确定地说，明明是本部门高层在过去的 18 个月里一直束着我的手！"

哈雷尔则回答："他们甚至都不知道你有手，怎么束？我们就在必要的地方做些粉饰就行了。"

马丁又答道："只要能让我们有进展，你给屎贴金都行。"[28]

5 月 2 日，巴韦尔终于回复了跨党派议会组织，同意和他们面谈。但他草草打发了他们对消防安全的担忧，理由是英国长期依赖"原地等待"政策。他说："每间公寓都是为了防止火势扩散到相邻公寓而设计的……多年坚持本方针的经验证明这是一个有效的策略。"他如是说。[29]当然，拉卡纳尔公寓除外，住房部早就忘了这个地方了。

伦敦消防局也曾向政府发出火灾警告。时任局长丹妮·科顿致函巴韦尔先生，阐明自己对伦敦高层建筑火灾风险的恐惧。她说伦敦消防局已经了解到许多居民楼都存在"严重的防火隔断缺陷"。信中说自 2017 年初以来，每个月都能在至少一栋大楼中发现这类缺陷，并且"可以想见还有很多大楼没有被伦敦消防局注意到"。[30] 而这封信甚至根本没来得及递到巴韦尔面前。彼时特蕾莎·梅举行了一次选举，巴韦尔去自己的边缘选区克罗伊登竞选了——但最终落选离职。

但还是有人听到了警钟。6 月 13 日下午，马丁将消防行业联合会（the Fire Sector Federation）开展的一场调查转发给了同事们。调查报告在首页便警告说许可文件已经"过时了，正将全英国的企业和社区置于致命危险中"。"我预计我们的新大臣很快就会对此嗤之以鼻。"马丁在转发附言中写道。[31]

在他发出这封电子邮件的 9 个小时后，格伦费尔塔楼的一台冰箱就会着火。30 年的放松管制如今已付出了其悲剧性的代价，而这原本是可以避免的。

"对此，我深感抱歉"

在格伦费尔火灾之前的 18 年里，马丁一次又一次地未能纠正《许可文件（B 类）》中的致命缺陷，他的这种行为算什么？

我们很容易把所发生的事情归咎于他。2022 年，他出现在调查质询会上，被针对他的行为、失职和言辞冷酷的电子邮件盘问了 7 天。在最后，负责质询他的律师——聪明绝顶又铁齿铜牙的王室大律师理查德·米利特——拿着一份失职项目清单，一项一项地质问他为什么没有在火灾发生的第一时间向上级汇报。最终，马丁只好接受了"这份清单反映了一系列失职、错误和疏漏"这个说法，并答道："我觉得一定程度上说，没错。"[32]

接着，他被问到如果还可以重来并且他知道会发生什么，他会采取什么不一样的行动。终于，他那闪烁其词又急躁易怒的伪装崩溃了。他说曾经"我有好几个机会或许可以阻止这场大火"。"我想说，政府——历届政府对法规的态度影响了我们的工作方式和我们能够调用的资源，或许还有我们团队的思维模式，尤其影响了我自己。我认为这最后导致我成了部门内唯一的弱点……对此，我深感抱歉。"[33]

可布赖恩·马丁真的是唯一的弱点吗？说到底，搭建这套系统、让完全没有资格的他负责这样一个关乎无数人命的政策领域的，是英国政府。决定放松管制、厉行节约的，是英国政府。被拉卡纳尔公寓火灾验尸官和1991年的特别委员会给予建议的，还是英国政府。

尽管马丁似乎和他的上级有一些相同的观念，但他并没有将这些观念置于政策制定的核心。如果萨姆·韦布的证词是真实的，马丁可能真的说过"给我看尸体"这句话。但英国政府30多年来的持续不作为早已说明了一切。

5

01:30

萨金娜·阿弗拉塞哈比从来都不想住在一栋摩天大楼里。她出生在伊朗，1997年搬到了英国。由于几年前的一次意外，她一直饱受疼痛折磨，不良于行，同时还患有关节炎等其他疾病。如今她已经65岁了，上下楼梯对她来说极其困难。

　　她一开始被地方议会安置在了拉德布罗克树林地区的一套公寓里，就在格伦费尔塔楼附近。但这套公寓并不适合她：要走42级楼梯才能到家，还没有电梯。她的健康状况很难支持她独自走出家门。

　　由于这一情况，她的家人在2000年申请将她转移到一套合适的公寓里。可在候补名单上排了12年，依然看不到搬家的希望，她的家人便在2012年委托律师起诉了地方议会。她被告知只能等待。地方议会说，有的家庭已经在候补名单上排了20年。

　　地方议会裁定，她应该住在少于6级台阶且不高于5层的电梯公寓里。她在2014年找到了一套心仪的一楼公寓并准备搬家，但她的家人突然被肯辛顿－切尔西皇家行政区地方议会调查，后者突袭了那套公寓，搜查了衣柜，并把他们叫到市政厅问话。尽管没有证据，但他们还是怀疑萨金娜的女儿娜赞尼恩并不真的和她住在一起。即使并未被查出什么问题，萨金娜还是因此失去了搬进那套公寓的机会。

2016年初，格伦费尔塔楼19层的一套公寓空了出来。他们看房的时候，房子的状况一团糟。厨房橱柜的门已经松动脱落，煤气管道暴露在外，工人们正吵吵嚷嚷地忙着翻修塔楼。一家人担心母亲是否适合住在这么高的地方，尤其是万一电梯出了故障怎么办。但他们被告知要么接受这套房子，要么被移出申请系统。

她刚搬进来时大楼正在装修，电梯不停靠一层，所以她只能爬两段楼梯才能坐上电梯。"我当时非常担心，但我没有表露出来。我甚至不敢去想如果发生火灾会怎么样。"娜赞尼恩之后回忆说。

对残障人士来说，在格伦费尔塔楼的生活十分困难。如果电梯停运（这是家常便饭，特别是在翻修期间工人经常征用电梯），他们就被困在大楼里了。塔楼每一层电梯旁有一个狭窄的楼梯，也是塔楼唯一的楼梯。既没有为行动不便的人进行改装，也没有为残障人士在紧急情况下离开塔楼制定预案。正如我们即将看到的，当时几乎所有的高层建筑都是这样，这要归功于政府出台的官方指导，指导认为制定逃生预案不是必要之举。尽管困难重重，萨金娜的生活依然很快乐。她很幽默，为人亲和，而且做得一手好菜；她炖的鱼在家族内非常有名。她和自己的5个孩子以及妹妹法蒂玛关系紧密。法蒂玛时年59岁，比萨金娜小6岁，以她的艺术天分、自制的手工娃娃以及美妙的歌声而闻名。6月13日当天，萨金娜的几个孩子和孙辈要来，姐

妹俩正忙着给一家人准备一顿大餐。那是个开心的夜晚。晚上
10 点左右，家人们都离开了，法蒂玛则留下来过夜。

凌晨 1 点 30 分左右，一位邻居拍打姐妹俩的房门告诉她们
着火了。他们离开了 19 层的公寓来到楼梯间。但他们并没有下
楼，而是和其他 15 人朝顶楼走去。

我们并不完全清楚他们这么做的原因。可以确定的是，有
证据显示此时楼梯上有许多消防员让他们回去。一名几乎在同
时逃生的居民回忆，曾听见"有人用清晰的英格兰口音喊：'回
去，回去。'"据说这让"他们惊慌地调头"。其他生还的居民曾
在楼梯上遇见消防员，消防员叫他们返回自己的公寓，但他们
并没有理会。我们所了解到的是，在试图救援楼下某层的居民
时，有一扇楼梯间的门被打开了，烟雾因此冲进了楼梯间，瞬
间让人感到了危险。有些居民似乎认为直升机会把他们从楼顶
救出去。

对某些人来说，在无人帮助的情况下独自走下楼梯成了障
碍。一名邻居在楼道里遇见萨金娜，告诉她电梯不能用了，她
必须走楼梯。但她指了指自己的腿表示自己走不动。法蒂玛在
之后打给外甥的电话中说，有人"指示"她们往楼上跑，但她
没有说是谁。

另一位向上跑的居民是住在 20 层的黛比·兰普瑞尔。黛比
从年轻时起就一直住在西伦敦。她爱自己的公寓，在楼里结识
了许多朋友，也热爱自己在附近荷兰公园歌剧院的工作。

黛比的母亲米里亚姆经常来公寓看她，邻居们会抱怨母女
俩的说笑声太吵。而最近几年做客变得没那么容易了。电梯经

常停运，而对米里亚姆来说爬20层楼梯又着实困难。尽管如此，黛比还是会每天早上给妈妈发短信，每天傍晚给她打电话，如果要上夜班就会下午打。6月13日晚睡觉前，她给妈妈发了短信："嗨，妈妈，我已经到家了。晚安，上帝保佑你。爱你。"她每晚都会给妈妈发短信报平安。

但现在是凌晨1点30分左右，她并没有睡着，反而十分恐惧——大楼里着火了，中央大厅也起了烟雾。她的一位邻居回忆起在他们居住的20层的楼道里遇见了她，当时的烟雾"又黑又潮，很难看清"。这位邻居回忆道："她看上去被吓坏了，告诉我大家都在往楼上跑。我还以为她接到了向上跑的指令。"黛比和前来看她的朋友加里·蒙德斯连同这位邻居一起向楼上跑去。这位邻居事后回忆说："火很明显在低楼层，所以向楼上跑也说得通。"

于是，15个人陆续到达了最顶层，敲开了顶层邻居的家门请求他们帮忙。顶楼的烟雾比低楼层的还要严重。有人说烟雾"非常黑非常厚"，并且"有一股化学品的味道"。有证据表明，塔楼的排烟系统本应将烟雾从低楼层的楼道中抽出去，但事发时却发生了泄漏：低层楼道的烟雾一直弥漫到顶层楼道。

黛比和一大群人涌进了201号公寓。萨金娜和法蒂玛，从23层跑上来的一位64岁母亲以及她27岁的女儿，4个人来到了一个三口之家：一对父母以及他们已经成年的儿子所住的205号公寓。其他人则被203号公寓的拉尼亚·易卜拉欣迎进了门。

另有一位年迈的女士和她成年的儿子走进了202号公寓。那套公寓租住着一对年轻的意大利情侣——格洛丽亚·特雷维桑和马尔科·戈塔尔迪。他们相识于威尼斯建筑大学，2016 年从该校毕业。

由于在意大利找不到满意的工作，他们于 2017 年 3 月搬到伦敦，租下了格伦费尔塔楼顶层的这套公寓。格洛丽亚想念意大利的阳光和美食，但她喜欢在伦敦的生活。尤其是她很高兴能这么快就在博雷克林·布莱恩特建筑公司（Peregrine Bryant）找到工作，这家公司专营旧房改造，而这正是她梦寐以求的工作。她当时 26 岁，这也是她第一次长时间远离家乡，所以她几乎每天都会给父母打电话。

格洛丽亚会打电话告诉妈妈从公寓能看到怎样的伦敦美景，会给父母发伦敦上空彩虹的照片。马尔科的运气也不错，他在一家名为"创意与建筑办公室"的工作室找到了工作。这对情侣都很喜欢格伦费尔塔楼顶层的这套公寓，伦敦的美景尽收眼底。

6 月 13 日当天，他们都在家。他们计划第二天回意大利参加格洛丽亚父母的结婚 37 周年纪念日，但却先订了 8 天后返回伦敦为马尔科庆祝生日的机票。

凌晨 1 点 34 分，格洛丽亚给远在意大利的妈妈打了个电话，祝她结婚纪念日快乐。然后告诉妈妈楼里着火了。正在她打电话时，情侣二人开门将楼下的邻居们迎进来。

格洛丽亚的妈妈让她用布捂住嘴，快点逃出大楼，但二人拒绝了。马尔科告诉她消防队已经赶到了，并且让他们待在原地。另外，他们能看到楼道已经填满了浓厚的烟雾，格洛丽亚告诉妈妈，她觉得他们单凭自己是逃不出去的。

🔥

在格伦费尔之前，世界各地由覆层引起的火灾几乎都是沿直线一路向高层燃烧，登顶后自己熄灭。这些大楼并没有被全方位吞入火海。可为什么格伦费尔会变成这样呢？

凌晨 1 点 30 分，火焰在大楼上形成了一条垂直的方形火柱——从贝哈伊鲁的公寓直达楼顶。此时火柱经过的窗户和厨房都着了火，但大楼的其他部分并没有受到影响。

可当火柱到达大楼顶部的时候，它点燃了一个被称为"楼冠"的部件。这个部件是在 2012 年被加上去的，原因是地方议会的规划部门认为大楼原本的设计看着很"呆板"，需要加点东西"突出"一下大楼的顶部。[1] 于是 E 工作室（Studio E）的建筑师们设计出了一个"冠冕"，在大楼顶部装上了一组翼状弧形面板。这些面板和覆层一样全部由 ACM 制成，除美观外没有其他意义。正因如此，火灾当晚火舌舔舐到楼顶时，它并未熄灭，反而扩散开来——用一位专家证人的话说——像一条"导火索"，逐渐引导火势从两个方向包围了楼顶。[2] 所有跑到楼顶的人现在都命悬一线。

🔥

凌晨 1 点 30 分，一台编号为 CU8 的消防指挥应急车到达楼下。这是一个配备了白板和电脑的移动指挥中心，作为消防人员处理重大事故时的指挥部。

车上有一部电话，可与斯特拉福德指挥中心联系，还配备了可以调阅地图及图片、记录营救计划的信息系统。它还可以接入警用直升机的视频信号，将指挥中心接到的报警电话的总体情况传递给地面救援组。但这项技术在火灾当晚并不可用。这也不是什么新鲜事了。一名消防员在证人陈述中告诉调查委员会，应急车上的信息系统是出了名的不靠谱。它们还在用 Windows XP 操作系统——该系统发布于 2001 年，在格伦费尔塔楼火灾发生时已经过时了好几代——并且还在用 3G 信号连接互联网，既不稳定也不可靠。这名消防员说他曾经报告过"八百遍"这套系统不能用了，但"什么也没改变，所以我们也就不报告了"。

没有了正常运行的信息系统，就只能用非常简陋的原始系统记录楼内居民的被困位置了。CU8 上的指挥官接到电话后通过无线电转述给站在楼前的指挥官，后者会把指示草草写在一张 A4 纸上再传给楼内的大本营。然后一名戴着呼吸器的队员就会前去解救被困居民。

但上楼或者在大楼里四处搜寻的难度越来越大了。至少有 8 层楼的中央大厅已经被烟雾填满。打开门的居民被烟雾逼得退回了室内，那烟闻起来就有剧毒，令人窒息。

其中就包括住在 20 层的尼克·伯顿，同住的还有妻子皮莉和一只名叫刘易斯·汉密尔顿二世的小猎犬。截至 2017 年，皮莉已经在这里住了 42 年了，她是 1974 年塔楼建成后第一批搬进来的住户之一。

尼克在附近长大。他回忆说，这一带是由"一代又一代来到这片区域的人建设的社区；人们来到这个国家就是为了建造这些高楼大厦"。他的父亲是一名来自圣卢西亚的公交车司机。皮莉的家庭则来自西班牙加利西亚，一家人在她的十几岁时搬到了伦敦，并花了 6000 英镑在肯辛顿买了一栋大房子。皮莉二十多岁时搬了出来，住进了格伦费尔塔楼。

尼克在中学六年级时认识了皮莉，她当时十分引人注目，性格外向，还很喜欢跳舞。尼克觉得自己配不上她。在迪斯科舞会结束后，他们会和一群朋友去她在格伦费尔塔楼的公寓打牌或听音乐。渐渐地，他们相爱了，尼克一点儿一点儿地搬了过去。1994 年，他们通过"购买权计划"①买下了这套公寓。

2000 年，在做了 16 年情侣后，他们终于结婚了。尼克和皮莉的公寓在兰开斯特西部地区很受欢迎，在整个西伦敦的西班牙人社区里尽人皆知，他们的大门向所有人敞开。他们的家里总是洋溢着皮莉和父母演唱加利西亚歌曲的歌声，还有他们都很喜欢的雷鬼乐。所有来做客的人都会想尝尝皮莉做的海鲜饭，而在成为医院餐饮经理之前在酒行工作过的尼克总会确保家中佳酿供应稳定。作为一名时尚爱好者，皮莉那绚丽又时髦的穿搭在波托贝洛路市场远近闻名。

但疏于维护的设施和经常故障的电梯为塔楼生活平添了许多困难。"没人关心这栋楼。我们知道要出事了，而且可能会失去这套房产。"尼克说。

---

① 购买权计划（the Right to Buy scheme）旨在为符合条件的租户提供一定折扣购买自己租住的社会公寓。——译注

2010 年后，皮莉的父母和兄弟在短时间内先后去世，之后尼克带她去了欧洲旅游，帮她走出悲痛。他们驾车游历了法国红酒产区，穿越瑞士到了米兰，让皮莉在那里感受时尚气息。之后他们又去了威尼斯，在贡多拉船上品味香槟，在意大利海滩上待了五天，又在罗马待了三天。但有些事情不太对劲了。

回到家后他们发现，皮莉患上了失智症。她的情况逐渐恶化，不得不辞去了工作。对一个如此外向的人来说，这种隔离令人崩溃。但尼克一直支撑着皮莉，二人继续生活，逐渐适应了她的新病情。

火灾当晚，尼克和住在塔楼隔壁的低层住宅楼的几个朋友一起带刘易斯·汉密尔顿二世出去散步了。等他回来时，发现有车停在了塔楼入口处。"看看那些把车堵在大楼门口的白痴。万一楼里失了火，消防车怎么进来？"他对朋友说道。

他没再多想就回了公寓，给皮莉放了一张 DVD。他们在客厅睡着了，皮莉睡在沙发上，刘易斯·汉密尔顿二世则和尼克一起睡在地板上。

凌晨 1 点 34 分，他听到前门外有噪音便开门查看。黑色的烟雾冲进了公寓，味道让人想到烧着的轮胎。明明只隔了一米半的距离，但对面的墙也看不见了。他立刻关上了门，用湿毛巾堵住了底缝。

他知道"原地等待"政策，因此很担心以皮莉虚弱的状态她很可能经受不住烟雾侵袭。于是他帮她穿好衣服，一起待在公寓里等待救援。

🔥

格伦费尔塔楼火灾之所以会成为世界上最致命的覆层火灾，不仅是因为火焰烧毁大楼外立面的速度之快，还因为烟雾在楼内蔓延速度也不落下风。但这本不该发生。塔楼在建造时就应该能抵得住烟雾和火焰在楼内快速蔓延。

人们认为致命弱点在于每套公寓的入户门。我们在后面的章节里会看到，这些门存在严重缺陷：无法抵挡烟雾和火焰，甚至连国家标准时间的一半都撑不到。但有些楼层还存在更严重的问题：门是开着的。

防火门原则上是可以自行关闭的，门上的自闭合装置可以保证这一点。但格伦费尔的自动闭合器普遍存在问题。火灾后的调查显示，楼内有 43 扇公寓门没有安装自动闭合器，而另有 34 扇门的闭合器不管用。也就是说，5 层以上的公寓中，有三分之二的房门无法在住户离开后自行关闭。

当人们逃命时，他们不会停下来关门。这是人的本能。因此，当火焰到达每层房号以 "6" 结尾的公寓，破窗而入点燃厨房时，外墙塑料燃烧产生的滚滚黑烟就会涌进来。接着，火焰开始吞噬公寓内的一切——家电、家具、衣物——所有这些在燃烧时都会产生有毒烟雾。住户逃离公寓，留下敞开的大门，烟雾便会涌进楼道。于是所有留在本层其他公寓的人都必须穿越烟雾才能逃出去。

许多人打开门发现漆黑的烟雾墙已经堵到门口了，他们只是赶快关上门然后拨打 999 报警。一人回忆道："我感觉就像被煤气和烟雾击中了，根本无法呼吸。"门口的有毒浓烟逼他只得退回屋内，用水冲洗被熏到流泪的眼睛。

烟雾同时也灌进了楼梯间。消防员为了让水带穿行，抵住了几扇中央大厅和楼梯之间的厚重防火门，烟雾就通过这些敞开的门进入了楼梯间并逐渐将其灌满。而且每当有人开门从烟雾弥漫的中央大厅进入楼梯间，烟雾就会跟进来。目前，走楼梯下楼逃生的人们还有生还的可能。但随着时间的推移，楼梯间也逐渐变得难以通行了。

埃迪·达芬在西伦敦出生并长大。他爱这片区域。但由于家庭情况复杂，他被送去了邻近伊普斯维奇①的伍尔弗斯通庄园学校——这里原先是一所寄宿学校，在伦敦市议会接管后专门接收远离家乡又家境困难的男生。"我学会了如何学习，这对我很有用，"埃迪说，"但我没学到别的什么东西。"

他从学校毕业后回到了伦敦，在建筑工地打零工，也做粉刷工和装修工。"我妈说我像个波西米亚人，其实就是在委婉地说我基本是个废物。"他回忆说。

20 世纪 90 年代末，父亲的死——用他的话说——像是一阵"警铃"惊醒了快 40 岁的埃迪。他接受了成人教育，取得了布鲁内尔大学的学位，成为一名精神健康方面的社工。他的祖父

———————————

① 伊普斯维奇（Ipswich），英格兰东部城市，距离伦敦约 108 公里。——译注

曾是国会议员威廉·韦奇伍德·本的私人助理，他重拾起祖父的社会正义感。他说："我这辈子只投过一次票，也不是任何党派成员，但我确实继承了对社会正义的执着。"

在西伦敦做社工的经历让他逐渐有了组织和领导社会运动的动力，何况有很多可做的事情。21世纪10年代初，削减之风正盛，他目睹了许多机构倒闭或被威胁关停——比如当地图书馆和成人教育中心——可本地议会还在不断地给当地歌剧院投入几十万英镑的资助。"他们以为自己是打扮成地方议会的房地产开发商，"他说，"我们觉得这太过分了，这座图书馆已经在这个社区里存在125年了。人们能给你讲很多故事，告诉你这座图书馆对他们、他们的父母甚至祖父母有多重要。在北肯辛顿，你和那些没接受过高等教育的人之间的距离永远不会超过一个人。提出关闭图书馆、把它改建成住房的人肯定不了解这片社区。我把话放在这儿。"

尽管他热爱格伦费尔塔楼社区，但塔楼的维护是真的一塌糊涂。他说："当时我们真的以为房子就要被夷为平地了，这感觉可不好受。"

但这些问题有助于凝聚社区。他说："电梯经常出故障，我们站在楼道里抱怨电梯又坏了的时候就彼此认识了。"

21世纪10年代初，他也在自己的社区组织了一些运动。当时有一系列令本地居民担忧的事，比如在格伦费尔塔楼外建设学校和娱乐中心，这些计划激怒了整个社区。埃迪正是这次运动的核心。他是组织者，也为其他不敢或没有时间走完TMO那劳心费神的投诉流程的居民发声。此外，本书第10章中提到的翻修工程也进一步团结了塔楼社区。"一种没被好好对待的感受把我们团结了起来，"他说，"这是我们的家。我们感觉就像家园受到了侵犯，大家都有很强的保护欲。"

埃迪与楼内邻居弗朗西斯·奥康纳一起创建了一个博客——"格伦费尔行动组织"（the Grenfell Action Group），按时间顺序记录下他对楼内情况与日俱增的不满。埃迪尤其担心火灾。那年夏天，一场发生在牧羊人丛林地区的塔楼火灾引人担忧，距离格伦费尔塔楼只有约 1.6 公里，大火蔓延了 5 层楼。他决定将自己的担忧写进博客。在一篇名为"玩火！"的博文中，他写道："这是个很可怕的想法，但是格伦费尔行动组织坚信，只有一场灾难性的事故真的发生了，才能暴露 TMO 作为房东的失职与无能，才能终结他们强加于租户和业主的危险的生活环境，以及他们对健康和安全法规的漠视。"

"我们坚信，塔楼或诸如此类的高密度住宅发生严重火灾，才最有可能将 TMO 掌权者揪出来绳之以法！"

2017 年 6 月 13 日傍晚，他独自待在位于 14 层的公寓。公寓向西可以俯瞰地铁线，还能欣赏到伦敦城市与乡村以及希斯罗机场交界处的日落美景。他打开了伦敦电台的一档听众来电脱口秀，然后上了床。

凌晨 1 点多的时候，他被邻居的烟雾警报器以及中央大厅里的喧哗声吵醒了。当他打开门，一股——用他的话来说——"刺鼻的滚滚浓烟"冲进了他的公寓。他急忙关上门，但是看到整个中央大厅已经充满了烟雾。这时他的手机响了，一个在塔楼外的朋友让他快出来。他走进浴室，打湿了一块毛巾披在头上，只拿上手机和钥匙就走进了中央大厅，并关上了身后的房门。"烟太浓了，我只能看到眼前的东西。"他说。他伸手向前摸索着找到了楼梯，但什么也看不见。

"我当时快吓死了，"他回忆道，"我用双手摸索着寻找出路，顺着墙摸过去却没有找到门。我不记得毛巾掉了，但我觉得有可能在找路的惊慌中弄掉了它。我开始吸入烟雾。我心想，'该死，我可不要死在这儿'。我真的觉得自己要死了。"

突然，他感到有什么轻轻拍打了他的腿，低头一看，一位消防员躺在烟雾较轻的位置。他弯下腰，发现消防员正躺在中央大厅和楼梯的交界处。终于看到出口了，他蹲在烟雾下方，跑进了楼梯间。楼梯间里的烟雾要轻很多——此时，中央大厅的大门还能挡住烟雾。埃迪飞奔下楼。监控显示他在 1 点 35 分逃出了大楼。

来到外面，他抬头看向塔楼，火焰正在楼外肆虐。"我能从窗户看到有人还在楼里，"他回忆道，"我的灵魂深处都在恸哭。这实在是太可怕了。我不知道他们在几层，也不认识他们。5 到 10 分钟后，我们逐渐被转移到远离大楼的地方。我难过极了。我记得有个陌生的穆斯林男子安慰了我，他抱住我问我愿不愿意去他家。我止不住地哭。"

🔥

在 1 点 30 分至 40 分的 10 分钟内，有 36 名后来安全离开大楼的居民来到了楼梯间。

"那里有点雾蒙蒙的，就像雾天一样。有烟雾，但没有中央大厅的烟雾那样浓得可怕。"一位住在16层的居民在证人陈述中说道。他在下楼过程中，在10层的楼梯处遇到一位患有小儿麻痹症的邻居，他需要拄拐杖行走，正奋力抓着扶手想把自己拖下楼。这位16层的居民停了下来。他用阿拉伯语说："我们一起下去。"

"他被吓坏了，我也被吓坏了。我用胳膊托住他的胳膊，这对他来说挺困难的。我们在下楼过程中保持着平行。他依然握着扶手，我只能松开扶手，而且左侧也没有扶手可扶。"他在证人陈述中回忆道。

"我们就这样一起慢慢下楼。我呼吸都很困难，真的很难受。烟雾越来越严重，他也很沉。我们走得非常慢，我们俩都没办法走得更快。但他帮助了我：他给了我信念。"

两名男子都活着走出了塔楼。

1点38分，拉尼亚·易卜拉欣站在她位于24层的公寓门前，烟雾警报响了。她正在犹豫要不要开门，因为她感觉楼道里有人，而且楼道的烟雾越来越重了。她拿出手机，开始在脸书（Facebook）上进行直播。心底有个声音告诉她不要开门。这时楼道里传来了拍门声。

在思考片刻并用阿拉伯语祈祷之后，她还是打开了房门，招呼外面的人到她的公寓里来。"有人吗？到这儿来，"她在黑暗中大声喊道，"到这儿来，听得到吗？"

"我在这儿，这儿。"有人用考克尼口音①答道，接着一个从

---

① 考克尼（Cockney）口音是伦敦最具代表性的一种英语口音。——译注

楼下逃上来的白人男子跑进了公寓。楼道里传来了更多的声音，但除了漆黑的烟雾什么也看不见。拉尼亚在黑暗中继续呼喊着。

"烟雾进来了。"她身后的一个男人说道，并伸手关上了房门。此时此刻，拉尼亚已经邀请了不少从楼下上来的人进了门。同时在家的还有她的两个女儿——法提亚和哈尼亚。

由于依然担心有人被困在楼道里，拉尼亚走入烟雾，不停地喊道："有人吗？"有一个声音回应了她。是马尔科·戈塔尔迪。"我们在这儿。我在我们的公寓里。"他说道。

确定无人被困，拉尼亚如释重负地关上了门。她拍摄了窗外的景象，能看到蓝色的闪光正在逼近塔楼。

"我们被困在 24 层了。"隔壁的一扇窗户传出一声尖叫。

塔楼之外，她住在英国的姐姐从附近的家驱车赶来。当看到火焰时，她跪倒在地上，一名摄影记者拍下了她在火光中的剪影。接下来的几天，这张照片将出现在国内各大报纸的头版。

斯特拉福德的指挥中心里一片茫然。居民的电话让他们应接不暇，都说自己受到了火灾影响。他们就是想不通：怎么会呢？火源位于低楼层，为什么楼上的所有居民窗外都有烟雾和火焰？现在已有 25 辆消防车抵达现场，也已经通知了一名高级管理员。

"求求你们快一点。"一个位于顶层的年轻女孩向她的接线员乞求道。烟雾开始在公寓内弥漫。接线员建议她堵住门缝等待救援，"求求你们快一点，"她说，"我不能呼吸了。"

6

"绝对机密"

现在是时候讲讲含有固态石油芯的覆层材料是如何流入市场，又是如何被装到住户们墙上的了。

ACM 最初发明于 20 世纪 60 年代。一家德国公司发现，把金属和塑料结合起来可以让产品更易于使用，同时成本也更低，于是该材料最早被用在家具上。20 世纪 90 年代之后，它变成了建筑立面的宠儿，因为它能呈现出当代建筑设计师追求的优雅曲线和简洁效果。[1]

目前有好几家生产 ACM 的大型制造商，其中一家名叫阿尔科宁克的公司最终会将覆层面板卖给格伦费尔。这是一家根基深厚的公司，它脱胎于美国铝业（Alcoa），而后者的历史又可以追溯到美国铝业公司——这是一家美国材料业巨头，成立于 1886 年，那一年发明家查尔斯·马丁·哈尔发现了熔炼的过程。从首次登月任务的航天器，到第一次世界大战战场上的美国军事装备；从 21 世纪初将死神带到中东上空的轰炸机，再到污染全世界的饮料罐，美国铝业都是背后的金属供应商。[2]

将面板销售给格伦费尔的是该公司的欧洲分部，阿尔科宁克建筑用品公司，其总部位于法国东北部。这些面板的消防风险在 2004 年就被发现了，那时本可以将它们从市场撤下。但当时没人愿意为了基本的消防安全而拿公司利润冒险。

绝命机密

将 ACM 面板装上建筑墙面主要有两种方法。一种是在墙上打孔，再用铆钉将墙板固定上去。另一种是将墙板弯成"L"字形，这样它们就可以挂在隐藏的铁架上了。第二种方法被称作"卡槽式"（cassettes），比第一种稍贵一些，但视觉效果更整洁：因为铆钉不仅会破坏光滑的建筑表面，还会生锈。

2004 年，为英国标准的更新敲响警钟的欧洲字母等级新标准即将生效，阿尔科宁克法国分公司为铆钉固定式和卡槽式的覆层面板都做了测试。

铆钉固定式面板被评为 B 级——它可以在欧洲大部分国家用于高层建筑——而卡槽式面板的测试结果则堪称灾难。它的燃烧速度达到了铆钉式的 10 倍，温度是 7 倍，烟雾量是 3 倍。测试不得不提前结束，该面板甚至都不够被评为最低的 E 级。这是一场彻头彻尾的失败，也明确警告人们，这种形状的材料危险得吓人。

但阿尔科宁克仍然在销售该材料，也并没有向市场公开测试结果。相反，他们的技术经理克劳德·韦尔勒拒绝接受这一结果，说这是"耍流氓"，而且没有就测试情况向客户们发出警告。公司董事长克劳德·施密特之后否认了这项测试是公司的"绝命机密"的说法。[3]

真假参半的误导

ACM 主要有三种变体。第一种含有纯聚乙烯芯，也是最易燃的一种。第二种的聚乙烯芯被矿物质稀释了，在火灾中相对安全一些。第三种则使用完全不含塑料的内芯，所以不可燃。

在 2004 年的测试后，阿尔科宁克本可以将易燃的品类从市场下架，只销售安全性更高的面板。这在采取更高标准的地区是强制性的。比如德国就被划分为"阻燃"（fire retardant）市场，因为他们对建筑可燃性的要求极其严格。

但英国可不是这样。由于政府并没能收紧 0 级评定标准，因此廉价面板依然在市面上。纯聚乙烯板每平方米的价格要便宜 2 至 3 英镑，这就为建筑公司的"价值工程"（value engineering）让出了空间，好让他们将每一分钱都花在他们心目中的"刀刃"上。

阿尔科宁克只需要说服建造商他们的含聚乙烯芯产品达到《许可文件（B 类）》的要求即可。为达到这一目的，他们转向英国建筑行业最信任的外部认证寻求帮助。英国建筑认证局（British Board of Agrément，BBA）最初在 20 世纪 60 年代由政府成立，主要工作是为适合使用的建筑材料提供认证。它在 1983 年成为依靠商业收入维持经营的私人机构。

它的商业模式是向产品制造商收取一定的产品评测费，然后提供一份证书证明他们的广告没有虚假宣传。其网站将自己宣传成"建筑产品认证方面的领先权威"，并称他们的证书"是打造信心、品质和诚信的关键要素"。[4] 对制造商来说，英国建筑认证局证书就是赢得销量的通行证。

2006 年 11 月，阿尔科宁克联系了英国建筑认证局，希望为自己的 ACM 办理认证，并最终以 16500 英镑成交。根据合同，阿尔科宁克需要将所有相关的实验数据提供给英国建筑认证局，但他们隐瞒了两年前"卡槽式覆层"的相关信息。相反，他们只提供了铆钉式面板的测试结果。尽管如此，证书中的一个图表还是将两种面板都包含在内了。克劳德·施密特之后承认这是一种"真假参半的误导"[5]。在总结陈词中，阿尔科宁克坚称该证书并没有误导性——他们认为证书只适用于该公司生产的平面面板，与被改装成卡槽式的产品的防火性能无关。他们还认为施密特之所以这样回答，是因为问题的翻译存在不妥之处。[①]

阿尔科宁克还提供了一项据称达到了 0 级标准的测试，但只是提供了 2003 年的一份针对该产品"阻燃"版本的测试结果，并未提交聚乙烯版本的 0 级测试结果。尽管如此，英国建筑认证局还是欣然颁发了证书，证明该产品的两种版本的面板"都可被视为达到 0 级标准"。这足以让许多承包商相信该产品非常安全，可以用于高层建筑。阿尔科宁克的英国销售人员开始在全国拿下一个又一个新建建筑或翻修项目：2007 年卖出了45500 平方米，2008 年卖出了 69482 平方米。[6] 销售两年就为公

---

① 该公司认为，法语单词"trompeur"在英文中具有"欺骗性的"（deceptive）的意思，施密特先生是将问题误解成"引导某人犯错"才给出了这样的回答，甚至可能是无意的。在总结陈词中，阿尔科宁克称施密特只是在"陈述显而易见的事实"，并不是承认公司存在故意误导行为。

司创收 350 万欧元。一单接一单，极度易燃的塑料就这样被装上了我们的住宅塔楼外墙。

"我们确实不'干净'"

2007 年 9 月，阿尔科宁克的营销经理杰勒德·松塔格出差去挪威参加一个行业会议。根据松塔格的出差笔记，有一位发言人表达了对 ACM 的强烈担忧。他说，在一栋建筑上使用 5000 平方米的聚乙烯芯 ACM，其"燃料值"相当于在它墙上装了一辆载着 19000 升汽油的卡车。松塔格在出差笔记中写道："我们来设想一下，如果奥特菲尔（这位发言者的公司）在欧盟议会组织了一次动员活动，并做了这样一个汇报……会对 ACM 制品造成灾难性后果。波尔（会上的发言人）的一个观点是：'如果单是一栋使用了聚乙烯芯的大楼失火就导致六七十人死亡，ACM 供应商要承担怎样的责任？'"[7]

这是一项毁灭性证据——它揭露出早在格伦费尔火灾的 10 年前，阿尔科宁克就已经考虑到这样的灾难会造成怎样的政治后果。然而，该产品依然在市场上流通。松塔格提出了一个方案，将阻燃面板的价格降到和聚乙烯面板一样低。方案的确实施了，但聚乙烯面板依然是英国的默认选项。

与此同时，远在法国的技术经理韦尔勒对 ACM 可能引起大火的担忧正与日俱增。"有几张照片可以告诉你把聚乙烯装上建筑能有多危险。"在 2009 年布加勒斯特的一场办公楼火灾后，他在一封内部邮件中如是写道。

2010年,西班牙的一位客户发邮件咨询面板的消防评级。韦尔勒向阿尔科宁克的销售人员解释,当这种面板被改成"卡槽式"的时候,防火性能会下降。但他并不建议把这一点告诉客户。他写道:"与这项标准有关的短板,是我们必须保守的'绝对机密'!!!!"当被特别要求提供卡槽式面板的证书时,他在另一封内部邮件中写道:"这很难回复……因为我们确实不'干净'。"他之后拒绝出席英国的公开调查回答有关这些邮件的问题。[8]

2011年,卡槽式面板终于进行了进一步测试——但和2004年一样熊熊燃烧。2011年10月,它们被正式评定为E级,意味着在几乎在所有欧洲国家,它们都无法被用于高层建筑。此时。韦尔勒有了一套理论——由于只有将面板掰弯才能将其挂上铁架,所以聚乙烯会在面板融化、受热和被点燃的过程中聚集,从而导致不可控制的大火。但阿尔科宁克依然继续销售这种面板。在2012年一场导致一名残障女性死亡的覆层火灾后,该公司将"B级"从营销材料中移除。但他们并未公布真实的评级——至少卡槽式的真实评级——其实是E级。

现在,该公司不得不逐渐在大部分欧洲国家销售更昂贵的阻燃型产品了。但走运的是,还有一些国家的法规尚未跟上步伐。2011年11月,韦尔勒出席的一场会议的纪要显示:"如今,即使我们知道卡槽式聚乙烯材料的防火性能很糟糕,我们依然可以在规定不那么严格的国家做做文章。"比如英国。

"导火烟囱"

黛比·弗伦奇是阿尔科宁克的英国销售员。她对消防法规一无所知，并且相信 0 级评定才是拿下订单的关键。她将英国建筑认证局证书发给客户以证明产品的适用性，并不再多问。

但她确实对该材料的危险性有所了解。2013 年 4 月，在阿联酋的一场重大覆层火灾之后，她接到了一封竞争对手转发来的邮件。这家公司告诉他们的客户，他们的"阻燃"产品要比市面上某些公司的更安全。

这家公司的销售员警告说，ACM 覆层系统可能会是"从上到下贯通全楼的导火烟囱"。他说，当建筑师在曼谷看到非正式测试的结果时，"他们差点晕过去"。这封邮件被发给了弗伦奇女士，而她又转发给了她在法国的上司们，请示他们自己该怎么做。[9]

最终，她决定正视这个问题，并向她的客户提出保证。她附上了英国广播公司（BBC）报道一场中东火灾的链接，并写道："身为企业，我们知晓这份报道的存在，并且我们的技术团队正遵照其中细节行事……至于雷诺邦[①]的供应，正如您所知，我们提供聚乙烯芯和阻燃芯两款材料，并且对于所有项目中使用的芯型我们都烂熟于心且尽在掌握。目前，我们将继续

---

① 雷诺邦（Reynobond）是阿尔科宁克旗下的材料品牌，全称为"雷诺邦复合材料"（Reynobond Composite Material）。——译注

提供阻燃和聚乙烯两种材料，并将继续和我们的特许改装商保持密切合作……确保所有雷诺邦的项目都使用和安装了正确的材料。"

在之后被问到这封邮件时，她予以了否认——坚称该邮件"带有很重的销售倾向"，并没有反映真实情况。克劳德·施密特也同样否认了它，称"我们的政策中从来都不存在"这么精确的把控。[10]

2013 年 11 月，进一步的测试再次确认了卡槽式面板的评级为 E，这次甚至把铆钉式覆层系统的评级从 B 降到 C。阿尔科宁克终于决定对测试结果进行说明。他们将两种面板都划为 E 级，发邮件通知全欧洲的销售员，告诉他们 B 级评级已不再可靠。黛比·弗伦奇于 2014 年 2 月 3 日收到了这封邮件。但此时她已经计划和西伦敦的一栋塔楼谈一笔 ACM 的大生意，所以并没有将产品的评级变动告诉客户。她之后告诉调查委员会，她以为欧洲的标准与英国市场无关。当被问到是否出于害怕"影响销售"而没有告诉客户新的消防评级时，她答道："绝对不是。"[11]

"有时间一定要请您二位吃顿饭"

我们很快就会讲到把这些覆层装上格伦费尔塔楼外墙的施工项目，但现在有必要先介绍一下塔楼翻修项目早期的首席建筑师：来自 E 工作室的布鲁斯·索内斯。这是索内斯先生的第一个住宅楼覆层项目。他做早期调研时在网上搜到了一家名为

"CEP 建筑立面"的覆层面板切割与销售公司，并在 2012 年 3 月安排了一次和该公司主管杰夫·布莱兹的会面。[12]

此时的索内斯从外观审美的角度出发，希望使用锌作为覆层。他还没有考虑过防火性能，但恰好选择了一种完全不可燃的金属面板。他认为锌的外观更好看，也不容易生锈。但他不知道的是，布莱兹的公司和阿尔科宁克公司是商业合作伙伴，基本只切割和销售他们的 ACM。当年 10 月，布莱兹向索内斯引荐了黛比·弗伦奇。她开始介绍 ACM 这一选项，告诉索内斯先生这对他的项目来说是个更便宜的解决方案。

"便宜"在后来成了一个相当重要的影响因素。我们之后会看到，这笔生意超出了预算，因此需要做出调整削减花费。锌覆层被换成了 ACM。黛比·弗伦奇将英国建筑认证局证书发了过去，证明该产品符合法规要求。肯辛顿 – 切尔西皇家行政区规划委员会批准了这一改动，并执意要求使用更为昂贵的卡槽式面板，因为他们担心铆钉会变成"铁锈收集器"进而弄脏覆层。由于只考虑美观，塔楼选择了一种相当危险的产品中最危险的款式。

塔楼的翻修团队订购了一些 ACM 样品并搭建了一个模型。覆层分包商的代表哈利外立面装饰公司（Harley，下文简称为"哈利公司"）给 CEP 建筑立面公司的布莱兹先生和弗伦奇女士发了邮件，告诉他们双方可以准备进行大宗采购了。布莱兹先生回复道："我敢说马上就会带您二位出去吃大餐。""感谢您的辛勤付出和一直以来对雷诺邦的推荐，"弗伦奇女士补充道，

"有时间一定要请您二位吃顿饭。"①

"我们都是'知情人士'"

几乎就在同时，英国建筑认证局希望对 2006 年首次颁发给阿尔科宁克的证书进行周期性审查。他们致函阿尔科宁克，希望他们能提供书面证明保证没有做任何可能会导致证书失效的变动。这一点很重要。因为面板已经被定为欧洲标准 E 级，而已过时效的证书依然错标成 B 级。但阿尔科宁克一直忽略多封邮件，直到 2015 年 1 月，英国建筑认证局最终放弃了。英国建筑认证局此时本可以撤销该证书，发布公告宣布其已失效，但它没这么做。

相反，鉴于"一直联系不上你们"，英国建筑认证局告诉阿尔科宁克他们已经"决定继续沿用现有信息"。这也客观导致在阿尔科宁克网站上依然可以搜到该款材料。到目前为止，阿尔科宁克只是把"阻燃版"产品列为了 B 级，但这已经足以让英国建筑认证局颁发带有误导性的新证书了。②

2015 年初，有了该证书作为覆层符合法规的证据，建筑调

---

① 调查笔录，2020 年 9 月 10 日。三人均否认推荐雷诺邦产品会带来任何报酬，并形容彼此间仅为工作关系。他们说从未在一起吃过饭。

② 调查笔录，2021 年 3 月 15 日。英国建筑认证局项目经理瓦伦蒂娜·阿莫罗索称，她以为 CSTB（法国主要的建筑调查和测试中心）会公布新的测试结果，并且认为根据合同，阿尔科宁克有义务提供测试结果。阿尔科宁克则认为证书只适用于未经改装的款式，因此辩称证书并不具有误导性。

查员才基于此确认了格伦费尔翻修项目的合规性。尽管早在近
11 年前就有测试证明这种面板极其易燃，但它们还是被卖了出
去，安装到了 129 户人家的外墙上，还获得了合规认证。

与此同时，接连发生的 ACM 火灾让身处法国的韦尔勒越
发担忧。斯特拉斯堡一栋使用了 ACM 覆层的塔楼附近发生了火
灾，在此之后他给 5 名高管发去了邮件。"我们躲过一劫，"他
写道，"幸好风没有变向，但我们必须要停止在建筑上使用聚乙
烯了。我们都是'知情人士'，这些**最终**都要取决于我们的主动
出击。"[13]

但直到 2016 年 5 月，阿尔科宁克才终于做出了改变——至
少是在法国境内。在发给法国销售人员的一封邮件中，一名高
级团队成员写道，鉴于聚乙烯和阻燃覆层的"耐热能力悬殊"，
他们应当"以书面形式系统地确认"未来所有项目都"应该"
使用阻燃材料。但英国市场从未收到过这种警告。被问及原因
时，施密特先生说他"也无法解释"，但有可能是因为公司认为
法国的法规比英国的更清晰明了。[①] 在阿尔科宁克眼中，英国依
然是"聚乙烯市场"，直到格伦费尔塔楼的覆层像在 13 年前的
测试里一样熊熊燃烧。

阿尔科宁克如何能做到在英国市场销售这种危险产品这么
久？有关这个问题，阿尔科宁克声称其产品本身并没有风险，
是完全有可能安全使用的，反倒是产品的使用方式才是风险所

---

① 调查笔录，2021 年 2 月 15 日。阿尔科宁克在其书面总结陈词中表示，在给英
国员工的培训中确实说明了卡槽型聚乙烯铝复合材料属于 E 级。

在。因此他们认为，决定在格伦费尔塔楼上以此方式使用该产品的人，以及在火灾发生前的岁月里没有好好维护塔楼状态的人才应该为火灾负责。他们也为自己的英国建筑认证局证书辩护，坚称既然面板是作为平面板材卖给他人，并由他们改装的，那么被改装成卡槽式之后消防性能下降并不能说明原始产品的证书无效。他们说其他建筑物也使用 ACM，这说明该材料在英国使用广泛，正是因为它符合法规要求——因此阿尔科宁克有权认为该材料安全。

由于缺乏信息透明度，阿尔科宁克就这样从显而易见的消防隐患中牟取暴利。没有任何压力能迫使他们公开暴露产品危害的关键测试结果，尤其是卡槽式面板的测试结果。假如开展 2004 年测试的法国机构愿意公开结果，人们就可以提前很久了解到该产品的危害并让英国建筑认证局介入。然而这种测试却被当成"商业机密"，成为测试机构的知识产权。如果他们决定永不公开，那么这些结果就永远不会被公开。

但英国政府不能只是表示震惊，他们本可以提高标准。然而，政治和经济决策让我们采取了低于德国和其他欧盟国家的标准。我们想为商业扫清障碍，却让自己变成了危险易燃覆层的大卖场。

同样地，阿尔科宁克也并不把责任归咎于英国政府对消防安全问题的冷漠。他们 2004 年的测试就已经说明了风险，公司高层也发出过多次警告。但公司利益高于人类道德，公司只会以盈利为目的。当法律都无法追究其责任的时候，除了静待后果，我们别无选择。

7

01:45

楼冠被点燃了，格伦费尔的火势蔓延开来。火焰沿大楼的拐角顺时针移动，沿着最早开始燃烧的那一面逆时针扩散。在这一过程中，融化的塑料从塔楼流下来，造成新的火势，新火势再向上爬。两条火柱在楼身扩散，沿相反方向匀速逼近窗户，而从地面上还能看到窗后被困者的轮廓。

当火势在楼顶铺开时，躲在24层的住户的处境迅速恶化。1点45分，萨金娜的儿子打来电话，她告诉儿子他们被困住了，烟雾涌进了公寓，使她呼吸困难。

黛比·兰普瑞尔逃进的公寓情况更严重。1点41分，黛比和一位消防接线员开始了一场长达40分钟的通话。这位接线员回忆说她刚接起电话黛比就"冲着电话尖叫"。

"我们在格伦费尔塔楼顶层。求求你帮帮我们。"黛比说。正当她想报上自己的邮编和位置时，她开始止不住地咳嗽，声音时断时续——她抱怨说"浓烟"已经灌满了他们藏身的公寓。火正顺着墙"爬上来"，但烟雾已经从窗户涌了进来。

接线员建议她在门下放点东西挡住烟雾——但黛比说烟雾是从窗户进来的，根本挡不住。"我不能呼吸了，"她说，"我要死在这儿了。"

"你不会死的，不会的。听我说，烟很浓是吗？"

"是。很浓，很黑。"

接线员向她保证会将这条消息传递给消防人员，会有人来救他们的。她说自己住在 161 号公寓，但逃到了 201 号公寓。但在 1 点 46 分时，她的位置最初被登记为 161 号公寓，6 分钟后才被更正为 24 层的 201 号公寓。但塔楼前的地面消防员并没有接到这一修改。之后有一队消防员被派去 161 号公寓搜救她和同伴们。他们艰难地爬上楼来到 20 层，却发现 161 号公寓中空无一人。

01:50

截至 1 点 50 分，已经有 22 辆消防车载着 114 名消防员到达现场。尽管已经有两名级别较高的指挥官到场，负责现场指挥的依然是迈克尔·唐顿——而他只是一名级别较低的值班队长。调查委员会主席马丁·穆尔 – 比克爵士之后称其为"本事故中极其令人不满意的一点"[1]。

迈克尔此时已经心力交瘁，"我不知道这他妈的到底是怎么回事。"另一名指挥官到场和他交谈时，迈克尔如是对他说。

现场惨不忍睹，并且事态还在不断恶化——这是自大轰炸①以来伦敦面临的最严峻的形势。

---

① 大轰炸（the Blitz），指纳粹德国空军在 1940 至 1941 年间对英国城市的持续性空袭。——译注

指挥中心接到了20个被困塔楼居民打来的电话，从4层到顶层，从大楼的一面到另一面。但唐顿还没有和指挥中心的指挥官通过话，因而对报警电话的数量一无所知。因为电话信息是由另一名（级别更高的）指挥官负责协调的。至此，在马丁爵士看来，"减少伤亡的唯一可行方法"就是疏散全楼居民。[2]但迈克尔·唐顿的注意力依然集中在扑火上，而在当时的情况下，这注定是一场败仗。马丁爵士认为，唐顿之所以没有下令组织疏散是因为"他所受的训练没有赋予他"做出这个决定的能力，而非他本人的失职。[3]眼睁睁看着火势蔓延，唐顿陷入了深深的绝望。

就快2点时，他终于将指挥权移交给了消防站站长安德鲁·沃尔顿。他们的对话非常简短，唐顿对大楼内部的情况知之甚少。无线电的信息量又太大，无法获取可靠的信息。沃尔顿派他进楼收集楼内火势进度的信息。几分钟后，一位级别更高的长官——副助理局长安德鲁·奥洛克林——从沃尔顿那里接过了指挥权。

奥洛克林到达现场时被眼前的景象惊呆了。他在证词中说："东面楼下的草地上堆满了大块残骸，厚度可能有30公分。有些残骸的尺寸有1.8到3米，就像庭院门那么大，而且很多还在燃烧。"

当他从无线电中听到几通被困居民的电话时，他还没有完全理解再次进入楼内的火已经烧到了什么程度，居民们的生命又正面临着怎样的危险。① 他没有解除"原地等待"政策，也没有疏散楼内居民，而是向指挥应急车走去。

🔥

在 20 层，皮莉和尼克正躲在 165 号公寓，他们是仅有的留在本层的住户了。尼克看到门外的中央大厅已经被烟雾填满，他知道这才是他们人身安全面临的最大威胁，所以他很快关上了门挡住烟雾。他在门底放了一条湿毛巾来堵住烟雾，又在浴室分别给自己、皮莉和他们的狗准备了三条湿毛巾，以防公寓里进来更多烟雾。

皮莉正在沙发上休息。尼克知道如果没有帮助，皮莉无法离开大楼，他们唯一的选项就是等待消防员来救他们。就在这时，尼克的手机响了，是社区里一起遛狗的人打来的。他此时正站在楼外，能够看到火焰向楼上爬去了，并且开始扩散开来。他很害怕，催促当时还比较镇定的尼克立刻逃出大楼。但考虑到皮莉的情况，尼克依然认为最安全的做法是等待。

1 点 56 分，尼克第一次拨打了应急救援电话。"哦，你好。晚上好，"接线员接通电话时他说，"我想你们应该已经知道了，我们在格伦费尔塔楼。整栋楼都着……着火了，我们在 20 层。"

---

① 在这一点上，他的证词有出入——2017 年 7 月的笔录显示，他称赶到时"火已经进入公寓内部"，之后他又在调查中说他以为覆层只是在楼外燃烧，仅仅通过打开的窗子进入了几间公寓。

　　他解释道自己正和妻子还有宠物狗在一起，公寓外的楼道已经全是烟了。接线员告诉他消防员会收到他的位置，并且"会挨家挨户确认所有人的安全"。尽管此刻火焰已经到达楼顶，接线员还是向他保证火焰"其实还在 5 层"。"如果情况有变，请给我们回电话，好吗？"接线员说，"对了，待在原地。好吗？谢谢。"此刻，透过窗户，尼克能看到夜空飘过的烟雾和灰烬，还有大楼另一侧的火光。

　　12 层的娜塔莎·埃尔科克穿好衣服并叫醒女儿。她已经拨打了两次 999，请求派人来救他们。她的伴侣也已经出去过一次，想看看能否安全离开，但很快就返回了公寓，说楼道已经没法通行了。他觉得自己在楼道看到了蓝色的火焰。她来到浴室，塞住下水口并打开了水龙头。伴侣问她在干什么，她说："反正房子都要完蛋了，多放点儿水也没什么坏处。"她又一次拨打火警电话，告诉接线员烟雾开始渗进他们的公寓了。

🔥

　　接近 2 点，黛比还在和应急救援热线通话。这通电话还会持续 30 分钟。此时火焰已经从窗户进来了，逃命的人们挤在一间卧室里等待救援。

　　"我已经告诉了他们你的位置，他们知道你在哪儿。他们会来救你的。好吗？他们要先找到一条安全的路线，但他们会去救你的，好吗？"接线员对黛比说。

　　"我不想死。"

"不会的，你不会死的。"

"求你了，烟雾太重了。"

公寓的其他人中有人开始被烟熏得呕吐。随后传来一声爆裂声，大火把卧室的窗户烧炸了。黛比告诉接线员房间也着火了，随后电话录下了她想砸掉门逃生的声音。"太烫了。"她说。她的回答逐渐开始模糊。接着便没有声音了。

8

"挽救生命或减少伤亡的收益……并不高"

在格伦费尔塔楼外墙上的易燃覆层板后面，是数以吨计的易燃泡沫隔热层。这并不是什么新鲜事。

销售隔热材料是一门大生意。为了应对气候变化和减少暖气使用，相关法规变得严苛起来；2024 年该行业的全球规模已超 700 亿美元。

隔热材料行业正在为制定最低标准以及支撑这项工作的资金流而卖力奔走。根据天空新闻台（Sky News）在格伦费尔塔楼火灾几个月之后的报道，英国塑料隔热材料行业的游说团体曾吹嘘自己能够"影响英国中央和地方政府、特定的权威以及相关的许可和认证机构"，并能"深度参与英国及欧洲标准和建筑法规的起草与定期修订"。罗布·沃伦是色罗提公司的前技术总监，他在 2015 年告诉一家行业刊物，法规修订是"提高塑料隔热材料销量的最大推手"。他说："公众对隔热材料并不感兴趣，白送都不见得有人要，何况你还不能白送。"[1]

英国市场上主要有两种隔热材料：硬质塑料泡沫板，以及由岩石或玻璃编成的不可燃毛料卷（岩棉）。两种材料的市场是巨大的，并且正在为争夺行业主导地位进行着旷日持久的鏖战。塑料板更轻薄，隔热效果更好。这为它们在与矿物毛料对手间的竞争中创造了巨大优势。但它们的致命缺点是不防火。

塑料永远都是可燃物。不仅如此，它在燃烧时还会释放出大量有毒烟雾。长久以来，塑料隔热层制造商一直尽量在营销过程中淡化该风险。这类产品的推销员简称它们"只会烧焦，不会燃烧"。但一位消防科学学者告诉我这很具有误导性："烧焦就是燃烧……只是营销话术把它们说成了两种东西。"[2] 我曾经见过某些营销文案将易燃的酚醛泡沫形容成"例外"，称其"不会或只会引起极小范围的火苗蔓延，产生的烟雾量微乎其微"，并坚称"能够满足甚至超越所有国际建筑法规的要求"。[3]

营销只是提升销量的方法之一，这些公司还直接参与消防和烟雾法规的制定过程。行业说客统治了那些鲜为人知但却可以制定官方指导意见的机构。一位曾参与过这类委员会的消息人士说："在我在的那些年里，那里从专家云集变成了几乎所有人都在为塑料行业游说。他们严阵以待，试图阻止任何威胁到他们产品的事情发生。""所有行业都这样，"他补充道，"但如果涉及生命安全，真的不应该让销售这些产品的人来制定标准。"

2004 至 2005 年，考虑到对内墙与天花板材料烟雾毒性进行限制的必要性，BRE 向政府递交了一份报告。报告称，除英国和爱尔兰外的所有欧洲国家都有相关标准。但英国并不打算跟上脚步。报告还说，这些标准会对"产品销量造成显著影响"。"最严苛的方案可能每年会对销售额造成高达 2.49 亿英镑以上的影响。"这是在经济和安全性之间进行权衡后得出的结论。报告指出："挽救生命或减少伤亡的收益……并不高。按通用方法估算……每年的预计收益仅为 17.4 万英镑。"[4]

格伦费尔塔使用的隔热层大部分是色罗提公司销售的聚异氰脲酸酯，以及一小部分金斯攀公司销售的酚醛泡沫。两者都是易燃材料，在燃烧时都会释放有毒烟雾。根据2019年的一项研究，仅1千克色罗提的产品燃烧释放出的"致人失能且最终致命"的烟雾，就足以填满一间常规大小的房间。而在格伦费尔塔楼的墙上，约有19650千克该产品。[5]

而且，格伦费尔并不是个例。类似的隔热产品也被用在全英国上千，甚至上万栋中高层建筑上。这些燃烧时会释放有毒烟雾的材料在我们住房的外墙上随处可见。[①]它们从20世纪90年代就开始爬上我们的墙了。

"遗憾的是，现在有商业压力了"

在那个年代，许多由"三明治面板"——金属板中夹着隔热层——建造的商业仓库发生了一系列火灾，这些面板引发的烈焰摧毁了整个建筑。这些火灾很难扑灭，因为燃烧的隔热层被金属保护着，往往会烧毁整栋建筑。整个90年代，使用可燃隔热材料的商业建筑共发生了20起重大火灾，包括1993年导致两名消防员牺牲的赫里福德郡太阳谷工厂火灾。[6]

---

① 所有材料燃烧时都会释放一氧化碳，但只有含氮的材料还会另外释放出氰化物。隔热层面板、窗户挡板以及公寓内的填充家具起火，因此格伦费尔塔楼火灾的烟雾中也含有氰化物。一位毒理学专家表示，这种气体对死因的影响可能"微乎其微"，主要的致死因是吸入了一氧化碳，不过他也表示，氰化物可能导致一些受害者更快昏倒。

"大火产生的温度往往惊人地高，"一名曾在消防工会做过技术工作的消息人士说，"以至于你不能派消防员进到这些建筑内部。"[7] 1997 年，消防工会担任客座编辑，出版了一期专业消防期刊《火》（Fire）。他们呼吁新上台的工党政府对这类产品的使用加以更严格的限制。他们写道："如今我们有了新的（工党）政府，我们真心希望他们能果断采取行动……趁另一起可能造成重大伤亡的火灾悲剧还未发生。"[8]

正如我们在第二章探讨过的，由于对覆层火灾的担忧不断加深，议会的一个特别委员会在 20 世纪 90 年代末开展了一项调查。消防工会建议委员会禁止高层建筑使用任何易燃材料。[9]

但议员们也听取了 BRE 证人的意见。如我们所见，这个机构之前是国有的研究中心，但在 1997 年实现了私有化，如今需要靠商业收入维持运转。他们在 1991 年的诺斯利火灾之后便开发出了一套大规模覆层测试。内部文件显示，制造商们对该测试"怀有很大兴趣"，并称其"似乎可以吸引大量商业资助"。[10]

此时，针对雨幕覆层系统的法规依然准许按照 0 级标准的覆层的使用，却要求隔热材料达到有限可燃性要求。BRE 强调应该放弃不可靠的小规模测试，而要测试整个覆层系统。这个逻辑尽管看上去无懈可击，实际上却十分具有误导性。真正不可靠的是 0 级测试，而检测产品是否易燃的测试并没有问题。

但 BRE 的建议认为有问题的是小规模测试本身，而不是那套过时且漏洞百出的测试标准。他们敦促该委员会建议用大规模测试取而代之。他们的证人彼得·菲尔德直言不讳：BRE 想从这项工作中挣钱。"这很明显，从过去我们隶属于环境事务

部的时候，到这个项目……一切本应从公众利益出发，"他说，
"遗憾的是，现在商业压力要求只有在客户与我们签订正式合同
之后，我们才能开始工作。"[11]

委员会最终综合采纳了消防工会和 BRE 的建议，认为覆层
系统要么完全不可燃，要么需要通过一项新测试。但政府只采
纳了一半。他们依然保留了有漏洞的标准，即要求覆层面板满
足 0 级标准，同时隔热层要达到有限可燃性标准；但也将测试机
制列为了备选方案。

这就打开了一扇危险的后门。根据有限可燃性限令，易燃
塑料隔热产品是不能进入高层建筑市场的。但如今，只要塑料
隔热制造商能找到一种能通过大规模测试的隔热层系统，就可
以向高层建筑销售他们的产品。

而在此时，隔热层的金钱雪球正在越滚越大。英国是即将
生效的气候变化公约《京都议定书》的签约国，所以对大型建
筑的保温能力提出了更高要求。金斯攀和色罗提都嗅到了商机。
"由于对《京都议定书》的承诺……政府将在 2006 年春对建筑
法规进行修订，"色罗提的财务年报写道，"因此色罗提股份有
限公司有望实现重大发展。"[12]

"金斯攀的产品规模注定会随着该指示的广泛推行而受益良
多，"金斯攀董事长尤金·穆塔在公司当年的年度报告中写道，
"变革的压力会在新的一年中增加。金斯攀有意影响变革过程，
并做好利用所有发展动向的准备。"[13]

但在拿下后续的高层建筑订单之前，他们需要通过一项
测试。

"熊熊燃烧的炼狱"

在官方指导确定了参数之后，BRE 开发的这套大规模测试便被业界称为"BS-8414 测试"。该测试需要搭建一个 9 米高的模拟覆层系统，点燃其底部支架并监测一小时内的情况。如果模型内部温度在 15 分钟内超过了 600 摄氏度，或者火焰在任何时间点蔓延到装置顶部，都会被视为未通过。如果没有出现这两种情况，则为通过。

但这项测试有其局限性。由于没有窗户，也没有缺口和风，火势的动向要比真实火灾中的更容易预测。温度监测时间仅为 15 分钟，这也意味着那些燃烧缓慢但剧烈的系统也能通过测试。而且判定未通过的标准也有局限性：即使系统通过了测试，大火也会造成其大面积脱落，产生大量有毒烟雾。

金斯攀公司的首次测试在 2005 年 5 月进行。接受测试的是他们的旗舰产品 K15 隔热层，其表面覆盖的是一面结实的水泥纤维覆层面板。这是一组奇怪的材料选择，现实生活中并不会这样使用水泥纤维。因为水泥面板很重，很难吊装到高层建筑上，并且通常情况下禁不起风吹雨打。所以这个测试有什么意义呢？水泥纤维不可燃并且高度防火——意味着它可以比其他常规产品更好地保护隔热层，增加金斯攀公司的产品通过测试的可能性。[①]

[①] 金斯攀公司表示，该测试是"对覆层系统通用的真实测试"，"完全符合当时的要求"。

电子邮件显示，金斯攀希望BRE能为其提供一份"扩大适用范围"报告，希望仅凭一场测试就能证明他们的隔热材料可以和所有外墙面板不可燃的覆层系统一起使用。但BRE拒绝提供这项担保。他们告诉金斯攀该测试仅针对被测覆层系统。[14]

但金斯攀可不是这么宣传的。在测试后不久，他们制作的一份传单似乎严厉警告了易燃隔热层的危害。"雨幕覆层系统后面千万不要装易燃隔热层，"传单写道，"一根无意的烟、纵火行为或者电气故障，都足以导致一场火灾。再加上通风口导致的烟囱效应，立刻就能将一栋塔楼变成一个直筒形炼狱。除非你有先见之明，选择安装了一种可以限制火势扩散的隔热材料。"[15]

这份传单暗示，K15就是这样一种产品。它称该隔热层"顺利接受了BS-8414测试"，并且"适用于18米以上的建筑"，只字不提测试结果仅针对一种组合有效——和水泥纤维覆层面板一起使用。

这份传单还强调了该产品"取得了0级评定"。但0级评定和隔热层的使用无关，它只适用于外覆层面板，然而并不是所有的建造商都知道这一点。它取得了这项评定，这听起来足以让担心发生火灾的人放心。可它真的取得了这项评定吗？事实上，金斯攀是撕掉了通常附着在产品上的箔片并进行单独测试才取得评定的。在调查中，质询金斯攀证人的律师将这种行为比作把铝箔钉在炸药上，再声称取得了0级评定——证人否认了这个比方。2016年，两名金斯攀的员工通过短信讨论了这场测试："测试整个产品的时候其实没达到 0 级。哈哈！"他的同事回答："**什么？我们撒谎了？**"第一个人接着回答："我们干的就是这活儿。"①

有了这些营销话术，公司开始瞄准高层建筑，赢下了订单。

不久后，金斯攀对 K15 的生产技术做了一些改变。面板前的箔片被穿了孔，塑料的化学配方也变了，这样就可以容下更多的"发泡剂"（blowing agent）。这样做是希望能在竞争日渐激烈的市场中改善产品的保温性能。

2007 年 12 月，金斯攀正想办法通过一项大规模测试，他们曾经在 2005 年成功通过了该测试的另一个版本。这项测试在新款的 K15 材料前放上了不可燃的实心铝制覆层面板。测试结果堪称灾难。负责撰写金斯攀内部报告的员工艾弗·梅雷迪思将测试装置形容为"熊熊燃烧的炼狱"。他写道："酚醛（隔热层）连自己冒的烟都能点燃，BRE 不得不提前结束测试，因为它已经危及实验室了。"②

他在标题为"未通过原因"的段落写道，使用了新技术的隔热层"非常不同"。不像老款"烧成浅色灰烬然后熄灭"，新款产品"燃烧得极其凶猛"。他标注了 BRE 的一些"非官方"评论，称该隔热层在火焰中"燃烧彻底"，并且"在火源被扑灭

---

① 调查笔录，2020 年 12 月 9 日。被问及这次通信时，金斯攀的一名高级经理称其"非常令人失望"，并称说公司所做的一切都是谎言是"不属实的"。

② 调查笔录，2020 年 11 月 23 日。金斯攀的律师淡化了这一点，并引用了一名认为火势没有"那么夸张"的证人的证词，辩称没有明确的证据表明这些变化降低了防火性能。他们说不可燃绝缘材料也会以类似的方式测试失败。

后继续燃烧"。① 金斯攀坚持认为，话虽如此，但依然"没有科学依据"认为新款产品的防火性能相对更差。他们声称没能通过测试的原因在于覆层系统，而非隔热层本身——同时指出另一款类似的覆层系统即使使用的是不可燃的隔热层，也依然没有通过测试。

然而金斯攀并没有公布这项测试的结果，哪怕是对公司的其他部门。其销售全套覆层系统的子公司"金斯攀场外"在2008年夏天自行对一款含有 K15 的覆层系统进行了一次测试。测试很快惨烈收场。他们询问技术团队："K15 在移除火源的三十多分钟后还在燃烧是正常的吗？"16

但他们并没有对产品的变更给出任何提示，也没有表示之前的测试也得出了类似的结果。相反，技术团队称火灾测试"总是前后矛盾"，并补充说测试的失败原因"很难判定"。经理菲利普·希思在一封内部邮件中写道："我现在感觉天旋地转，头晕目眩！"②

"我觉得（他们）以为我很在乎似的"

和阿尔科宁克一样，金斯攀也接触了英国建筑认证局，希望后者能认证他们的产品可以在高层建筑上使用。英国建筑认

---

① 几名 BRE 的证人都否认了曾对金斯攀做过任何形式的"非官方"评论，声称这不是 BRE 的惯例。
② 调查笔录，2020 年 11 月 30 日。希思先生在调查中说，这是指当时非常忙，正在为推出一款更新、更安全的产品"拖延时间"。

证局对 K15 的技术变动和接连的测试失败一无所知。金斯攀仅提供了 2005 年的报告，以及大量号称金斯攀产品防火性能优秀的营销材料。

金斯攀如愿获得了证书。这份首次颁发于 2008 年 10 月的证书称该产品获得了 0 级认证，不会导致"火势恶化，也不会产生致命的有毒烟雾"。但这是个问题。调查显示，英国建筑认证局的证书是基于几种别的产品的测试结果颁发的，英国建筑认证局的前副首席执行官也承认他们的担保"并不准确且具有误导性"。证书还说"该产品"在大规模测试中达到了必要的标准，并鼓励建造商如果想在 18 米以上的建筑使用该产品，可以向金斯攀寻求建议。但这也是个问题。大规模测试从来都不是为单一的产品设计的，而是为整个系统设计的。根据规定，建造商只有在完全复刻 2005 年测试系统的情况下才可以被允许使用该产品。但证书只是建议他们致电金斯攀——为其营销团队行方便，允许他们在其他多种系统中使用该产品。①

金斯攀内部则有力回击了那些担心该产品可能不合适的质疑。希思在回复一个咨询时这样写道："我觉得（他们）以为我很在乎似的。我正在想办法解决这个问题呢，忙着想象大火蹿上塔楼呢!!!!!!!!!!!!"当谈到一家咨询公司对在高层建筑中使用该产品提出质疑时，他说他们"可以去死了，如果他们不小心点儿的话，我们会告死这帮王八蛋（原文

---

① 金斯攀声称证书并不具有误导性——他们援引了另一位英国建筑认证局证人的证词，称该证书可以被"一名有合适资质的读者"正确理解。

如此)。"①

该公司还从一个名为"地方政府建筑管理中心"（Local Authority Building Control，LABC）的机构获得了证书，这是一个代表地方议会中负责签发项目合规许可的调查员的机构。因此，能取得该机构称这款隔热层适用于高层建筑的声明，对获得调查员批准来说意义重大。他们的证书颁发于 2009 年 5 月，称 K15 "可被视为具备有限可燃性的材料"，并且"可以用于高于地面 18 米以上的建筑"。②

这是一个彻头彻尾的错误：K15 材料并不具备有限可燃性。可当金斯攀见到证书文件的草稿时，菲利普·希思在内部只回复了五个字："**太他妈好了**"。一位高级经理问他是怎么取得这份证书的，他写道："我们把所有的火灾测试数据都扔给地方政府建筑管理中心了，可能阻塞了他们的服务器。我觉得他们最终还是说服了自己相信（K15）是自切片面包发明以来最好的东西。我们甚至都不用把他们灌醉！"③

手握这两个证书，金斯攀的营销团队拿下了一个又一个高层建筑项目。为了以最廉价的方式达到规定的隔热标准，建筑

---

① 调查笔录，2020 年 10 月 30 日。在 2020 年的调查中被当面质询这封邮件时，希思先生为自己"不专业"的措辞道了歉，并称他当时正为一位身患绝症的朋友感到忧心。

② 调查笔录，2021 年 3 月 21 日。金斯攀公司强调称自己不为该证书的措辞负责。

③ 调查笔录，2020 年 12 月 1 日。希思说他知道 K15 并不具备有限可燃性，但当时并不认为证书具有误导性。他说，他当时认为这只适用于材料在特定系统中的使用，但"事后看来"，这可能确实是一种误导。

商们将可燃的 K15 隔热材料与各种易燃覆层板组合在一起。在大多数人没有注意到的情况下，我们给自己的墙里塞满了易燃塑料泡沫。

"一旦失火，它就会燃烧"

2010 年，为隔热层制造商行方便的回报变高了。在持续的游说下，建筑法规的官方指导再一次收紧，这也就意味着新建住房和翻新工程要使用更多的保温材料。更高的标准对塑料十分利好，因为塑料更轻便、更便宜，板材更薄却能达到更低的"u 值"①。

作为"英国隔热运动"的一分子，色罗提公司预定了一辆巨大的粉色双层巴士进行环英巡游，车身上贴着他们的广告语："建筑法规变了。别只隔热，更要用色罗提隔热！"[17]

但有一个该公司无法涉足的细分市场。不同于金斯攀，色罗提没有通过测试，所以无法说服建造商自家的产品能够用于高层建筑。这块市场尽管不大，但相当重要。色罗提预估该市场每年预计可以为公司带来 1000 万英镑的收入。2012 年，作为中型英国企业的色罗提被法国圣戈拜恩集团收购，这是一家全球营业额将近 400 亿英镑的跨国材料公司。为提高利润率，该公司希望色罗提可以开发、销售新的产品。他们为色罗提定下

---

① u 值（u-values）是一种导热系数，该值是评价建筑材料隔热性能的重要指标。u 值越低代表建筑隔热性能越好，所需的用于维持室温的能源就越少。——译注

一个目标：15% 的利润增长必须来自新产品。色罗提的高层被叫到巴黎开会，汇报任务进展。很明显，其中一个目标就是高层建筑。[18]

22 岁的乔纳森·罗珀是东英格利亚大学的一名商科毕业生，他的第一份工作就是负责研究色罗提如何能够打入这块市场。罗珀先生的市场调研很快发现了金斯攀是如何拿下项目的。"他们会告诉建筑师 K15 材料可以用于 18 米以上的建筑……这对建筑师来说就足够了，"他在 2013 年 11 月的一封邮件中写道，"承包商会选择性价比更高的解决方案，虽然他们要对建筑所使用的材料负责，但他们并不足够了解防火测试，所以无法提出质疑。"

罗珀并不确定色罗提是否也要走上这条道路。"我们是否认为我们的产品实际上不应该在大多数覆层板后使用？因为一旦失火，它就会燃烧。"他写道。

他的经理并不这样想。色罗提的商业团队非常热衷于复刻金斯攀的路线。2014 年 2 月，罗珀在 BRE 的燃烧厅安排了一场测试，使用的是水泥纤维覆层墙板。测试失败了。烈火把水泥墙板烧裂了，火焰进入覆层和隔热层之间的缝隙，烧毁了整个系统。但色罗提继续尝试的热情不减。

5 月，他们又进行了一次测试，使用了更厚的水泥面板，以为应该不那么容易被烧裂了。这次他们还在温度检测器的周围增加了防火隔板。他们当着 BRE 员工的面搭建了测试装置，但墙板并没有隐藏好：它们从厚度和颜色均与自己不同的隔板后面滑了出来，并出现在测试开始前和结束后拆除装置时 BRE 员工所拍摄的照片里。①

　　罗珀称之后的一次关键会议上发生了一场"激烈辩论",辩论的结果是色罗提管理层判定曝光墙板的存在可能会"影响销售"。②这让罗珀先生很是担心,但我们明白他也不知道该怎么办。他之后在调查中承认公司的行为是"故意误导且不诚实的",是"市场欺诈"。他说他被迫"为了商业利益而撒谎"。"我当时还和父母住在一起,还和他们提起过我对公司要我做的事感到非常不舒服。"他之后在调查中说,"我在色罗提时参与的许多行动,事后回想起来,是完完全全不道德的。"③

　　于是色罗提便制作了一份文件宣称该产品通过了测试,并把"适合18米以上的建筑使用"作为通栏大标题写在了每一页上。④测试的细节则被印成了小字,并且对额外的防火屏障只字未提。他们同样获得了地方政府建筑管理中心的证书,称该隔热层可以"和多种覆层材料一同使用",并且产品通过了测试,"可以用于18米以上的建筑物"。现在他们可以和金斯攀竞争高层建筑合同了,而很快就会有一个西伦敦的大项目。

---

① 罗珀先生和另一名色罗提的证人均称BRE知道这是怎么回事。但BRE燃烧厅的经理却坚决否认,称自己并不知道他们额外添加了隔板。

② 罗珀先生当时并没有参加此次会议,他的证据是间接获得的。

③ 调查笔录,2020年11月16日。色罗提称现任管理层对这些问题并不知情,在火灾发生后,他们向商业标准机构和警方报告了这些问题,并在公司网站上进行公示。仍留在公司的涉案员工受到了纪律处分,目前已全部离职。

④ 色罗提称,有资质的专业人士会理解这是在它已经通过测试的语境下,并且小册子也提到了这一点。调查中的一位专家证人表示赞成,认为有资质的专业人员应该可以仔细阅读并正确理解它。

2014 年 8 月，一名色罗提的销售员给哈利公司发去了电子邮件，这家公司正是格伦费尔塔楼项目的分包商，邮件称 RS5000 已经通过了测试，所以"可以用于 18 米以上的建筑物"。2015 年 2 月，色罗提提出以 5.25 折为该公司供货，以得到格伦费尔塔楼项目。之后，色罗提请求哈利公司允许将格伦费尔塔楼作为该产品的"案例分析"——这是第一栋安装了该产品的高层建筑。[19]

"一场指日可待的事故"

尽管发生了这一切，对易燃隔热层的担忧还是在行业内盘旋。多家立面咨询公司对金斯攀和色罗提的产品是否符合高层建筑规定提出质疑。

这些担忧传到了政府的耳朵里。2014 年 7 月 2 日，布赖恩·马丁给国家住房建筑委员会（the National House Building Council，下文简称为 NHBC）的一名高级成员发了电子邮件，称他最近在和"一些人讨论消防安全和外立面的问题"。"有人说——有几栋楼的覆层使用了（塑料）隔热层，高度远远超过了 18 米⋯⋯而且——还是有人说——其中许多都是公寓住宅楼。"

"这封邮件只是一个友情提示，"他补充道，"你可能需要再次确认手下的检查员和规划检查人员是否已知晓此事。"[20]

NHBC 是国内最大的私人"建筑管理"调查机构。其调查员受雇于建造商，负责签发他们的项目合规许可，并且在建筑落成时提供担保。可马丁先生不知道的是，该机构当时已经收到警告，称金斯攀隔热层被用在高层建筑上，并已经要求金斯攀提供最新的测试数据来为他们的宣传做背书。这让金斯攀非常担心。如果 NHBC 开始抵制他们的产品，公司可能会损失数百万英镑。而 NHBC 的赌注也很高——他们已经准许使用金斯攀产品多年，他们要为其产品的使用负有长期责任。并且他们的客户（建造商们）也很喜欢使用这种廉价又有效的产品，如果得知该产品突然被禁，他们肯定会不高兴。尽管 NHBC 的高层人员已经通过小道消息得知含有 K15 材料的覆层系统测试失败的消息，一名成员还是在内部提醒道，这么做可能会"给我们的顾客（住房建造商）带来大麻烦"，因为这样他们就"不得不使用洛克威岩棉了"。

NHBC 的技术运营主管史蒂夫·埃文斯在给马丁的回信中罗列了金斯攀的问题，但向他保证："目前没有理由怀疑使用了金斯攀 K15 覆层的建筑有危险。因为目前的测试都不能证实这一点。"[21]

在一封发给政府同事的邮件中，马丁先生解释了研讨的结果。"似乎有一些高层公寓楼使用了本不该用的易燃材料制成的隔热层，"他在邮件中写道，"如果这是个问题，某些住宅楼可能需要更换它们的隔热层（数量可能还不少）。"事实将证明这一点——但这项检查要等到格伦费尔塔楼的灾难发生后才会开始。[22]

与此同时，金斯攀正在尝试获得最新的测试数据以打消 NHBC 的疑虑。他们的头两次尝试都失败了，但到了 2014 年 7 月，他们再次通过测试。"真他妈是个好日子！"一名金斯攀员工在内部写道，"我们刚刚碾压了（竞争对手）可奈福、埃克斯瑟姆和洛克威岩棉!"[23] 但有些事情不太对劲——接受测试的隔热材料和市场销售的不是同一种,而是一种新研究和开发出来的产品,它的箔面是市场版本的两倍厚,化学成分也不同。金斯攀再一次用含有不同于市场销售款式的产品的覆层系统通过了测试,以此证明他们所称的安全性。然而,只通过新测试对NHBC来说还不够,他们还想要金斯攀进一步保证他们的产品可以正常用于一系列覆层系统。金斯攀向英国奥雅纳公司的芭芭拉·莱恩寻求建议,莱恩在业内备受尊敬,她之后也是格伦费尔调查中的专家证人。他们希望她可以为产品做背书,但她并不想帮他们。她说自己对业界的"认知缺失"感到"非常不安",她警告NHBC:"在高层居民楼上使用极易燃的隔热材料就是在酝酿一场指日可待的事故。"[24]

此时NHBC已经听说K15的潜在风险了,而且该产品并没有进行本需要完成的附加测试。他们本可以直接抵制该产品,坚持要求建筑使用不可燃隔热层。但他们并没有。作为一个由参与建筑管理的其他机构组成的行业组织的一员,NHBC反而帮忙起草了一份指导意见,称如果一个产品"没有实际的测试数据",那么建造商们就要提交一份由专家撰写的"案头研究报告"。这份指导意见最初发布于2014年6月。从今往后,隔热层制造商和建造商的产品不再需要测试就可以用于高层建筑,只需要一纸文件就够了。[25]

尽管如此,NHBC似乎还是差点完全抵制了K15。2015年年初,NHBC致函金斯攀公司并抄送了他们的首席执行官吉恩·默塔。邮件称NHBC将开始抵制K15被用于高层建筑,并将"以最快速度通知与我们有关的建造商客户"。

金斯攀则是直接通过律师回复的。他们警告称 NHBC 的行为将给其带来"重大经济损失",并将"构成过失性失实陈述和诽谤"。NHBC 做出了让步。他们不再全面抵制该产品,而是改为只要提供了案头研究报告,他们就可以接受这款隔热材料。[26]

他们还会再让一步。2016 年 7 月,NHBC 发布了指导意见,列出了几种甚至不再需要案头报告就能被他们接受的覆层系统。其中就包括了色罗提的 RS5000 和金斯攀的 K15 隔热材料,还有 ACM 面板,只要它们具有 B 级达标证明。规则几乎已经被完全破坏了。尽管 NHBC 没有批准格伦费尔塔楼项目,但《住房观察》的调查揭露,他们已经批准了超过 50 个使用危险的 ACM 覆层系统的项目。[27]由于我们的私有化试验机制,搭配上完全不符合规定的证书和批准流程,全英国的上千栋高楼都装上了这种易燃的隔热材料。

格伦费尔塔楼就是其中之一。当色罗提的 RS5000 的供应量在 2015 年春天下滑时,哈利公司立刻采购了 K15 取而代之。内部团队称他们审查过证书,认为产品应该合规。[28] K15 与色罗提就这样一起被放进了一个未经测试,甚至连案头报告都没有的覆层系统中。莱恩博士所预言的事故即将发生。

"骗子和凶手"

金斯攀在调查中坚称,他们的隔热材料绝不是格伦费尔塔楼火灾的罪魁祸首。他们强调其产品在塔楼上的使用量非常小——而且调查结论认为火势扩散的首要原因是 ACM 面板。一位专家证人说，覆层系统中的隔热材料只占燃烧总量的 2% 至 10%，即使使用的是不可燃隔热材料，二者在火势扩散速度方面也没有什么区别。[29]

公司声称，当与合规的材料一起以正确的方式安装在覆层系统中时，他们的产品是安全的，并且找到可以安全使用的系统的最佳方法就是进行全系统测试。在火灾之后，K15 已经顺利地通过了多次测试，所以他们认为只要安装方式正确，该产品就是安全的。他们为所谓"一小部分前员工的不可接受的行为"道歉，称那"完全不能反映金斯攀公司的企业文化与价值观"。

色罗提则强调，产品在 5 月通过了没有额外防火板的重新测试——这说明防火板与是否能通过测试无关。他们同样强调了所有参与 RS5000 测试和营销工作的员工都已经离职。格伦费尔火灾后，他们召回了该产品。

但遇难者家属和幸存者的代理律师可没有那么宽宏大量，谴责他们和阿尔科宁克公司"无异于骗子和凶手"。[30] 调查委员会将择期宣布对他们行为的最终判决。但目前被挖出来的事实已经足够令人震惊。长久以来，英国都在忍受一种监管体系，这种体系被另一位代表社区的律师形容为"纸牌屋"和"促进产业掠夺的理想道具"。[31] 英国就这样被俘虏了。结果便是成吨的易燃塑料被装上了高层建筑的外墙。

9

02:00

凌晨 2 点，火焰点燃了塔楼顶部的楼冠，并绕着它匀速蔓延。一道白色火焰从贝哈伊鲁家的窗户伸出，在楼身划出一道长长的弧线，向东北角徐徐移动。火焰也沿着相反方向扩散到大楼的东立面。数十套公寓被点燃，烟雾从他们的窗户喷涌而出。伦敦警察厅的直升机拍下了之后被一名专家证人形容为"融化了的材料组成的火焰瀑布"的热成像画面。一共有 129 名居民被困在塔楼里——多数都在 9 层以上。

负责现场指挥的是副助理局长安德鲁·奥洛克林，他走进了 8 号指挥部——停在塔楼外的那辆可用于协调指挥的移动货车。

到这时，协调被困居民传出的消息尤为重要。居民会给斯特拉福德的接线员打电话，报告自己被困并给出房间号。电话疯狂地打进来——凌晨 2 点之后的 20 分钟里，他们接到了 25 个直接从塔楼打来的电话，同时国内其他指挥中心承接溢出的报警量，并把详细信息传回伦敦。

接线员们依然没从电视上看到火灾画面。指挥中心内有一台巨型等离子电视，正常情况下会滚动播放 24 小时新闻画面，但此时却不能使用。另一台小一点的电视也没有打开。这就意味着他们尚不清楚究竟发生了什么。

指挥中心的员工说，新闻画面本可以帮助他们更好地理解情况，或许能让高级指挥官放弃"原地等待"指令。"一张图抵得上千言万语。"一名员工说道。

结果便是，被困居民得到的建议一直与真实情况的严重性相去甚远。一名接线员告诉一位被困在24层的居民，"火灾发生在5层，但很显然产生了大量烟雾"，然而烈焰当时已经爬到了楼顶并开始向全楼扩散。很多居民都收到了消防员会及时来救他们的承诺。尤其是对那些带着孩子和身有残疾的人来说，在没有消防员帮助的情况下，他们根本不可能穿越满是烟雾的中央大厅和楼梯间。所以他们只能等待。

指挥中心会记录下他们的位置，打电话告诉塔楼前的指挥部。之后这些信息会传递给楼内的消防员，他们再派出小队前去救援。

但事实证明，要想收集和传递信息非常困难。和拉卡纳尔公寓火灾时一样，无线电噪音很大，大楼内的工作举步维艰。尽管拉卡纳尔公寓暴露了消防部门的失职，但他们并没有进行任何改进。于是信息只能通过人工传递。他们要求一名消防员建立一套临时信息传递机制：他站在塔楼东南角，在一辆车的引擎盖上快速将指挥部传来的无线电信息记在纸片上，然后让其他消防员跑腿，把这些小纸片传给楼内的消防员。这位消防员在证人陈述中说道："电话打进来得太快了，我根本记不过来。"他说有一阵子每20秒就有一通新的电话打进来。

信息通过这名消防员的笔记传入塔楼，而指挥部直接发来的提醒以及无线电信息也会同时涌入。场面非常混乱，这也为信息遗漏埋下了重大隐患。

　　即使是在信息正确的情况下，消防员也很难接近被困居民。中央大厅满是烟雾，一片漆黑，楼梯的情况也没好到哪儿去。消防员还要对抗火势失控的公寓地板上的滚滚热浪。

　　大部分队员仅配备了"标准续航"的呼吸器——只有一个气瓶，瓶中的空气能供人呼吸 31 分钟。压力和体力消耗又缩短了设备的实际可使用时间，因此设备常常不够支撑消防员艰难地爬上塔楼、在漆黑的公寓中搜救、救助被困居民并把他们带下楼的全过程。

　　但也有一些队员配备了"延长续航"的呼吸器——有两个气瓶，瓶中的空气能供人呼吸 47 分钟。这些队员是随着大型消防车（也称作"火灾救援车"[Fire Rescue Units]）来的。迈克尔·唐顿将最先到达的队员派到楼顶扑灭那里的火焰。可他们根本到不了顶层。有大量的火灾救援车并没有收到调遣令，直到 2 点 15 分左右才有 10 辆接到命令，直到 2 点 30 分左右才陆续到达——此时距离火灾发生已经过去一个半小时。即便如此，对他们的部署也毫无主次。有一组配备了延长续航呼吸器的消防员在 1 点 47 分就抵达了现场，是最早赶到的小队之一，但直到 2 点 44 分才被分配了救援任务。实际上，配备了延长续航呼吸器的小组直到 3 点才得到整体部署。而与此同时，只有一个气瓶的消防员们则要在楼内与火势缠斗。

　　在这种情况下，返回楼内大本营的消防员们精疲力竭，氧气耗尽，还背着已经失去意识的居民，他们也不一定知道自己去的是几层，是不是他们该去的楼层。他们可能要停下来帮助楼梯间里遇到的居民，帮助其他遇到困难的队员，或者单纯在楼内迷了路。这也意味着他们几乎不可能跟进哪些求助得到了解决，或者谁依然在等待救援。

瞬息万变的形势令本就混乱的救援任务更加忙乱。在一段不幸的插曲中，消防员从 21 层成功救出了一个小女孩。但她的父母和两个姐妹都被落在了后面。她失去了所有家人。

🔥

20 层的尼克·伯顿越发担心起来。他已经准备好了夫妻两人的护照，以防需要辨识身份。透过窗户，他能看到覆层上的火焰。

他带着皮莉挪到了浴室——因为他觉得那是公寓里最安全的地方——并继续等待消防队的救援。他知道，以皮莉的情况，她只有在协助下才逃得出去。他的朋友又打来电话——这次他听上去非常恐慌——警告尼克赶快离开。

尼克又一次拨打了 999。"我们被困在 20 层，依然没人来救我们，而且现在隔壁的火焰离我们的窗户非常近了，烟雾也进来了。"他说。

他的声音听起来很冷静，部分是因为他刻意掩饰了语气中的恐慌，生怕吓到妻子。烟雾进来了，他也不知道接下来该怎么办。

"你觉得火源在哪儿？隔壁？"接线员问。

"在——不是——整栋楼都着火了。"尼克答道。

"我们在尽力救你，但是很多人都被困在楼里了。"接线员告诉他。

接线员让他用东西抵住门，如果情况恶化就再给他们打电话。于是夫妇俩就待在浴室里。"这里手边就是水，离门又近，我觉得这是等待救援的最佳位置了。"尼克说。他只能等待。但接着他就听到门外有声音。

🔥

2 点左右，一队消防员被派往 5 层的一套公寓，可他们赶到时却发现公寓空无一人。他们返回了大本营，得知他们需要前往 20 层的 161 号公寓进行救援。161 号公寓便是黛比·兰普瑞尔的家。尽管她已经告诉接线员自己上了顶层，去救她的小队依然被错误地派往了她的公寓，而她早在 1 点 30 分就已经离开了。

消防员们对要求他们上楼的命令非常意外：他们在 5 层公寓搜救时就用掉了部分空气，不确定空气是否还足够撑到他们上楼。长官让他们自行决定愿不愿意再次冒险。"对我们来说没有（'拒绝'）这个选项，所以我们又出发了。"其中一人回忆道。

在艰难的爬楼过程中，他们遇见了许多下楼的居民和其他消防员。情况非常严峻。"（那里的）烟雾真的很厚很黑，伸手不见五指。所以非常热，什么也看不见。"一名消防员回忆道。

"越往上烟雾越严重。我们上楼时有消防员正从楼上下来，所以我们就不停地在不同楼层的楼道避让，好让他们过去。"另一名消防员说。

正当他们在 20 层寻找 161 号公寓时，他们听到了尼克的呼救。"我大声喊道：'有人吗？我们在这儿！'可能重复了几遍。我想我听到他们好像回答说他们知道我在这儿，但他们想查看一下邻居的情况。"尼克说。消防员让他打湿两条毛巾顶在头上等待救援。

两名消防员破门进入了 161 号公寓，用热成像仪进行扫描。"我什么也没看到。窗户全都没了……里面非常热，我知道留给我们的时间不多了。"一人回忆道。公寓的一角着了火，但他们并没有水能扑灭它。

消防员们回到了尼克和皮莉的公寓，尼克打开了门。"一瞬间又浓又黑的烟雾就从楼道滚进了我们的公寓玄关。门外一片漆黑。"尼克回忆道。黑暗中伸出的一只手挽住了皮莉，另一只手伸向了他。意识到他们再也不会回来了，他问消防员能否带上他们的狗刘易斯——它此时也在门口，头上也顶着毛巾。

"一个声音告诉我'不行'，他们很抱歉但是不能带上它。我看着它，多希望它能跟在我们身后，但它没有，它只是顶着毛巾站在那儿看着我们。那是我最后一次见到我的狗，我很爱它。"尼克回忆道。

在两名消防员的帮助下，尼克和皮莉开始沿着漆黑的楼梯间往下走。但很显然皮莉立刻就承受不住了。"我觉得那位女士立刻就不行了。我们刚把她带出公寓，她就直接摔在了 20 层的地板上，我们就知道要有大麻烦了。"一名消防员说。

　　他们走得很慢。皮莉下楼时步履蹒跚，所以消防员只好背着她，扶着墙摸索着前进。尼克也由消防员们引领着走下了楼，但烟雾一片漆黑，他头上还顶着毛巾，什么也看不见。可消防员们的声音还是令他感到安心。"我不停地听见有人在喊：'走，别停下，继续走。'那声音坚定而有力。有他们陪着我感到非常有信心，我相信他们非常专业，相信他们会竭尽所能。"尼克回忆道。

　　在下楼过程中，消防员们逐渐分开了。陪着皮莉的那名消防员有时背着她，有时缓慢而稳健地拉着她倒退着走下楼梯。"下楼的过程非常慢，"他回忆说，"每到一层或半层平台，我就要停下来调整一下握住她的方式。整个下楼过程都是这样。我从压力计上看到空气快要耗尽了，我必须快点下楼。"

　　差不多下到一半时，他们遇到另外两名消防员，两人的呼吸器已经开始报警了。这是非常严重的警告，它是给消防员的最后通牒——空气即将耗尽。在火场中听到这种警报声基本就意味着死亡。

　　尽管如此，这几名消防员还是加入了帮助把皮莉背出大楼的行列。

　　与此同时，尼克和其他的消防员也在艰难下楼中。尼克踩到了什么东西，他当时以为是软管，但现在他意识到那可能是火灾遇难者的遗体。"在下楼的过程中，我的幽闭恐惧越来越强烈，只能大口大口地呼吸。我发现每次吸入的烟雾越来越多，感觉喉咙都要着火了。"他说。扶手变得滚烫，他不能继续握着了。"我记得当时心想：'该死，完蛋了。'"他说。

但搭在他背上的手和消防员的声音鼓励他继续前进。终于，他们成功到达一层大厅。尼克坚持要见到皮莉才肯离开。终于，他看到皮莉被 4 名消防员抬着下了楼。

"我记得我站在那儿大口喘着气努力让自己冷静下来，正不停地咳嗽、流眼泪。就在这时我看到 4 名消防员架着皮莉的四肢把她抬了下来。"他说。

接着，消防员们用防爆盾牌挡住掉落的碎片，护送皮莉和尼克离开了大楼。他们逃出来了。

🔥

大楼外，蒂亚戈——那名火灾发生时正在看视频的年轻学生，也是第一批逃出来的居民之一——和他的家人一起目睹了火焰从 5 层开始蔓延到吞噬了大楼整个表面的过程。他的妹妹伊内丝对眼前的一切感到不适，所以她和蒂亚戈离开去了附近的朋友家。

"我们所有人都希望火焰只是在表面，"蒂亚戈回忆道，"我记得听说过迪拜的一场火灾——我不知道成因，但我知道它并没怎么扩散到楼内。但接着你就看到楼内也起火了。"

伊内丝不想看着塔楼，但不停地问蒂亚戈有没有烧到他们的家。她留在了朋友家里，开始复习准备第二天的 GCSE 考试。"她只是拿着笔记坐在那儿，开始翻阅，"蒂亚戈回忆道，"因为她不知道该做什么。那一刻，我甚至没想到她要去考试了。"

蒂亚戈的母亲跪在一尊圣母玛利亚塑像前念诵着玫瑰经祈祷着。一家人深深记挂着楼内几位亲密好友的安危，比如马尔西奥·戈梅斯和他的家人——他们所有人依然被困在 22 层。

🔥

马尔西奥和他的妻子安德烈娅在 2007 年搬进了他们位于格伦费尔塔楼 22 层的公寓。在这之前，他们一直住在东伦敦沙德韦尔的临时住房里，在市政住房候补名单上等着搬回马尔西奥成长的肯辛顿地区。

二人搬来时已经有了一个两岁的女儿，另一个女儿尚在腹中。搬离临时住房回到亲朋居住的区域，这让他松了口气。

但房屋状况并不算好：墙上有好几个洞，墙纸也脱落了，但身为英国教育标准办公室信息经理的马尔西奥请了两周的假，把这些都修好了。一家人都为他们的新家感到开心。这套公寓能俯瞰伦敦市中心的美景，最远能看到"伦敦眼"摩天轮，而且 22 层的邻居们都很热情，还在他们搬来时送了一盘曲奇饼干表示欢迎。在这之后的 10 年里，他们和塔楼社区建立了紧密联系和深厚友谊。"那里的生活真的非常非常美好。每个人都很友善，"马尔西奥回忆道，"我并不是说我认识每一个人，但你总能在电梯里遇到很多人，很难不认识。"

邻居们也有年幼的孩子，马尔西奥和安德烈娅的女儿们会和他们在平台上玩。"要我说，我们这一层就是最好的一层。大家都非常友好，"他说，"我们的邻居有一个小男孩，他和我们的小女儿成了非常好的朋友。我们会把前门打开，这样他们就能骑三轮车或者踢球玩。你可以在公共楼层里做任何事。这里就是很安全，这对一个家庭来说是极为重要的一点。"

同楼内的大部分居民一样，他们对翻修的体验也是负面的。"我不记得见过哪位居民希望翻修继续下去。"马尔西奥说。他很欢迎供暖系统的改造方案——之前，居民不能控制自己家的供暖系统，并且有时高楼层的水压过低，无法冲澡。但他反对用新覆层系统来装点门面，认为没有这个必要。"那只是给楼外的人看的，"他说，"所有的变化都在外观。楼内还是老样子。他们只是给这栋楼涂脂抹粉，让它看起来好看。基本上就像给它涂了个唇彩，仅此而已。"

居民们同样有消防方面的担忧。翻修工程移除了大楼仅有的两个消防出口中的一个，这让安德烈娅很是担心，同样令她不安的还有楼里只有一个楼梯，这会让火灾疏散变得非常困难。马尔西奥说："我记得和房屋经理签合同时曾经说起过这一点，她说如果发生火灾，原地等待就行。然后我说：'啊，不用担心，我们会自己跑的。'"

2017年6月，二人即将迎来第三个孩子。安德烈娅当时已经有了7个月身孕，他们已经给这个男孩取名为洛根。"（得知怀孕的）那一刻对我们来说太美妙了。我们没计划再要一个孩子，所以一开始有点惊讶，但后来惊讶就变成了美妙的喜悦。"马尔西奥说，"6月之前我们一直在为他的降生做准备，这个过程非常棒。我们好像已经和他非常熟悉了。"马尔西奥将走廊的一部分隔了出来，又打掉了储物区的一面墙，这样就开辟出了一间新卧室，里面已经添置了一个摇篮、一个衣柜，还有一个抽屉柜。一家人同意把洛根培养成马尔西奥支持的球队球迷：英国的利物浦队和葡萄牙的本菲卡队。马尔西奥也很喜欢在 Xbox 上打游戏，他希望儿子将来能成为自己的游戏搭档。两个女儿也很兴奋——她们期待在暑假迎接弟弟的到来。

6 月 13 日，一家人和朋友们一起出去吃了晚餐，10 点半左右回到家，安顿两个女儿睡下。已经处在孕晚期的安德烈娅直接去睡了，马尔西奥玩了一会儿 Xbox 游戏之后也睡了。

但现在他们都醒着，和他们一起的还有邻居海伦和她的女儿。马尔西奥不断地查看门外的情况，发现烟雾正慢慢灌满中央大厅，直到将它完全笼罩在黑暗中。他说："烟雾闻起来就有毒。我只能说就像我想象中化学品的味道，我之前从没闻过那种味道。"他觉得安德烈娅和孩子们逃不出去了。他给蒂亚戈的父亲米格尔·阿尔维斯打了电话，得知楼外的火势在如何蔓延。他也拨打了好几次应急救援电话——解释道自己的妻子怀孕了还患有哮喘，现在楼道里烟雾浓重，没有帮助的话他们根本逃不出去。接线员告诉他救援马上就到。

"好的，我会告诉消防员的。好的，他们会来救你们。"他在凌晨 2 点 19 分打了求救电话，接线员如是说。

"这里有 3 个孩子，3 个大人，有一名孕晚期的孕妇。"马尔西奥答道。

他们能做的只有等待。烟雾开始从门的边缘渗入公寓。他们的时间不多了。

在终审判决中，马丁·穆尔－比克爵士称，斯特拉福德指挥中心与事故现场以及塔楼内部之间的信息协调工作"糟糕得令人发指"。[1]

马丁爵士说，他们只需要统一而清晰的沟通链和整体指挥。但这恰恰是他们没有的。对于这类会有大量被困居民打来电话的事件，伦敦消防局没有准备合理预案，导致高级指挥官无计可施——尽管拉卡纳尔公寓的火灾悲剧仅仅过去了 8 年。他说楼内大本营、楼外指挥部和斯特拉福德指挥中心之间的"信息回路从未闭合"。没人告诉指挥中心火势已经失控，导致他们错误地告诉报警人火灾发生在 5 层。

这造成了严重的后果。住在 18 层的一个五口之家最早在凌晨 1 点 29 分拨打了 999，电话那头的警察将他们的位置报告给了位于斯特拉福德的伦敦消防局指挥中心。他们的信息于 1 点 43 分传到楼外的指挥部，但并没有被记在任何传入楼内的纸条上。但这条信息似乎确实传到了楼内大本营里，可后者没有做任何部署。一家人曾多次拨打报警电话，接线员都明确告诉他们救援马上就到，他们最安全的选项就是原地等待。家里最小的儿子只有 8 岁，楼道里全是烟雾，在没有帮助的情况下穿越漆黑呛人的烟雾逃生是极其危险的。2 点 27 分，这家人再次拨打了 999，报告说火已经烧到了门口，他们害怕自己会死。这条信息被无线电传给了塔楼外的指挥部，但不清楚之后发生了什么。之后他们又分别在 3 点 09 分和 3 点 18 分拨打了两次电话，这时接线员让他们"快跑",但烟雾令他们无法脱身。"我很久之前就可以逃出去,我们所有人都可以,但他们说:'待在公寓里,待在公寓里。'"这家的父亲在电话中说。一直没有人来救他们。一家五口全部丧生。据估算,直到 2 点 45 分之前,他们都能逃离公寓并获救。

　　楼下的 15 层也在上演着类似的悲剧。被困在那里的 8 位居民——包括一名 2 岁的婴儿和他的妈妈——在 1 点 51 分等来了消防员。但消防员并没有带他们下楼,而是把他们转移到了同层烟雾最轻的 113 号公寓。尽管有几位居民恳求他们带自己出去,可消防员们却认为他们带增援回来会更安全。但直到 2 点 30 后才有两名队员来到 15 层,其间并没有人返回。这两名消防员所掌握的被困居民的身份和位置信息有限且有误。在黑暗和混乱中,他们带着 8 人中的 4 人脱险,遗漏了另外 4 人。这 4 位居民再也没有得到救援——最后一人死于凌晨 4 点之后。尽管他们曾多次请求救援,可本被派去救他们的配备了延长续航呼吸器组队员"不知怎的"被重新派去扑火或者去低楼层搜救了。那名 2 岁的男婴在妈妈与楼外消防员通话时死在了她的怀里,临终前还在不断地啼哭、咳嗽。妈妈在不久之后失去了意识,并在 3 点 45 分左右也离开了人世。

　　实际上,被困居民的所有求救电话中只有 3 通帮助他们成功得救,另有两间公寓的救援取得了部分成功。其他人要么独自逃生,要么像尼克和皮莉一样遇到了前来解救别人的消防员,要么再也没能离开塔楼。

10

"我们就要发财了"

现在我们知道为什么这些危险的覆层和隔热材料会在英国大行其道了：都是企业利用放松管制结出的苦果。现在让我们看看它们是如何爬上格伦费尔塔楼外墙的。

建筑行业的糟糕现状在这一连串事件中原形毕露：预算缩水，选材降级，劣质施工，几乎没有监督。这是一个系统性问题，迫切需要行业的变革。这不仅仅是一个粗制滥造的建筑工程的故事，更是一个有关社会住房和整个建筑行业之堕落的深层故事。要想讲好它，我们必须回到故事的开始。

翻修的根源

格伦费尔塔楼建于1974年。20世纪70年代的北肯辛顿地区是个非常多元的社区，接纳了很多躲避内战的西班牙难民以及来自加勒比地区的"疾风一代"[①]移民。这一带的房屋状况非常差：维多利亚时期的联排房屋都落到了贪得无厌的地主手

---

① "疾风一代"（the Windrush Generation）指1944至1971年间从欧洲国家在加勒比海的前殖民地移居英国本土的一群人及其后代。——译注

里。他们将这些"贫民窟"夷为平地，重新修建了现代化住宅，也就是拥有 795 套住房的兰开斯特西部住宅区。该建筑项目于 1974 年竣工，格伦费尔塔楼就位于住宅区的中心位置。

那些因拆迁而流离失所的人们被重新安置回了这些遵循开阔空间设计标准建造的房子里。"那时搬进来的邻居告诉过我这里之前有多好，"现住户戴维·奥康纳说，"他们就要离开每个房间都挤着 5 个人的房子，搬到空间宽裕的家庭住房里去了。"[1]但这些美好的诺言很快便破灭了。写字楼、商店和便利设施的规划始终没有兑现。[2] 1979 年，住宅区后竣工不久，玛格丽特·撒切尔政府上台，先前多党派在国有住宅建设与投资方面达成的政治共识也随之破裂了。

撒切尔认为住房应该由市场供给，而非国家。她的改革遏制了地方议会的权力，使得后者无法出资维护保守党和工党政府在过去几十年里建造的数十万套公共住房。房屋的状况陆续恶化。撒切尔政府同时出台了"购买权计划"——允许公共住房的租户按一定折扣购买他们的房子。房子就这样出售给租户，再出于营利目的被再次转售。许多公寓成了私人房东的财产，房屋租金也高于地方议会标准。

这种情况在全国比比皆是，但北肯辛顿地区尤其显眼，因为这里的公共住房被推倒重建，而与他们的住户相隔几条街以外就是这个国家最富有、最高档的区域。

伦敦这一带的地区政治一直令人堪忧。地方议会自成立起便一直是由富人居民选出来的议员来管理。但他们也要对穷人的生活负责，而穷人的生活格外依赖地方议会的服务。社会住房尤其如此，地方议会不仅是社区的政治领袖，更是房东。地方议会一直遭到诟病，说他们对自己管辖的社会住房漠不关心，在维护上投入的时间和财力过少。

2010年，兰开斯特西部住宅区的居民们终于忍无可忍了。他们认为这个住宅区管理不善，他们担忧的事情迟迟得不到解决。建成的26年以来，该住宅区从未接到过任何大型投资。肯辛顿周边以及伦敦其他地区类似破旧的住宅区都陆续被列入"重建"名单：被拆除，重建为私人住宅。地方议会的规定不能保证居民在拆迁后仍能搬回来，并且居民们害怕这是为了给更富有的人腾地方，自己到时会被分配到伦敦其他区域甚至城外。"大火发生前，（地方议会）没有给（住宅区）投资过一分钱，"现任居民协会主席阿巴斯·达杜说，"我们一直担心他们的计划是要拆掉这栋楼。"[3]

兰开斯特西部住宅区的重建计划正在酝酿中。2009年，一家私人咨询公司为该地区草拟的"总体规划"是建议地方议会拆除"该地区大部分现有住宅楼"，为重建留出空间。草案特别指出私人开发商会对这个项目"非常感兴趣"。这份报告还特别点名格伦费尔塔楼，说它的外观"是这一带的败笔"。[4] 2010年，地方议会聘请了该咨询公司的一名董事兼创始人担任规划的执行负责人。[5]

"我觉得地方议会认为我们生活的这块地是个金矿，甚至不用挖直接就能捡到金子。"埃迪·达芬在证人陈述中说，"他们只需要边缘化该区域的居民并将他们取而代之，就可以把社会住房变成'混合社区'，从房地产开发和销售中大赚一笔，（还能）改变这片选区的选民构成。"

地方议会当然相信"重建"地产了。2011 年。年仅 32 岁的罗克·雨果·巴兹尔·费尔丁 – 梅林成为肯辛顿 – 切尔西皇家行政区（the Royal Borough of Kensington and Chelsea，下文简称为 RBKC）的副区长兼内阁住房部成员。作为保守党明日之星的费尔丁 – 梅林是英国贵族后裔，他的家族祖宅位于贝克利庄园———座拥有三幢塔楼、三道护城河的都铎时代狩猎别墅。在他的领导下，RBKC 很可能会对北肯辛顿进行重建，兰开斯特西部住宅区和格伦费尔塔楼可能就会和伦敦的其他数十栋地方议会地产一样被拆除了。

但时代在变化。2009 年，由于美国银行业在房地产市场的豪赌，全球经济遭遇了粉碎性的衰退。私人开发商们对重建住宅区并将它们改造成高档公寓的计划失去了兴趣，重建计划被搁置了。但地方议会可不想对这片房产放着不管。相反，他们计划在塔楼外修建一个休闲中心和学院综合体。

对许多居民来说，这项工程——肯辛顿学院与休闲中心——是压死骆驼的最后一根稻草。施工要在他们的门前持续很长时间，并且会夺走他们仅有的绿地——他们唯一可以遛狗和带孩子玩的户外空间。"我们自然会担心，"埃迪·达芬回忆道，"我们周围的一块地本来就已经越来越小了，现在突然又要被地方议会夺走。但没人倾听我们的意见，没人对我们有一丁点的理解。"

正如我们所见，达芬和邻居弗朗西斯·奥康纳开设了一个博客（即"格伦费尔行动组织"）号召大家抵制这项工程，也讨论其他有关塔楼安全的问题。抵制者们的诉求之一是，既然没有花一分钱来升级塔楼，那么投在肯辛顿学院与休闲中心的支出（1700 万英镑）就是不合理的。

部分出于安抚这些疑虑的考虑，地方议会决定在修建学院和休闲中心的同时也对塔楼进行翻修。此时这栋楼已经存在严重问题：公用锅炉需要更换，窗户老旧透风，电梯经常出故障，采暖费用过高。但这还不是地方议会所担心的全部。根据一封 2011 年的电子邮件，他们还担心塔楼的外观看上去像"隔壁崭新的先进设施的穷老表"。[6] 地方议会制订了翻修计划：更换公用锅炉，将塔楼底部的社区活动区和办公区改装成新公寓，安装新窗户。同时，为了解决对塔楼隔热性能与外观方面的担忧，他们会在塔楼外墙上加装一套外部覆层系统。

为了筹得翻新的资金，地方议会出售了一些位于国王路的地下室，通过出售这些位于英国最高档地区之一的地产，他们凑到了 600 万英镑的翻修资金。再加上一些地方议会基金，总共筹集了 850 万英镑。但对所需的工程量来说，这笔预算并不高。

这在一定程度上是地方的政治决策。RBKC 为实现了"物有所值"而自豪，下定决心要以尽可能低的价格完成该工程。但在另一层面上，这反映了英国的节俭之风。尽管 RBKC 拥有大量资金储备（2.74 亿英镑），但这些只能是用于其事务的"一般性资金"，地方政府禁止将其用于房地产投资。可他们为什么不借钱为翻修项目提供合适的资金呢？彼时地方政府的借贷利率相当低，还可以用未来几十年的房租按揭还款。但政府禁止地方议会采取这种方式。由于执着于减少（因救助破产银行而膨胀的）国家债务，财政部对地方议会设定了借款上限。原因很简单——它会出现在国家资产负债表上。翻修工程的预算少得可怜，只能通过压缩成本来实现了。

2012

为了实现所谓的"规模经济"，地方议会决定也将塔楼的翻修工作委托给新学校和休闲中心的承包商利德比特公司和建筑设计机构 E 工作室。

这是个很奇怪的决定。E 工作室是教学建筑方面的专家，但从未有过住宅项目经验。2012 年的一次居民会议纪要显示，埃迪·达芬曾问过建筑师是否"有过住宅塔楼项目经验，如果没有，我们为什么要请他们？"

这是一个应该正面提出的问题。采购条例规定，该项目应该进行公开招标并委托给中标公司。由于缺乏经验，E 工作室几乎没有赢下标的的可能。可项目根本没进行招标。相反，为了避免达到采购流程的门槛，公司将项目费用分成了两半，并且没有经过仔细审查就任命了建筑师。[7]

建筑师布鲁斯·索内斯成了项目负责人。这是他的第一个高层建筑，也是第一个住宅楼覆层项目。2012 年，他开始设计塔楼的新覆层系统方案草图。但根据他自己的证词，他并没有核实相关的法律规定。他向调查委员会解释道，自己以为之后会有覆层方面的专家介入项目，他觉得专家会发现问题并进行纠正。

简单回溯一下——此时的《许可文件（B类）》要求索内斯先生选择符合0级标准的覆层墙板和具备有限可燃性的隔热材料（在实操中指的是岩棉），或者使用一款通过了大规模测试的覆层系统。但顾问马克斯·福德姆和建筑师们都选择追求塔楼的"理想"隔热性能。他们想按照新建筑的标准设计塔楼的隔热层。于是索内斯先生和顾问们认为只有色罗提隔热层才能达到他们想要的效果。[①] 而这款材料并没有达到有限可燃性的最低标准，当时甚至没有通过测试。但索内斯先生知道建筑业都在用这款材料，所以想当然地认为它是符合规定的。

至于覆层材料，索内斯先生选择了锌制墙板。他并没怎么考虑到防火性能，只是单纯喜欢它的外观。2012年8月，他们向居民征集意见，并告诉后者他们会使用"阻燃型"覆层。[8]

这里有必要说明一下，这个项目其实在消防安全方面还有许多选项。除了索内斯先生选择的锌制墙板，他们还向D+B建筑立面设计公司咨询了实心铝制墙板的报价，铝墙板也是完全不可燃的。[9] 我咨询过一位涂装供应商——涂装是指将不可燃隔热材料直接涂在墙上，但没有雨幕覆层系统那样时髦又现代的外观——他说："出于美观考虑，他们往往喜欢雨幕覆层系统，因为这样'我们就可以让这些混凝土建筑看上去像新建筑一样闪闪发亮'。他们偏爱雨幕覆层系统也是因为它们能呈现利落的

[①] 调查笔录，2020年9月24日。一名专家证人在调查中对此表示质疑，称使用不可燃隔热层也可以达到这种想要的效果。

现代外观。"[10]

　　尽管索内斯先生对消防法规几乎一无所知，但他却获得了了解法规的顾问们的支持。伊索瓦公司是一家世界领先的消防安全咨询机构，他们也参与了为早期翻修计划撰写的报告。他们本有机会提醒对方覆层系统存在潜在消防风险，并指出他们所选的易燃隔热层并不合规。

　　但负责制作这份报告的顾问特里·阿什顿并没有消防工程师资质。他在建筑管理领域深耕多年，负责审批工程项目的合规性。在对翻修计划的早期审查中，一位他在伊索瓦的同事在一封内部邮件中写道，这项工程会让塔楼"本就糟糕的状况雪上加霜"[①]。她问公司在负责批准项目的 RBKC 建筑管理部门有没有熟人。"特里负责和他们联系。"另一名同事回复道，并指出阿什顿先生之前曾和 RBKC 的两名调查员共事过。[②]

　　阿什顿先生并没有提出覆层的问题。2012 年 10 月，他草拟了对翻修工程的消防对策大纲。在一份阐明主要变动的清单中，他的报告甚至没有提到要给大楼安装覆层的计划，反而聚焦在将底层商铺改造成公寓的计划。在有关外部火灾蔓延的章节中，他只简单写道："我们认为计划要做的改动不具有引发外部火灾蔓延的反作用，但这一点将在本报告的后续分析中得到确认。"[11] 实际上，他已经收到含有不合规隔热层的覆层计划，

---

① 调查笔录，2020 年 3 月 16 日。"糟糕的状况"是指楼内新建的公寓的逃生距离，并不是指覆层。

② 阿什顿坚称这层关系并没有为他获得批准带来任何便利，他说这些前同事可能就是想找他的麻烦。

但他甚至没有打开看一眼。他说他以为过一段时间才会处理到覆层的问题，到时他会再给出更具体的意见。[12]

于是，到了 2012 年，这项工程已经在通往灾难的路上一去不返了。但他们很快便遭遇了财政困难。利德比特公司给出的工程报价是 1200 万至 1300 万英镑，可地方议会的预算最多只有 850 万英镑。工程陷入停滞，只有想出省钱的办法才能继续。而正是这些省下的钱毁灭了格伦费尔。

2013

2013 年初，原计划的工程因为预算上的分歧几乎完全陷入停滞，几近烂尾。

主持这项工程的 TMO（肯辛顿 – 切尔西租户管理组织）是一个成立于 1996 年的 RBKC 下属机构，负责管理 RBKC 名下的 9000 套公共住房。管理咨询机构阿泰利亚（Artelia）建议 TMO 退出这个项目。相关报告称："除非停止这个所谓的项目，重新定义范围、计划和费用，否则它（翻修）将会失败。"[13]

但 TMO 并没有采纳这个建议。新来的主管彼得·麦迪逊负责统筹翻修项目，他建议尽量将利德比特公司移出该项目，换成别的愿意降价的承包商。2013 年春的一场项目会议的记录显示："现在'物有所值'才是这个项目的主要推动力。"[14] 他们委托阿泰利亚就此撰写一份报告，给予他们新的建议。眼下的目标变成了将费用控制在 RBKC 预算以内。

"价值工程"一词是指在不降低工程质量的前提下，通过找到新材料或更便宜的工艺的方式降低开支。在实操中往往是通过替换内部装潢材料来实现。由于费用不断下降，利润空间总是很小，这种情况每天都在建筑行业上演着。

早在 2 月份，索内斯先生就发现可以通过"把锌制覆层换成更便宜的材料"来削减成本。他和阿尔科宁克公司的黛比·弗伦奇面谈过。哈利公司也在网上发现了翻修计划进而联系到他，并且势在必得。9 月 27 日，索内斯先生和他们在伦敦市中心喝了杯咖啡。

会面时他们告诉索内斯先生，他心仪的锌制覆层墙板大约需要 300 万英镑。但他们说还有一个替代选项，并拿出一个巨大的册子，里面是哈利公司承接的其他塔楼项目，使用了一种更便宜的产品：ACM。"他们说预算有限的客户最后都会选择 ACM 这种最廉价的覆层。"索内斯先生在会后不久的一封邮件中写道。[15]

索内斯先生持续与他们保持邮件往来，询问各种锌制产品的报价。而他们则反复强调 ACM。"从对公司有利的角度出发，我们可能会偏向于使用 ACM。这种材料在哈利公司的许多项目中都被使用过，是经得起考验的。"哈利公司的商业经理马克·哈里斯在一封邮件中写道。①

现在，索内斯先生和 E 工作室的同事们需要为参与竞标的

---

① 调查笔录，2020 年 9 月 9 日。哈里斯称其为"用词不当"，并补充说他只是觉得铝基复合材料是一款很好的材料，可能会是格伦费尔塔楼的一个理想解决方案。

新承包商拟一份说明书。在覆层面板方面，索内斯先生依然相信锌制面板是个不错的选择——因为好看。但他也需要给出备选选项，于是他写上了阿尔科宁克公司的雷诺邦 ACM，种下了灾难的种子。

2014

实施公共采购是为了确保公共资金所资助的合同流向最佳人选。这是民主流程中的重要一环：绝大多数国家都用它来防止裙带关系、浪费和腐败荼毒政府工程，英国亦是如此。

可这一环节也会催生对削减成本的病态关注。潜在的承包商们必须参与竞标才能得到项目。他们知道如果自己报的价格是最低的，就有极大可能中标。这就促使他们在标书上填很低的价格，之后再想办法继续从项目中挤出一些利润。

至 2014 年初，共有三家公司进入正式竞标：报价 990 万英镑的德坎公司，报价 1040 万英镑的马拉利公司，以及报价 920 万英镑的赖登公司。赖登公司暂时领先，但还是比 TMO 的预算高出 70 万英镑。彼得·麦迪逊之前和赖登公司合作过其他住房项目，他私下联系了该公司，看看他们能否将投标报价再压缩一点——但这种行为违反了采购流程严格的透明性规定。3 月 10 日，赖登的主管史蒂夫·布莱克在一封邮件中写道："和彼得（麦迪逊）聊了一下报价的事，他们十分希望能够达成合作。他们应该有很多价值工程的事情要做了，但应该没问题。"[16]

3 月 18 日，赖登和 TMO 的代表们坐下来商讨他们具体可以削减哪些成本。这次会议是秘密进行的（在内部邮件中的代号是"线下"），没有留下任何官方记录。双方确认他们想削减 70 万英镑的目标是可以实现的。当天的晚些时候，赖登正式中标，但在协议中将锌制面板换成了备选选项——ACM。[17]

之后的调查发现，赖登并没有告诉 TMO 更换材料究竟能省多少钱。一名项目经理承认这么做的初衷是为了"赚差价"，以此提高公司的利润率。一名员工在一封邮件中写道："我们就要发财了！"[18]

更换材料需要得到规划方的许可，阿尔科宁克的销售员黛比·弗伦奇给他们看了证书，证明面板符合 0 级标准。这就足够了。事实上，他们对覆层系统提出的唯一的严肃问题是美观问题。

规划委员会坚持要使用卡槽式墙板，因为他们觉得那样看上去更光滑且不容易生锈，却完全不知道这种材料极其易燃。罗克·费尔丁–梅林在用色建议方面也插了一嘴：比如究竟是用"香槟色"还是"英式赛车绿"呢？反正没人提过火灾风险。

现在项目到了哈利公司手上，他们是赖登指定的分包商，需要为覆层定制出专门的施工图纸。但没人负责总体确认规划的合法性和安全性。索内斯先生说他以为哈利公司会检查他的设计是否合适。而哈利公司的证人却说他们以为索内斯先生已经检查过了。赖登的证人说他们相信分包商会处理好一切，也相信建筑管理部门最终给予的许可。每个人都指望别人问出那个事关安全的关键问题。

那伊索瓦的消防工程师们在干什么？特里·阿什顿在2013年秋天更新了他的报告，但保留了称工程"不具有引发外部火灾蔓延的负面作用"的说法。他的报告依然称会在之后的版本中"确认"这一点。但最终版的报告也不太有可能问世了。因为在赖登削减项目成本的努力中，就包括停止支付伊索瓦的咨询费。[19]

然而，项目组的其他成员对此并不知情，并且继续给阿什顿先生发邮件寻求建议。2014年9月，一名E工作室的员工问了他一个有关防火屏障的技术问题。他在回复中称，如果使用了防火屏障，就可以使用易燃隔热层。但事实并非如此。易燃隔热材料根本就不应该被用在高层建筑上，除非是通过了大规模测试的系统。调查中的一名专家证人称该邮件是"不正确且不准确的"①。

由于翻修团队中也没人仔细检查过他们的规划是否合规，发现问题的重担就落到了地方议会建筑管理部门的调查员身上。

但RBKC的建筑管理部门也面临着压力。从20世纪80年代起，建造商就可以雇用私人调查员批准项目了。这就让地方议会陷入了困境：私人机构工资更高，所以市政厅很难招到并留住员工。不过尽管如此，地方政府依然有义务处理他们收到的所有申请。于是地方议会的调查员们都开始超负荷工作。

---

① 调查笔录，2020年10月28日。阿什顿先生辩称，他在被问时只是快速回复了邮件，并没有经过深思熟虑，因为他已经不再是设计团队的全薪成员了，也没人要他对覆层系统的设计给出整体意见。

到了 2010 年，财政紧缩开始了，地方议会开始进行流水线作业，裁撤了建筑管理部门以及后勤部门的员工。团队规模受到了最大程度的削减。RBKC 团队改组，开始"自给自足"，雇用的调查员数量从 20 人缩减至 5 人。我在 2021 年做的一项调查发现这绝不是个例：在过去的 10 年里，受雇于地方议会的调查员数量暴跌了 27.4%；某地的议会人数甚至从 10 人缩减到了 2 人。[20]

RBKC 原先有一个由资深专家调查员组成的"特别项目"小组，可以负责极其复杂的项目，确保项目妥当落实。但该小组在部门重组中被解散了，这一行政区也被拆分成多个地理片区。无论技能经验如何，只要有项目落在自己负责的邮编区域内，调查员都必须接受。

格伦费尔塔楼被归到了约翰·霍本负责的片区。尽管他已经在地方议会工作了 27 年，但他并不是特别项目小组的成员，所以一直以来只接管过相对简单的项目。在他近 30 年的职业生涯中，格伦费尔塔楼是他的第一个特别项目，也是第一个覆层项目。他也面临着巨大压力：日夜加班，全周无休，时刻跟进任务。

他在 2014 年 9 月批准了赖登公司的翻修计划。尽管已经决定换成 ACM，但此时的计划书上，覆层墙板一栏写的依然是锌制墙板。然而，霍本先生并没有要求提供覆层系统用材的全面说明，他说有伊索瓦担任项目顾问让他感到"安心"——认为他们肯定可以确保方案符合消防安全规定。

到了 2014 年底，依然没人提出消防安全方面的问题。仅有一次例外。2014 年 11 月 12 日，TMO 的项目经理克莱尔·威廉姆斯经人提醒想起了拉卡纳尔公寓火灾，并开始担心格伦费尔塔楼项目也使用了危险材料。

"我当时正在查看覆层的资料，因为数据库要求提供成本信息……但我不知道它的阻燃要求有没有问题。我知道拉克纳尔（原文如此）①公寓的问题之一就是用不防火的面板替代了石棉覆层！我不知道施工说明书里写没写这一点，但还是想提出来。请给予建议。"她写道。

阿泰利亚让她联系赖登。她的确联系了——给赖登的项目经理发了一封邮件，说自己"突然想起了'拉克纳尔'"，希望对方进一步解释一下覆层系统的防火性能。但之后没有证据显示有人回复了邮件，也没有证据显示她或阿泰利亚的人跟进了这个问题。之后，格伦费尔事件幸存者的代理律师团将这件事称为挽救灾难的最后一次机会。②

2015

2015 年初，覆层系统的安装工作准备就绪。3 月，阿尔科

① 原书中作者保留了所引资料中的打字 / 拼写错误，本书译文中也相应地以错别字形式体现。——编注

② 调查笔录，2020 年 10 月 19 日。在调查中被问及此事时，劳伦斯声称他以为这封邮件只针对大楼一层的玻璃纤维混凝土覆层，因为威廉姆斯女士的邮件中提到了这种材料。他还说自己不具备回答这一问题的能力。威廉姆斯则称自己记不清具体发生了什么，但表示劳伦斯可能当面和她保证过。她声称劳伦斯曾多次向自己保证覆层是"惰性的"，但劳伦斯否认了这一点。

宁克公司将 3000 多平方米的覆层面板销售给了负责改装的 CEP 建筑立面公司，由他们将其改装成卡槽式面板并运到施工现场。没人问起过防火问题，也没人告诉他们只需要在每平方米 23 英镑的价格上多加 2 至 3 英镑，就可以买到更防火的墙板。更安全的面板只需要多花不到 9000 英镑——仅占这个价值 900 万英镑的项目的 0.1%。[21]

在 2015 年的这个时间点，调查员约翰·霍本已经得知大楼使用了 ACM，但他不记得具体是什么时候知道的了。他告诉调查委员会，他"只是看了一眼英国建筑认证局证书的第一页"，就"不假思索"地通过了。[22]

霍本在看到板材被运到施工现场时才得知使用的是色罗提的隔热层。他在网上查了一下，发现地方政府建筑管理中心的网站显示这款隔热层可以用于高层建筑。[23]

尽管霍本先生没有就易燃材料的使用提出过质疑，但在 2015 年 3 月，他对翻修计划中的防火屏障——一种防止火焰洞穿隔热层和覆层面板间缝隙的装置——提出了一些疑问。这是一次技术辩论：他认为这套覆层系统不应该使用如此简单的屏障，而是应该用一种被称为"防火墙"的加强隔断，这种隔断可以禁得起两小时的燃烧。但设计团队认为没有必要。2015 年 3 月 27 日，哈利公司的丹尼尔·安克特尔－琼斯写道："太荒谬了。众所周知，'防火墙'根本没用；ACM 在火灾里很快就会被烧干净！"[24]

这封骇人听闻的邮件在 2020 年 1 月的调查中首次公布，登上了全世界媒体的头条。这可能没有乍看上去那么令人震惊：安克特尔－琼斯和同事们不遗余力地强调，他所指的风险是在火灾中，墙板只会松动并从建筑物上脱落，而不会点燃建筑或扩大火势。但它确实表明团队知道该材料存在某种安全隐患。尽管 ACM 在英国使用广泛，但到了 2015 年，它的防火性能已经不再是什么秘密了。业内媒体和英国广播公司都已经报道了阿联酋的几场火灾，只要在网上搜索一下就能看到对该产品的警告。安克特尔－琼斯先生坚称他只了解架构方面的问题，对所用材料的火灾风险一无所知。然而，他在几封由他发出的邮件中提到过防火性能的细节要点，还曾参加过一个会议，会上有学者展示了带有覆层的建筑的火灾蔓延原理，以及英国内外的几场重大覆层火灾的案例分析。当在调查中被问及这些时，他说自己不记得了，可能中途离场了。

安装在窗户周围的防火屏障也有问题。法规要求要在能打开的窗户的正上方安装屏障，这样可以防止火势从窗户蔓延到楼上。防火屏障的供应商也注意到了这一点，他们在一张设计图上圈了出来，并标上了"消防弱点"。可 25 岁的本·贝利——哈利公司总监之子，同时也是项目经理——面对警告没有采取任何行动。[1]

至 2015 年 6 月，覆层系统的安装工作进展顺利。可项目本身却困难重重——截止日期一拖再拖，项目预算越来越高。赖登的项目经理在给老板的一封邮件中写道："目前我们施工表现

---

[1] 他说他以为这个警告只针对有关防火墙的争论，而这一争论已经以霍本先生接受了防火屏障告终。

不佳,主要是调查不充分和廉价、无能的分包商造成的,也存在其他原因。"①

哈利公司指定奥斯本·贝里公司负责覆层的实际安装工作,而火灾调查发现后者的工作存在重大问题。防火屏障被装倒了,本应是竖向安装却被装成了横向,安装位置甚至切割形状全都不对。整栋楼找不到一个竖着安装的防火屏障。防火屏障供应商的一名员工之后称这是自己见过的最差劲的安装工作之一。²⁵

这还是大量专业人士在安装覆层时上上下下检查之后的结果。但这些检查基本上都是做做样子,纠结于一些细枝末节,比如覆层有划痕和磨损,或者要用胶带粘住隔热板之间缝隙,等等。为保证工程质量,TMO 还雇了一名工程专员在整栋楼上下跑了 10 趟检查覆层。这位专员之后告诉调查委员会,他对覆层工作的整体印象是"看起来非常整洁"。约翰·霍本也几乎每月都会对工程进行检查,但他只检查了非常小的一部分防火屏障,因为在他看到之前,大部分屏障已经安装完成,并且很快就被外部的覆层面板盖住了。²⁶

对塔楼的居民来说,翻修的经历称得上糟透了。产妇和新生儿只能被困在公寓里,忍受工人安装大楼外墙的覆层铁架时电钻和敲击的噪音。没固定好的铁架夜里还会撞击外墙。由于工人占用了电梯,居民乘梯经常排起长队——于是人们早上上班上学迟到,行动不便人士进出大楼也都困难重重。有一封邮

---

① 他说自己只是在"说气话"。

件提到，工人会故意刁难居民：他们会在楼外上下时拍打居民的窗户吓唬宠物，或者讨茶喝。[1]

但真正激起众怒的是他们决定在施工期间把热水入户的传输设备转移到别的地方去。这么做是为了缩短工期，但会给居民造成极大不便。这会导致居民必须挤过一个笨重的大锅炉才能进出公寓，而且这个锅炉还有很多锋利的边缘，差不多就在儿童头部的高度。许多居民都拒绝这一改动。他们称后来有人跟他们说，如果不同意就没热水，而且这些工人会在老人独自在家的时候过来，未经允许就开始干活。于是居民和 TMO 以及赖登公司本就糟糕的关系直接跌到历史最低点。楼内各处的门都陆续挂上了"禁止通行"标志。

到目前为止，TMO 已经停掉了工程的相关咨询，也受够了埃迪·达芬和其他居民的抱怨和不满。2013 年起的内部会议纪要显示，"鉴于格伦费尔塔楼租户团体所持的立场，本组织决定不再召开公共会议"[2]。由于对加热设备的争端不断升级，达芬先生和邻居戴维·柯林斯希望成立一个能集中代表塔楼居民的组织："格伦费尔社区联合会"（Grenfell Community Unite）。

但 TMO 拒绝承认这个新组织。TMO 内部邮件把这个计划成立的组织称为"达芬的个人秀场"，表示不会和他们会面。"达芬一直在煽动格伦费尔塔楼居民。"彼得·麦迪逊在一封

---

[1] 调查笔录，2020 年 9 月 29 日。邮件所指的承包商否认曾经有过这些行为。

[2] 调查笔录，2021 年 5 月 4 日。在调查中被问及此事时，TMO 的资产主管彼得·麦迪逊说"该记录不准确"，之所以不再召开面对面会议，是因为出席率很低，没有效率。

内部邮件中写道,并让同事调查达芬有没有发表"诽谤性"言论。[27] 最终是本地的保守党议员从中斡旋,才把 TMO 拉到和格伦费尔社区联合会的谈判桌前。居民们提出了对加热设备位置的不满,TMO 和赖登都同意更改最初的方案。居民团结的力量得到了充分体现。

尽管如此,这些会谈并没能解决所有冲突。之后第四频道(Channel 4)拿到的一份视频素材显示:一位母亲投诉施工切断了她家的热水,从中斡旋的议员维多利亚·伯里克让她"去隔壁人家里洗澡"。[28] 住户对翻修的投诉越积越多,罗克·菲尔丁-梅林和地方议会领袖尼古拉斯·佩吉特-布朗进行了邮件沟通,后者表示这些抱怨只不过是"演习",居民们真正担忧的是"我们真的开始对这处地产做点什么"。[29]

居民们对翻修工程的怒火并未平息。2015 年 12 月,在本地议员朱迪丝·布莱克曼的支持下,达芬在全体议员会议上做了一次演讲,罗列了自己认为有问题的地方,并呈交了一份对塔楼状况感到愤怒的居民的请愿书。

他说:"劣质施工和混乱的工地管理的例子数不胜数,无法向你们一一列举,但可以给你们举几个住户的例子:有人连续数月没有热水;一位体弱多病、身患残疾、不会说英语的女士连续三天没法在自己家上厕所,三个月里要想冲个澡就只能走去牧羊人丛林地区的一个朋友家。"[30] 居民们想申请一次独立审查,以保证已经开始的工程的安全性,但未能如愿。

2016

地方议会的确同意对工程进行审查，但却交由 TMO 自己进行。这就是让机构给自己的作业打分。为什么没有进行更细致的检查呢？地方议会内部有一个监督委员会，他们本应该对TMO 的工作进行持续性监督，但似乎对居民们的投诉不甚关心。2016 年 3 月，该检查小组组长致函负责该地区的议会议员："这（指翻修工程）实际上是国家给的一份价值 10 万英镑的礼物。所以我并不怎么同情那些说'太可怕了'的抱怨。"他还说居民们的抱怨都是"夸大其词"，"需要对其持谨慎态度"。[31]

TMO 的调查采取了审查评估的形式，持续了"整整一天"。内容主要包括翻修项目汇报、参观塔楼，以及一份涵盖了居民们提出的问题的资料包。在调查中，TMO 出具了一份 6 页的报告，对咨询过程做了一些"微调"，并称只有 4 名住户表达了不满并且赖登公司都给予了"充分回应"。报告在结尾对"承包商赖登的表现，以及 TMO 数月以来对项目的'高质量管理'表示称赞"。提出安全难题的机会就这样错失了。[32]

2016 年 5 月，超时超支的翻修项目终于结束了。"能够亲眼看到新覆层如此改善了塔楼的外观真是太棒了。"尼古拉斯·佩吉特－布朗在地方议会的官方新闻发布会上如是说。[33]

2016 年 7 月，约翰·霍本签发了完工证明。尽管他并没有拿到法律要求的安全信息，却依然验收了项目。他无法说服自己这款覆层系统符合《许可文件（B 类）》的要求。几个月后，他辞职了。这份工作压力过大，影响到了他的身体健康。[34]

　　数年来被折磨得心力交瘁的住户们也很高兴翻修工程终于结束了，他们可以恢复往日平静的幸福家庭生活了。但他们对工程是否达标存有疑虑。窗户一直漏风，就好像和墙之间有缝隙一样，所以尽管承诺隔热效果会更好，他们的家却比以前更冷了。他们还看到工人们被叫回来修复这些漏洞，在缝隙中填满了塑料泡沫。不少人对此感到不安：一旦发生火灾，这些塑料会怎么样？

　　埃迪没有放弃引起更多人的关注。8 月，他看到一篇关于牧羊人丛林地区的一场火灾报道中称大火蔓延了 5 层楼。2016 年 11 月，他在博客发表了题为"玩火！"的博文，预言会有"死伤惨重的事故发生"。可他没想到自己的预言会应验得如此之快。

11

02:30

接近凌晨 2 点半，一条火柱从大楼东面延伸到南面。而在北面，火焰已经连成一条纵贯全楼的对角线。火链所经之处是被烧焦的公寓和被烧得黝黑的覆层和隔热层。火链尚未到达的地方是还未受到影响的公寓，还有更多燃料充足的墙板正在闪闪发光。

在大楼内部，所有楼层的中央大厅内可见度都已为零，充斥着又厚又黑、刺鼻有毒的烟雾。楼梯间勉强可以通行，但烟雾也越来越多。公寓内的烟雾也越来越重。这意味着他们吸入的有毒化学物质含量正在增加，而他们活着走出大楼的几率每分钟都在减小。

这些可怕的烟雾由氰化物、一氧化碳、氮氧化物和刺鼻的酸性气体混合而成，主要来自燃烧的隔热材料和窗户挡板材料中所含的阻燃化学品。楼道中的烟雾还混有塞满了阻燃化学品的家具燃烧所释放的物质。那些还在楼内的人体内的化学品浓度正在升高，逐渐逼近能致他们昏迷的临界值。血液中的一氧化碳浓度超过 20% 就可致人昏迷。这往往就在一瞬间。有些人在等待救援时血液中一氧化碳浓度介于 17% 至 18% 之间，一旦踏进中央大厅或楼梯间吸入高浓度烟雾就会立刻昏迷，接着继续吸入，直至死亡。而那些在等待过程中吸入烟雾量较少的人，可能会在昏迷前在楼梯间坚持 15 分钟左右。对被困在塔楼内的人们来说，生还的可能正随着时间一同流逝。

截至此时，293 名住户中已有 177 人离开了塔楼。他们中的许多人在火灾刚发生时就逃了出来，穿过当时还相对能看得清的中央大厅，走下还没被灌满烟雾的楼梯间。1 点半之前，几乎半数的住户都是以这种方式逃出了塔楼，也没有受到有毒烟雾的严重侵袭。而之后的一个小时里，剩余的住户就要克服中央大厅和楼梯间不断恶化的环境才能逃出来。但直到 2 点 35 分，依然有 116 人被困在格伦费尔塔楼里。

🔥

安迪·罗是火灾当晚伦敦消防局里级别第二高的消防员。他于 2 点 31 分赶到现场，在走向塔楼时发现 4 层以上都处于火海之中。

"我陆续遇到了被困居民的亲友，他们三三两两聚在一起，看上去非常焦急。不止一群人告诉我，他们的亲友被困在楼里了，正在和他们通电话，"他在证人陈述中回忆道，"当我走近大楼底部时，发现有几组警察正在阻止公众进入大楼，但人数实在太多，警察快要招架不住了。"

他来到了塔楼外的指挥部，安德鲁·奥洛克林向他简要介绍了目前的情况。罗对"原地等待"指令感到担忧，认为这一政策已经"完全不能再继续下去了"。大楼的情况已经严重失控，仍位于5层以上的人"都处于很大危险中"，必须告诉他们要抓住一切机会逃出大楼——无论楼梯间多么危险。他让指挥部的一名官员打电话给斯特拉福德指挥中心，让他们叫居民离开大楼。

正在这时，在城市另一端的斯特拉福德，官员们也做出了同样的决定。高级消防调度经理乔安妮·史密斯在2点15分左右到达了忙作一团的斯特拉福德指挥中心。

她做的第一件事是接听两通被困居民打来的电话。她所听到的内容让她开始担心"原地等待"政策已经没用了。"两通电话都表明烟雾和温度的情况正在不断恶化，"她在向调查委员会作证时说道，"我越发感到原地等待指令不太对劲了。"

指挥中心里的电视依然没有打开。而正当乔安妮·史密斯思考上述这些问题时，一名在场的高级消防员下了楼，看到了天空新闻台正在播放的火灾影像。那是他第一次看到塔楼的景象，它的东侧已经完全被火焰吞噬。他立即冲上楼，将自己看到的画面告诉了史密斯女士。

这就足够帮她做出决定了。她命令接线员们改变建议：再有居民打来电话，就让他们离开塔楼。其中一名接线员在一张纸上快速写下这条新建议，并在所有人面前举了起来："告诉报警人用湿毛巾盖在头上，遮住面部，手拉手离开塔楼。"

但"原地等待"政策在接线员脑海中根深蒂固，因此他们并没有立即领会指令的变化。就在政策刚刚变更之后，2点36分至2点42分之间，有5名接线员接到了6通报警电话，他们却没有建议任何一名报警人离开大楼，反而建议他们留在公寓内或者等待救援。

不过，指挥中心和事故现场终于达成一致——居民必须逃离塔楼。2点47分，伦敦消防局的系统录入了"完全放弃原地等待"的记录，此时距离第一通报警电话打来已经过去了近2个小时，距离火焰到达楼顶已经过去了近80分钟。对很多人来说，它来得太迟了。

🔥

为什么过了这么久才放弃"原地等待"指令？我们会在第16章再探讨政府指导意见的复杂情况，以及这个国家如此信任这个策略的原因，可当天晚上，现场负责的官员们是怎么想的呢？

无论是国家指导意见还是伦敦消防局自己的策略，都支持当"原地等待"策略不再有效时将其改为组织疏散策略。[1]实际上，伦敦消防局的策略特意声明："即便是在'原地等待'策略正常生效的情况下，仍可在必要时对居民楼采取部分或全面疏散。"那么，为什么负责事故的官员们没有依此行事呢？

最简单的答案是，刚才引用的那句话就是策略文件里有关疏散计划的全部了。如此一来，事故指挥官们没有接受过疏散训练，也无法识别什么时候该组织疏散。正如我们所见，迈克尔·唐顿完全不知所措，也从来没学过如何总领一场疏散。他只知道"原地等待"是高层建筑火灾的救援策略，所以他选择了贯彻。安德鲁·沃尔顿短暂地接替了一阵迈克尔·唐顿，他担心如果自己下令疏散塔楼，可能会导致居民丧生。他认为疏散基本上是不可能的。之后他交接给了安德鲁·奥洛克林指挥，直到 2 点半安迪·罗赶到并接管了现场。罗告诉调查委员会，他以为火焰只是在大楼表层燃烧，并没有入侵大楼内部。他在调查中受到批评，被指责没有尽力解决这一关键问题——只需要问问接听被困居民电话的人就能知道。

不过，即使事故指挥官们早些时候就决定疏散塔楼居民，他们又该怎么做呢？格伦费尔塔楼没有公共火灾警报器能警告居民离开塔楼。另外，正如我们之后会看到的，行动不便的居民又该如何逃出这栋根本没有为他们设计逃生方案的大楼呢？

塔楼只有一个可供单人通行的楼梯间，不过这个问题有时有点被夸大了。一位专家对楼梯间进行了分析，认为在正常情况下这个楼梯间的宽度是可以满足塔楼的 293 名居民使用的，即使他们同时进入也没问题。[2] 一个身体健全的人在正常情况下从楼顶下到地面大约需要 4 分钟。可以看出，如果在烟雾填满楼梯间之前就决定疏散居民，事件会迎来多么不同的结局。

然而，只有一个楼梯确实加大了疏散的难度。为了让水带穿过，5 层贝哈伊鲁的公寓和中央大厅之间的那扇门被打开，从那时起，烟雾就注定会进入楼梯间了。消防员们别无选择，但如果大楼有第二个楼梯，一切就都不一样了。在救火过程中，楼梯间被消防员、设备和输水的水带占据。同样地，如果有第二个楼梯，一切都会畅通无阻。英国法律不强制要求有两个楼梯，所以大部分住宅楼都只有一个。这通常是一个利润问题：楼梯间会占据"净可租面积"，这一片区域本是可以用于出售的。

英国和韩国是世界上仅有的两个没有强制要求建筑有备用楼梯的国家。而在美国和爱尔兰，所有不低于 4 层的建筑物都必须有备用楼梯。加拿大则将适用范围扩大至不低于两层的住宅楼。英国几乎是世界上唯一一个相信我们的高层建筑不需要备用楼梯的国家。哪怕在格伦费尔火灾之后，情况依然如此。

但即使面临着这些问题，即使情况在不断恶化，得以独自逃出大楼的居民的人数还是告诉我们，如果消防队在被困居民或者其亲友第一次报警时就明确、果断地让他们逃生，很多丧生的人是本可以活下来的。但没有如果。当烟雾填满楼梯间和中央大厅时，一次逃生的尝试就是一场可能死于黑暗的冒险。

🔥

在 20 层，马尔西奥·戈梅斯在 2 点 46 分第二次拨打了报警电话。几分钟前，他和他的家人曾尝试逃出去，但烟雾迫使他们放弃了。他向接线员解释道，自己和家人被烟雾困住，无法逃生。

"嗯，是这样，我们现在建议你们……"

"怎么样？"

"逃出去，你们要想办法……"

"我做不到。"

"下楼。"

"我们出不去了。烟雾太重了。"

"我知道外面有很多烟雾，但你要用湿的床单或者衣服盖住自己。"

"我们已经这样做了。但我们出不去——一打开门烟雾就会进来。我们受不了。"

接线员再一次建议他们离开——用湿毛巾捂住嘴，然后逃生。但面对这样的烟雾，何况他还有孩子和怀孕的妻子，这基本就不可能。

"我妻子吓坏了，她做不到……我的孩子还很小，她们都很害怕，拜托，这太荒唐了！"

接线员告诉马尔西奥，他会向消防员转达他们的位置，消防员会去救他们，但"如果你们可以，哪怕只是再试着离开一次，我们都非常建议你这么做"。

他觉得怀孕的妻子和孩子们都不可能经得住这趟旅程。既然接线员告诉他救援正在赶来，那么他最好还是继续等待。他至今仍非常恼火，因为接线员并没有明确告诉他其实消防员不可能来救他们了。"从头到尾，她（接线员）都没有告诉我根本不会有人来救我们，我们只能试着自救逃出去，除此之外别无选择。如果我知道不会有人来救，我和我的家人不会在那栋燃烧的塔楼里再多待一分钟。"他在他的证人陈述中说道。

透过窗户，他能看到地面上的人们，听到有人在喊着什么，但听不清具体内容。在他们正上方的公寓里，另一家人也被困住了，他们挂起圣诞彩灯以吸引救援的注意。

"我唯一想要的、盼望的，就是消防员为我的妻子（和孩子）送来氧气面罩，"他说，"我听从了他们给我的建议和信息。我以为这是保护家人的最佳选择。"

🔥

在 12 层，娜塔莎·埃尔科克刚刚挂断了打给应急救援部门的电话。这通电话从 2 点 44 分开始，持续了 5 分钟。此时大约是乔安妮·史密斯在指挥中心下令撤销"原地等待"建议的 10 分钟后，在这通电话进行时，当时的事故指挥官安迪·罗也做出了相同的决定。但没人告诉娜塔莎要逃出塔楼。接线员让一家人待在远离烟雾的房间里，堵住所有的缝隙并压低身子。于是他们转移到了距离房门最近的卧室里。公寓门已经肉眼可见地被大火的高温烧得鼓了起来。

她把被子铺在地上，让女儿躺上去。"那时卧室里已经有一些烟雾了，但还没厚重到看不见的地步。墙和窗台之间有一道缝，我在翻修之后抱怨过此事，因为那里总是漏风，现在烟从那里飘了进来。"她说。

🔥

在顶层，被困居民的处境越发绝望。在萨金娜、法蒂玛和另外两个人还有一个三口之家躲避的公寓，火焰破窗而入，于是一群人决定想办法离开。火焰已经进入了门口走廊边的一间卧室。住在这间公寓的男子关上了这间卧室的门，在这里避险的人们决定离开。他的妻子给他们发了几本《古兰经》让他们祈祷。他给众人分发了湿毛巾。

我们尚不完全清楚之后发生了什么，但在黑暗和烟雾中，住在这间公寓中的母亲和成年儿子有能力离开。他们艰难地挣扎着走下楼，直到遇见了消防员才在他们的帮助下逃出了塔楼。但公寓中的其他人都没办法离开。

对身体状况不好的萨金娜来说，这样的逃生方式异常艰难。她的妹妹认为自己不能丢下她。就在此时，萨金娜也给儿子沙鲁克打了电话。他听到姨妈说了句"原谅我们"，然后就断线了。她们，还有其他留在公寓里的人，全部丧生。

在隔壁公寓，格洛丽亚·特雷维桑正在和妈妈通电话。当晚早些时候，她和马尔科还比较冷静——期待着消防员来救自己。现在，他们知道自己逃不出去了。此时远在意大利的父母也从电视上看到了火灾的景象。他们打开了扬声器倾听着——他们知道这可能是最后一次听见女儿的声音了。

她和父母的通话持续了22分钟。她告诉他们窗户已经破了，玻璃被烧得粉碎，火焰也在逼近公寓。她说火太大了，他们觉得消防员已经放弃上来救他们了。公寓里的烟雾让她呼吸困难，也说不出话。

"她再一次向我们表达对我们的爱，我们得说再见了，她要我们必须坚强，"格洛丽亚的母亲在证人陈述中回忆道，"这时格洛丽亚说她要挂断了，因为她不想让我们听到任何声音，于是和我们说了再见。她想挂断电话是因为不想让我听见她的尖叫声。她说她只想昏过去，这样就什么都感觉不到了。她还说，'我现在只想和马尔科在一起'。"

电话挂断了。格洛丽亚的父母再也听不到她的声音了。她和马尔科死在了一起，一同丧生的还有1点半上楼来到他们公寓避险的那对母子。调查中的烟雾专家估算，如果鼓励他们逃生，他们在 2 点 45 分之前都可以逃出去并活下来。在顶层的 15 位居民中，14 人都命丧于此。

12

"让我们祈祷
好运常在"

格伦费尔的悲剧并非单纯由覆层引起。除此之外，塔楼的电梯也不合规，烟雾管理系统存在故障，并且每一层的防火隔断都被煤气管道穿了孔。塔楼的防火门严重低于最低标准。没有为许多将塔楼视为家的残障居民制定疏散方案。这些都是塔楼的管理造成的。同样的管理问题也困扰着其他许多塔楼。

"这种工作文化令人不悦，必须加以改进"

TMO 从 1996 年起开始负责塔楼的管理。此时它还是地方议会的下属公司，为地方议会名下的 9600 套公共住房提供日常服务。与其说是服务，这更像是一种控制。[1]

该机构并不是一个真正意义上的"租户管理组织"——这种组织通常很小，以社区为基础，只在住户们就社区达成某项共识时出面，他们直接管理部分房屋租金并且自行组织服务。与此相比，TMO 更像是许多地方议会在新工党执政时期建立的触手公司，负责管理他们名下的住房。

2009 年，成立 13 年的 TMO 已经开始出现严重失职。居民们所担心的问题已经多到地方议会不得不委托审判员进行调查。

接受委托的是来自最高法院的玛丽亚·梅莫利律师。梅莫利女士在 2008 年发布了她的报告，其中满是谴责。

她的报告列举了大量有关维修服务的可怕故事，比如有一位租户等了 20 年也没有解决房子的漏水问题。更为普遍的一个问题是，梅莫利女士发现 TMO 的工作文化很有问题。"（住户们）经常使用诸如'恶意''不信任''怠慢'和'被轻视'等词汇，"她写道，"这种工作文化令人不悦，必须加以改进。"[2]

在这份报告之后，罗伯特·布莱克于 2009 年走马上任，成为 TMO 的新任首席执行官。他告诉当地媒体，自己将对 TMO "既往不咎"，称它"饱受内讧和逆反之苦"。他承诺会重点改善维修服务，增强董事会的凝聚力，改善住户对该组织的印象。他说："我们必须和生我们气的人们重新建立信任。"[3]

朱迪丝·布莱克曼是负责格伦费尔塔楼所在区域的工党议员，同时也是 TMO 的前董事会成员，她说改革一开始是有些起色的："罗伯特·布莱克刚来时，情况确实有所好转，但后来又回到了梅莫利的报告发表前的状态。"她回忆道："全区上下都对日常维护漠不关心。他们对住户的态度就是：'你们烦死了，别拿你们的维修投诉来烦我们。'"[4]

这种情况数不胜数。在整个行政区内，TMO 在基础维修领域的整体表现非常糟糕。他们将住户住房维修的工作外包给了两个私人承包商，一开始是康诺特公司，不过他们后来破产了，于是换成了莫里森公司。由于两家公司都难以胜任，TMO 在 2012 年投票决定成立自己的维修服务公司——立修得公司。

但这家公司同样难以胜任，积压了大量基础设施维修工作：2015年2300例，2016年达到4000例，2017年达到5400例。每一个数字都代表着一户人家里有未完工的维修工作。对一个只管理着9600套住房的机构来说，其失职程度令人震惊。[5]

2010年后，格伦费尔塔楼和兰开斯特西部住宅区都已年久失修。尽管许多住户依然很爱他们的塔楼和他们的社区，依然为自己的公寓感到骄傲，但不可否认的是，建筑的状态正在变差。塔楼的两台电梯经常出故障，以致塔楼内的大量残障住户只能被关在家里。公共锅炉快要报废了。周末完全没有热水，有时连饮用水都没有，因为TMO有时甚至无法提供桶装水来替代自来水。塔楼还会遭受可怕的"电压浪涌"（power surge），家用电器因此被毁。厨房、浴室和窗户都严重老化，迫切需要更换。由于长期漏水加上通风不畅，很多房屋都发霉了，厨房里甚至长了蘑菇。[6]

对住户来说，投诉——哪怕是报修——都是件吃力不讨好的事。在2010年后的头几年里，之前住宅区里接待住户报修的办公室被关掉了，取而代之的是一个呼叫中心。住户们称在报修时会被"用生硬而粗鲁的方式"打发，并且感觉这个机构"也没有能力完全解决报修项目，就算有，承包商也不会在约好的日期上门维修"。报修的人都被强制要求走一个三步流程，磨蹭上好几个月。有的人就放弃了，继续住在有问题的房子里。其他人则自己修，或者请亲友帮忙修理。

在这段时间里，TMO的维修满意率高达95%。不过，调查中的证据对此表示怀疑。"秘诀就在于只选择很有可能获得好评的工作，比如修水龙头，这样好评比例就高一些。"一名前员工在调查中说。"这么说吧，你在任何一处 TMO 管理的住宅区逛一圈，基本上找不到说他们好话的人。他们是让数据好看的专家，但居民的生活完全是另一回事。"埃迪·达芬说。

人们在担心塔楼没有得到妥善维护的同时，也越发担心它不再是一个安全的住处了。这些问题在 2010 年达到了临界点，楼内的公共区域发生了一场火灾。

"让我们祈祷好运常在，在此期间不会发生火灾"

1992 年，沙阿·艾哈迈德和妻子萨耶达以公共租户的身份搬进了格伦费尔塔楼 16 层的一套公寓。1999 年，他们通过"购买权计划"买下了所住的公寓，成了承租人①。沙阿一直对自己和其他住户所获服务的标准感到担忧，他也曾多次投诉过窗户、应急灯和老旧的公共采暖系统费用疯涨的问题。

2010 年 4 月 30 日晚，沙阿正在距离塔楼大约 1.6 公里的牧羊人丛林地铁站外。他接到一个电话，告诉他楼里着火了，他给萨耶达打了电话确认她是否安全。当她打开门查看楼道的情况时，一阵浓烟滚进了公寓。她大声叫了出来："我的天啊，失

---

① 承租人（leaseholder）在英国法律中是指房屋的长期使用人，区别于拥有土地所有权的地主（landlord）。承租期限从 99 年到 999 年不等。所以尽管文中的沙阿和萨耶达夫妇买下了公寓，但相对于地方议会这个地主，他们依然是承租人。——译注

火了，到处都是烟，我该怎么办？"惊慌之中，沙阿让她拨打999 报警，他也立即赶回塔楼，"我像个疯子似的大叫着，以最快的速度跑回去"。[7]

这场火灾暴露出一个问题。起火点是在 7 层，可烟雾却到达了萨耶达所在的 16 层。这确定没问题吗？当沙阿在一场会议中向 TMO 代表提出这个疑虑时，对方告诉他塔楼的烟雾导出系统出了点"小问题"，所以烟雾才漏到了楼上。

但沙阿对这个解释并不满意。2010 年 9 月，他给 TMO 写信表达了自己的恐惧。"正如您所知，与大火相比，烟雾的致死率更高，而且据我们所知，有几位居民差点死于烟雾吸入和窒息。"他写道，"鉴于格伦费尔塔楼的楼梯间的情况以及通风系统故障，如果再有火灾发生，整栋楼很有可能会变成人间炼狱。"TMO 向他保证，这些问题已经"解决了"。

然而根本没有。其实 TMO 早就发现塔楼的烟雾控制系统的通风孔不能闭合，这意味着烟雾会泄漏出去。TMO 并没有立即修复这个问题，反而磨蹭了 6 年——他们想等进行更大规模的翻修时再解决。这违反了伦敦消防局 2014 年 3 月发给他们的消防缺陷警告，命令他们在 5 月前解决这个问题。TMO 以这些细节"涉及商业机密"为由，拒绝了由埃迪·达芬发起、可能会暴露这一事实的"信息自由"请求。2014 年 12 月，在得知工程再一次延期之后，TMO 的健康与安全部门领导贾尼丝·雷在一封内部邮件中写道："让我们祈祷好运常在，在此期间不会发生火灾。"[8] 烟雾控制系统的更换工作要再过一年才能开始。然而即便真的替换了，新系统也不符合建筑条例规定。①

　　这还不是唯一被忽视的消防安全警告。比如，埃迪的博客不止一次提到塔楼前面的小路不够消防车通行，因为学院和休闲中心的建筑项目切断了其他通向塔楼的路线，并把它们改建成了停车场。TMO 没有给这篇博文点赞。实际上，他们办公室的员工服务器把这个博客给屏蔽了。埃迪博客的共同运营人弗朗西斯·奥康纳收到了地方议会的律师函，称这篇文章是"诽谤"，TMO 也在邮件中谴责它"散布恐怖信息"且"具有煽动性"。在 2015 年秋季的一次 TMO 董事会会议记录中，埃迪·达芬和帮助居民提出问题的本地工党议员朱迪丝·布莱克曼被形容为"当前格伦费尔的反对势力"，并警告称"我们担心这场动荡也会波及（隔壁）计划推倒重建的锡尔切斯特住宅区"。[9]但埃迪是对的。火灾当晚，70 辆消防车被堵在了住宅区楼下和附近。

　　我们在第 10 章提到过，翻修工程引起了居民的大量不满，他们呼吁要对施工进行安全性调查。但 TMO 终止了公众会议的召开，从一开始就拒绝和埃迪创建的组织会面，并且不让居民参与决议过程。比如，居民从来都不知道 TMO 决定要把覆层换成更便宜的选项。所以埃迪和沙阿也不会没来由地搜索"ACM"，更不会发现该材料被广而告之的火灾风险，以及那些中东的火灾事故。他们没有被邀请参与到计划制订过程中，反

---

① 新系统的设计者坚称，根本不可能在格伦费尔塔楼的诸多限制下设计出一套符合规定的系统，他们的方案已经是最佳选项了。

而被禁言、被无视。而在所有的修缮和维护的问题中，有一项极其重要的缺陷一直没有得到解决：防火门。

有缺陷的门

这个国家的高层建筑安全原则全都依赖"隔断"（compartmentation）理念。"隔断"是指当一间公寓发生火灾时，所产生的烟雾和火焰应该被限制在这个区域内，而不会扩散至整座建筑。这就是"原地等待"政策的依据。在前面的章节中，我们已经了解到加装的易燃塑料如何从外部破坏了全国上千户家庭的防火隔断，而它同样破坏了内部的防火隔断。

防火隔断只适用于建造和维护状态兼优的建筑。如果墙面的缝隙致使烟雾在多个"隔断"间蔓延，那"隔断"就失效了。不幸的是，建筑的维护和建造工程往往不会考虑到消防安全。这意味着必要的保护措施有时从一开始就是缺失的，或者在改造过程中被移除了。例如，建筑师萨姆·韦布告诉我，他曾经检视过一栋楼，"有人用手持式凿岩机在混凝土楼板上打了一串洞，把入户门禁电话的走线区域变成了一个16层楼高的烟囱"[10]。在稍旧一点的公共高层住宅楼里转一转，你很可能会注意到各种缝隙和裂痕，有时里边还被胡乱塞满了塑料泡沫。消防行业联合会主席布赖恩·罗宾逊在2018年告诉《住房观察》杂志："我认为防火隔断问题说到底是一个标准问题。如果你让水电工或者别的什么人进入一栋大楼，他们脑海里想的第一件事肯定不是消防安全，而是'赶紧把活干完'。最糟糕的情况就是他们在墙上钻个洞，然后往里塞满易燃的神奇泡沫。这种情况可太多了。"[11]

在这个系统中，公寓入户门绝对是重要的一环。火灾最容易发生在公寓内部，所以公寓门是唯一可以阻止烟雾涌入楼道的装置——否则烟雾进入楼道会阻碍别人逃生，也会妨碍到前来扑灭火焰的消防员。这也就意味着公寓门必须既能抵挡得住火焰，又能防止烟雾泄漏。

格伦费尔塔楼的公寓门还算比较新。从 2011 年开始，TMO 进行了一项大规模房门更换工程，给所管辖的所有公寓楼都装上了芒斯大师门业（Manse Masterdor）生产的新门。这些门都是塑料的：光滑的外壳里包裹着泡沫隔热层。

这是一项"现代化革新"——过去的防火门都是一块实心的大木板，能经得起相当长时间的火烧。但这种"复合"门就没那么靠谱了。销售给格伦费尔塔楼的防火门理应能够抵挡至少 30 分钟火焰。至少广告词和销售人员是这么说的。但这款防火门存在很严重的问题。它们有着一样的玻璃门板，但门锁、合页和字母牌却都不一样。这或许听上去微不足道，却会极大降低门的防火性。火灾后的调查显示，大量房门都被大火烧毁了，并且伦敦警察厅对没有受损的门进行了实验，发现不到 15 分钟它们就坏了——只有法定最低标准时间的一半。[12]

防火门的缺陷只是问题之一。只要是在闭合状态下，再差的防火门也能起到一定的保护作用。可格伦费尔塔楼的很多门都是关不上的。住户们也不止一次地警告过 TMO 和地方议会这一点。

自动闭合

在火灾中逃生时，人们可能想不到要随手关门。所以法律规定防火门必须配备自动闭合器，以确保在居民离开后它会自行关闭。

格伦费尔塔楼的门有自动闭合器，但是有点毛病。门装好后没多久，居民们就开始报告问题了。门的合页中的一条小链子有时会把门撑住，门就关不上了。而有些情况下，它又会过于迅速地把门关上。居民们向TMO报告了这些问题。但他们并没有进行修理，而是直接把自动闭合器拆除了。

"我的前门是在2013年左右更换的。我记得当时刚装上没多久——可能刚几个星期——门就被卡住关不上了。我打电话告诉TMO我的门坏了，"一名住在8层的护士在调查中说，"过了大约一个小时，终于有人来修了。这个人调整了门背后那个之前可以控制它自动闭合的装置，因为它失灵了，所以我的门才不能自动关上。我记得我问过这会不会有问题。维修工告诉我'不会'。"[13]

娜塔莎·埃尔科克说她的门也在安装后不久就坏了。她在调查证词中说："我当时正要出门，门直接从合页处脱落了。"她说她向TMO报了修，对方派了一个修理工过来。"有个人来了，取走了门的自动闭合装置，再也没回来，"埃尔科克女士说道，"他一把那个装置拿下来门就不能自动关上了……他说会有人来更换，但从没有人来过。"[14]

相似的情况还有很多。2015年8月，埃迪·达芬曾试图向

TMO 报告自动闭合器的问题。他隔壁的邻居搬走了，房子空了下来，赖登公司的工人进楼干活之后就一直让房门大开着，这让他很是恼火。当他想把门关上时，发现正是闭门器导致门关不上。他报告了此事，但之后只收到了彼得·麦迪逊的一封邮件，称如果他再用力一点，门就能关上了。达芬愤然拒绝接受这一解释，说这是"一派胡言"。[15]

但凡 TMO 调查得更仔细一些，他们都会发现这是个普遍问题。谢默斯·邓利曾是格伦费尔塔楼的一名修理工，在调查开始前已去世，但他在一份证人陈述中解释了故障原因。他说是闭合装置出了点小问题。"有的螺丝钉从门上凸了出来，有的从门框凸了出来，"他写道，"由于附件的原因没法把它重新接上，所以我只能把它取下来了。"[16] 他声称自己曾把取下来的闭合器交给了 TMO 办公室的一名经理看，并且解释了这个问题，但什么也没发生。"管理层没有回复我……所以我只能移除闭合器。这是违法的，因为一旦没了闭合器，门就不能自己关上了。"他说。

邮件显示，TMO 的高级管理层在 2015 年 12 月得知了此事，并告诉他不要再把装置取下来了。[17] 但没有证据表明他们对拆除自动闭合器的门进行了检查，或者进一步维修。肯辛顿地区的其他公寓楼也有相似的问题。

2015 年 10 月 31 日，阿代尔塔楼发生了一场火灾，该塔楼距离格伦费尔约 1 公里，也由 TMO 负责管理。这场火灾相当严重，造成了居民吸入烟雾受伤，伦敦消防局组织疏散了全楼的居民。16 名居民入院治疗，12 套公寓"不再适合居住"。[18]

火灾发生时，阿代尔塔楼的公寓入户门都没有安装自动闭合器。实际上，在火灾发生前19天的10月12日，伦敦消防局刚给TMO下达了"缺陷通知"，敦促他们给所有公寓门安装自动闭合器。

但TMO和RBKC的某些高层认为这项工作并不紧急——哪怕是在火灾发生后。麦迪逊先生在2015年11月的一封邮件中写道，对自动闭合器进行改装"并不是法定要求"，所以建议把这项工作从TMO的内部风险评估体系中的高优先级事项降级成"低优先级或建议事项"。[19]

2015年12月，伦敦消防局开出了强制执行通知书进一步施压，敦促TMO完成这项工作。但地方议会不想出这份钱。2016年2月的一份会议纪要显示："如无必要，RBKC并不想做这项工作。"内部邮件也显示，RBKC住房部的主管劳拉·约翰逊向罗伯特·布莱克抱怨伦敦消防局强迫他们维修阿代尔塔楼的防火门，还说消防局"不可理喻"，但又"几乎没有挑战其权威的可能性"。[20]

但伦敦消防局担心的不仅仅是阿代尔塔楼。他们告诉TMO，TMO管理的650栋住宅塔楼的所有防火门都必须配备自动闭合器，并警告其如果不照做就会收到更多的缺陷通知和强制执行通知书。消防局还希望建立一个年度审查项目以跟进他们的落实情况。重装自动闭合器的费用大约是62万英镑，如果要进行年度审查则每年还要多加20万英镑。对一个由9000户人家的租金供养的行政区来说，这笔钱就是九牛一毛。

但RBKC就是不想出这笔钱。2015年10月起的会议记录显示："伦敦消防局在向我们施压，让我们给名下的所有住宅楼都装上自动闭合器。劳拉·约翰逊拒绝了。"[①] 于是，为了"更好地管理项目资金"，地方议会自己给安装自动闭合器的工程设定了 5 年工期，而非伦敦消防局所希望的 1 年。

他们也没有按消防局的要求进行审查。2017 年 3 月的 TMO 会议纪要标注道审查制度"耗资巨大"，并说"目前（社会住房行业里）没人开展过审查"。于是，大家一致认为先把建立审查机制的事"放一放"。[21]

伦敦消防局自然不满意。2016 年 11 月，他们在格伦费尔塔楼组织了一次审查，并开具了一份缺陷通知。调查发现 44 号公寓和 153 号公寓的门无法自动闭合。通知写道："所安装的门无法闭合，这将导致逃生线路（指楼梯间和楼道）的保护作用大打折扣。"通知要求 TMO 必须在 2017 年 5 月之前修复这两扇门。

TMO 并没有去修复。火灾之后的调查显示，在塔楼的 129 扇门中，有 73 扇没有安装自动闭合器，另有 34 扇门的闭合器不能正常工作。当居民们逃离公寓时，烟雾穿过打开的门涌进楼道。调查中的一位专家将这称为决定了死亡人数的"关键事件"，因为它致使其他居民打开门后不敢逃出去。塔楼的外部被覆层变成了易燃物，而它的内部也因疏于管理、吝啬成本和对投诉的充耳不闻而成了危险之地。

---

① 调查笔录，2021 年 5 月 12 日。约翰逊女士否认自己曾拒绝过，并称自己只是想要一份提出明确要求的报告。

这"将导致租客……得不到他们对抗不称职的房东所需的保护"

不是只有格伦费尔塔楼的防火门失效了。2022 年的一场防火门调查发出了"悲剧指日可待"的警告，因为他们发现超过10 万扇防火门中有 75% 都存在问题。哪怕是火灾已经过去了 5年，依然很少有社会住房的房东会对防火门进行积极、定期的检查。[22]

火灾后的一场测试发现，"市面上的（塑料）合成防火门都存在难以在火灾中撑过 30 分钟的问题"。在各种品牌的 25 种样本全部没有通过防火实验——有些甚至没有撑过 10 分钟——之后，这种合成门终于被强制下市了。[23] 但政府并没有采取措施确保这种门全部被换掉，全凭房东们自行决定下一步怎么做。[24]这种大范围失灵要部分归功于一个我们熟悉的故事——放松管制。"我们用了数年来宣传这是一个系统性问题，"英国木工联合会的首席执行官伊恩·麦基尔维在 2018 年说，"（但是）我们似乎就是无法让英国出台法规。他们（政府）可能把这视作了企业的负担。"[25]

2009 年的拉卡纳尔公寓火灾之后，有人曾特地向布赖恩·马丁提出了防火门的问题，而这位公务员像忽略覆层的重要警告一样忽略了这条警告。在火灾发生几个月之后，一个行业联络小组在讨论火灾所引发的问题时，与会的人们将目光对准了汉默史密斯和富勒姆地区一栋翻修了公寓的住宅楼暴露出的问题。他们发现防火门存在严重缺陷。整栋楼的防火门都没有通过测试——有的门不到 7 分钟就被烧坏了。这次会议特别提到，进行测试的实验室并没有向第三方公开数据，并且主要承包商对测试结果"不在乎也不感兴趣"。"大家一致认为整件事都极其令人不安。"一份会议纪要写道。但马丁告诉与会成员，尽管其中的一些问题已经"在考虑中了"，但在 2016 年之前不会进行大规模的审查。正如我们所知，审查压根就没开展过。[26]

格伦费尔塔楼火灾以来，社会住房租户们的投诉经常被驳回的问题终于赢得了其紧迫性，这多亏了独立新闻台（ITV News）具有先驱意义的调查报道，以及像科瓦乔·特文尼博阿（Kwajo Tweneboa）这样的活动家呼吁大家关注这些骇人听闻的房屋状况。[27]

其中的部分原因要归结于财政决策。第二次世界大战后，英国建设了大量社会住房，后续却忘记投入充足的资金来对其进行维护。糟糕的房屋状况还只是一方面。另一个问题是，住户一旦遭遇房东的无视，他们能够利用的资源便少之又少了。就像格伦费尔塔楼的住户们，他们被迫经历了令人晕头转向、耗时费力的内部请求流程，而这些流程有时就是为了让投诉变得费力又难熬而设计的。

在格伦费尔火灾发生前，那些负责上百万人的住房安全的地方议会和住房协会房东们，甚至没有设置总领住房管理的监管人。工党政府计划成立了一个直接对时任首相戈登·布朗负责的监察机构。但它的创立机构——租户服务局（the Tenant Services Authority）在 2010 年卡梅伦联合政府上台时被砍掉了，他们当时甚至尚未正式展开工作，就牺牲在削减政府机构的无情"篝火"中了。"租户服务局完蛋了。"时任住房大臣格兰特·沙普斯在该部门被裁撤前对一名记者吹嘘道。[28] 马丁·凯夫教授是呼吁创建租户服务局的学者，他警告说此举"将导致租客和租客组织得不到他们对抗不称职的房东所需的保护"[29]。

然而，政府安排的监管人只会考虑社会住房房东们的经济收益和管理方法。这样做是为了吸引私人资金投资社会住房产业，以弥补政府的资助削减。

在格伦费尔塔楼火灾发生的几个月之前，缺乏有力监管的问题逐渐显露出来，在一定程度上是因为一家名为"圆场"（Circle）的大型住房协会爆出的维修工程丑闻。住房状况差得可怕，监管人却在 2016 年夏天告诉住户，当前的房屋状况"还没到"要修缮的地步。当地议员向议会进行了投诉。他在 2016 年质问时任住房大臣加文·巴韦尔："我可以理解（政府）实行放松管制政策的背后逻辑，可失察和问责的成本又该由谁承担呢？"[30] 这个国家马上就会看到答案了。

"我深深怀念我们的社区"

关于格伦费尔塔楼的管理，我们还有几点需要注意。第一点是种族问题。居民们受到的待遇在多大程度上是因为塔楼的种族结构？在一定程度上，这是相当实际的一点。由于投诉系统非常复杂、难以操作，而居民组织又被关停，那些第一语言不是英语的居民就处在了弱势地位——这也是内城区许多住宅楼都存在的问题。

格伦费尔塔楼的绝大部分居民都是有色人种。在火灾当晚丧生的人中，85%以上都不是白人。在一份书面声明中，遇难者家属和幸存者的代理律师团质问道："没有按照适当的标准对格伦费尔塔楼进行维护和塔楼居民主要是黑人和少数族裔，两者之间是否有关系？"[31] 负责该区域的前工党议员艾玛·登特·科德曾听到地方议会成员将格伦费尔塔楼一带称为"小非洲"，说那里"住的都是从热带来的人"。[32]

诚然，肯辛顿地区的种族鸿沟难以跨越。一名住在骑士桥地区的英国白人的预计寿命是91岁，而住在5公里以外的摩洛哥移民则可能会终身劳作，预计只能活64岁，甚至来不及领养老金。[33] 我们之前说过，该地区的地方议会基本是由富有的白人居民选出来的。他们会允许格伦费尔塔楼居民的遭遇出现在一栋白人居住的塔楼里吗？这是许多遇难者家属和幸存者想让调查解答的问题。

即使管理存在问题，许多格伦费尔塔楼的居民依然很爱他们的家。这是火灾发生后我在所有采访中都能明显感觉到的。是的，电梯总是坏，楼里很冷，公共采暖系统很差劲。但这里是一个有活力的幸福社区，他们想住在这儿。格伦费尔塔楼的故事并不是对社会住房的控诉——甚至不是对住宅塔楼的控诉——而是呼吁大家更加关心这些宝贵的财富，它们是无数社区的支柱。面对悲剧时，我们往往会忽略这一点，以为哪怕是在火灾发生前，格伦费尔都是一个不宜居住的地方。这都与我的采访对象们，以及在调查中发声的人们所说的事实大相径庭。

埃迪·达芬向调查委员会递交了一份长达127页的证人陈述。
在声明的最后，他写道："我深深怀念我们的社区。我们总是一
同面对困境，无论是在火灾前、火灾时，还是火灾后。我们不
仅仅是邻居。自火灾发生以来，有许多人对我们的社区恶语相
向，但那都与事实相去甚远，这深深地伤害了我们。我们再也
没有机会向人们展示我们社区的真实面貌了。每想到这里，我
都无比心碎。"[34]

13

03:00

在格伦费尔塔楼的外墙上，火焰已经绕过拐角爬到了大楼西面——那边还有更多致命塑料为它向大楼周身迸发提供补给。顺时针和逆时针的火焰正彼此靠近——像一把钳子伸向尚未被点燃的公寓。

火焰几乎已经完全覆盖了两个侧面，并持续向另外两面蔓延，留下一条烫到发白的锯齿线，橘色的烈焰点燃了大楼上下的很多窗户。到目前为止，塔楼里依然有一百多名居民，或生或死。楼梯间的温度不断升高，许多消防员已经连续奋战了好几个小时。

负责在大本营协助调度的高级消防员路易莎·德·西尔沃在调查中说："很多执行任务回来的消防员都筋疲力尽，甚至有人昏迷，我们想办法给他们喂水，脱掉他们的上衣，给他们吸氧。他们都几近虚脱，出现了热应激。"因此基本不可能了解到他们去了哪里、看到了什么。消防员也接到了上楼灭火的命令，但他们根本没有水去扑灭公寓中正在肆虐的火焰。"任何靠近或者走入火场的消防员都必须携带水。这是保障我们自身安全的基本原则，"德西尔沃女士补充道，"我记得对他（一位消防员）说可能没有水了，可他仍然尝试去实施营救……这让我感到非常震撼，因为他们冒着很大风险。"

一位在此时被派往 11 层的消防员形容该层为"熔炉"。"每次你呈跪姿都会感觉头快被烤熟了，"他说，"你能感觉到头在头盔里撞来撞去，心跳加速，肾上腺素飙升，但你能感觉到你的头实际撞击的是热浪。"

一个 4 人小组被派往 13 层寻找一名失踪的消防员。他们在这层搜寻时找到了这名消防员，于是立即改变任务——2 名消防员留在本层继续搜寻和营救被困居民。正当他们搜寻时，有 2 名女子从一间公寓中走出来向他们呼救。在这两名消防员的帮助下，她们被带到安全区域并成功生还。此时火势正在她们的公寓内蔓延，逃生时间所剩无几——她们距离死亡可能只剩几分钟，就在这时消防员赶到了。

🔥

3 点刚过，娜塔莎·埃尔科克第一次尝试逃出她位于 12 层的公寓。但当伴侣打开房门时，一大股烟雾冲进公寓触发了烟雾警报器。娜塔莎看到中央大厅依旧一片漆黑，热浪逼人。

她一遍又一遍地拨打 999——乞求接线员派人来救自己一家。一名接线员告诉她消防队已经"控住了火势"。"她说如果我觉得自己可以待在公寓里等他们来救我的话，我就应该留在原地，但如果情况恶化，那我们就得逃出去，"娜塔莎在证人陈述中回忆道，"我求她让消防员尽做大努力。她让我为了女儿也要保持镇定。"这段对话发生在"原地等待"命令被撤销之后。

他们本该明确告诉娜塔莎要离开公寓。

公寓里越来越热，烟雾越来越浓。她的伴侣发现其中一间卧室已经着火了。她公寓外的窗帘板也被点燃了。娜塔莎不再对消防员前来救援抱有希望，她觉得自己可能会死。但为了孩子们，她绝不会放弃。

🔥

火灾的前一晚，拉尼亚·易卜拉欣和在埃及的姐姐拉莎通了电话。姐妹俩和往常一样有说有笑，但拉莎察觉到拉尼亚的语气有些奇怪。她让拉莎不要担心，保重身体，不要为任何事情烦恼。"我有种奇怪的感觉，她好像在向我道别，好像她就要走了一样。"拉莎回忆道。

6月14日正值斋月，拉莎早早起床准备早饭，以迎接一天的斋戒。这时另一位姐妹打电话告诉她拉尼亚在伦敦的公寓着火了。"那是我一生中接到过的最难以接受的电话，"她说，"我知道只有她和女儿们在家，她很快就会害怕。我想给她打电话但一直打不通。我看到电视正在直播大火吞噬整栋大楼，像个包装箱一样，我砸碎了电视机屏幕，恨不得钻到里面去把我妹妹救出来。"

早些时候，拉尼亚在她的脸书直播上放出了她的公寓影像，但之后就再也没有动静了。拉莎急切地用英文和阿拉伯文发帖："拉尼亚在哪儿？"她收到了世界各地的人们发来的安慰和鼓励。"我在手机这边哭，他们在另一边陪着我哭。他们让我放心，让我相信拉尼亚好好的，这些从全世界涌来的爱说明她一定好好的。"拉莎回忆道。[1]

但拉尼亚并不是好好的。3 点刚过，她给在楼外的一名密友打了电话。电话中的她不停咳嗽且呼吸困难。她的朋友恳求她逃出大楼，但拉尼亚说自己被告知要待在原地等待救援。她相信在大楼上空盘旋的警用直升机或许就是来从楼顶将他们救出去的。和拉尼亚一同待在 203 号公寓的还有几名从低楼层逃上来的居民，以及她的女儿法提亚和哈尼亚。4 岁的法提亚是一个自信的小姑娘，个性鲜明又活泼，是妹妹的榜样；3 岁的妹妹生性更安静，却有超越年龄的聪慧。她们都遗传了拉尼亚的性情。拉莎称妹妹拥有"美丽的灵魂"。她说："和拉尼亚坐在一起，没有人会不开心。"在上千公里之外的埃及，拉莎别无所求——只求再一次开心地坐在妹妹身边。但她没有机会了。3 点左右，拉尼亚和朋友以及在塔楼外的姐姐通了电话，能听到背景中孩子们在咳嗽，要找爸爸。拉尼亚依然相信消防员会来，她要留在原地等他们。但没有人会来了。消防员们最高只到达 21 层的消防出口，他们在那里遇见了一名被困居民并把她带了下去。从未有消防员到达过他们这一层。3 点之后，拉尼亚和在 203 号公寓避险的其他人彻底没了音讯。

🔥

凌晨 3 点 20 分，事故指挥官安迪·罗在燃烧的塔楼附近的一辆应急指挥车内召开了战术会议——召集了三个应急救援中

心的所有高层以及一名 RBKC 代表。他要求警方在塔楼附近拉
起警戒线，禁止民众靠近塔楼，他同时要求地方议会官员提供
大楼平面图——然而他们根本拿不出来。此时他也开始担心大
楼的结构可能会出现问题，于是征调了一名结构工程师出席会
议，询问大楼会不会有坍塌的风险。毫无疑问，"9·11事件"
的阴影依然在在场消防员的脑海中挥之不去。

会议结束后，安迪·罗决定亲自进楼评估情况——主要是
为了确认部署消防员营救居民的方式是否依然"适用于"楼内
情况，以便做出决定。他在另一辆指挥应急车里简要查看了被
困居民的来电情况。此时，一个更有条理的"关系网"系统呈
现在了一块白板上，上面罗列了所有公寓和被困居民的详细信
息。他得知还有约 100 人依然被困在楼里。他知道自己面临着
一个残忍的抉择：要么继续派消防员上楼，一旦大楼坍塌，他们
可能都会牺牲；要么放弃等待救援的被困居民。他走出指挥部，
第一次向塔楼走去。

正当他即将进入塔楼时，一个男人的尸体摔在了他面前，
砸中了一名消防员。这是一名从高层坠落的居民。他指挥消防
员们将尸体移走，并确认被砸的消防员被送上救护车。之后，
他蜷缩在防暴盾牌下，进入了塔楼。

在楼内，他观察了整个救援系统：墙上潦草的被困居民详
细信息，还有等待被派上楼的消防员们。他做出了决定。他命
令将全伦敦的延长续航呼吸器全部送到塔楼。救援行动得以继
续。在离开塔楼之前，他停下来和消防员们讲了几句话。

这次在火灾救援中的讲话非同寻常。他告诉消防员们要尽

一切努力挽救生命——这意味着要将消防政策放在一边，要敢于冒一般情况下不敢冒的险。火情要求他们做更多。有人被困火海，救他们出来是一项"道德义务"。

在证人陈述中，在场的消防员称这是一场"鼓舞人心"的演讲。

"他的演讲的精髓是，'小伙子们，这是一场一生只能遇到一次的事故，我们从未面临过这种情况，它超出了所有的消防政策范围。尽你们最大的努力吧'。我觉得这真的很有帮助，队里的年轻人都很喜欢他的话。这段话极大地鼓舞了所有人。"一名消防员回忆道，"通常情况下，我们都严格遵循政策，但这次情况不一样了，要想尽可能多地救人，我们就必须打破这些政策的束缚。"

🔥

在 20 层，马尔西奥·戈梅斯在 3 点 25 分最后一次拨打了999。大火已经烧到他们的公寓外，烟雾浓重，他们没办法继续待在公寓里了。马尔西奥看到卧室窗外有火焰。在他打电话的同时，火焰蔓延进屋内，点燃了窗帘，爬向天花板。

"该死，火烧进来了，火烧进来了。"他对接线员说。

"火焰现在已经进入室内了。好的，好的，如果火已经烧进来了，你就得跑了，别待在公寓里了。"接线员答道。

他立刻关上卧室的门，大声呼唤他的妻子和海伦，告诉她们要离开了。他们已经打湿了茶巾，马尔西奥告诉女孩们要手拉着手。

"好的，你们必须马上离开，"接线员说，"和我保持通话，好吗？"

他告诉所有人沿直线走到楼梯间，在逃出塔楼之前都不要松开扶手。"手拉着手，往前直走。手拉着手，沿直线走到楼梯。现在去楼梯！快！"

"所有人待在一起护住孩子，你们也要保证拉紧她们，"接线员对马尔西奥说，"别和我说话，只对她们说。"

楼梯间实在太黑了，马尔西奥什么也看不见。烟雾非常重，他每次呼吸都恶心想吐。"烟雾的味道很不自然，闻上去就有毒，像化学品燃烧的味道。而且非常热，但我头上顶着凉的湿毛巾……湿茶巾一开始很管用，但烟灰、烟雾和焦油穿透了毛巾，让我难以呼吸。"他在证人陈述中回忆道。

"他们在沿着过道走。他带着3个孩子，还有怀孕的妻子。"接线员说。

马尔西奥形容楼梯间里的热浪就像"烤箱传出的热浪冲击着你的脸"。马尔西奥一遍又一遍地朝身前的孩子们大喊"姑娘们继续走"。"我觉得如果我不鼓励她们、推着她们向前走的话，她们就会停下，我们都会死在楼梯间里。"

"继续走，伙计，你是最棒的，"接线员说道，"继续走，这真的很重要，继续走，真棒，好样的。"

在极度缺氧的艰难行进过程中，他听到身后传来其中一个女儿的声音："爸爸，我走不动了，我走不动了。"

他不知道她是怎么走到他后面去的。"跟着我的声音。"他说，试图在黑暗中寻找她。他不断鼓励着她们。"加油姑娘们，继续走，继续走。抓住扶手，"他说道，"姑娘们！加油，姑娘们，抓住扶手，加油，坚持，坚持住。

"姑娘们！加油姑娘们，求你们了。求你们了！"

"听我说，任何人都想有你这样的爸爸，任何人。"接线员说。

"姑娘们？天哪，我都听不见她们的声音了。"

他呜咽着，继续呼唤着她们。

"天哪，我要找到我妻子。姑娘们！哦，我的姑娘们，求你们了（哭泣）。哦，我的妻子女儿，天啊。"

"好的，消防员们已经知道你们的位置了，好吗？"

"我不能不管她们。我要上楼去，我要上楼。"

"你需要去找——"

"我要去找她们。"

他告诉接线员他要返回楼上，她建议他压低身子调整呼吸，一步一步来。

"哦，求你了，求求你上帝，求求你上帝（听不清），别（听不清）我的姑娘们。带我走吧，让我的妻子女儿活下来（哭泣）。求求你，求求你带我走吧。为什么？为什么是我？你为什么要带走她们？"

突然间，他看到一缕亮光，便立刻跑了过去。他找到了一名消防员，求他帮自己寻找妻子和女儿们。他恳求消防员让自己也上楼去。"我要找到我女儿，我女儿还在楼上。求你了。我要上楼找她们。我要找我女儿和我妻子，我妻子有 7 个月的身孕。哦，求你了。"

　　之后通话中断了。马尔西奥到达 5 层。他在这里等待。

　　再之后，消防员们将他的女儿们抱了出来。妻子安德烈娅也逃了出来。一家人在塔楼外团圆了。

14

风险评估

英格兰的居民楼火灾风险评估流程存在重大缺陷：通常只需要由一个没有资质、不受监管的顾问填一张表就完成了。这个问题由来已久。一场发生在埃塞克斯的酒店与酒吧的火灾导致 11 人死亡，这催生了 1971 年《火灾预防法案》（The Fire Precautions Act）的出台，该法案要求特定建筑必须通过消防部门的严格审查并获得许可证。

此法案包含了旅馆和办公场所，却从未包括居民楼。这项法案本可以拓展到包括高层建筑，但这件事被全权交由国务大臣决定，而他们因为担心消防成本会影响社会住房的供应量，所以决议一直没有通过。一位大臣在 1970 年写道："在某些情况下……相比于火灾风险，我们更承受不起无房可住的风险。"[1]

这一制度被一直沿用至 2005 年，直到托尼·布莱尔政府对其进行了全面改造。《火灾安全管理改革法案》改变了重点。建筑所有者不再需要取得消防部门的许可证，而只需要自己对风险进行评估。他们需要对自己的营业场所进行一项"恰当且充分的"风险评估，并补救所发现的问题。欧盟法案要求对所有办公场所进行风险评估，这意外导致了公寓楼被纳入新法案的适用范围。[2]

但这类评估存在局限。大多数建筑所有者都只在其员工会进入的公共空间才遵守该法案，比如楼梯间、走廊和中央大厅。还有至关重要的一点是，评估对谁来开展调查没有任何限定，只要求"定期"由"有资质的人士"进行。建筑所有者完全可以自行解读这一要求的意思。不幸的是，这往往导致他们选择成本最低的选项。曾有人多次呼吁彻底改革这一制度，至少要求具备一项强制性的法律认证以及第三方许可，但历届政府就是不予采纳。

"企业不会欢迎在这一领域增加管理负担的。"公务员路易丝·厄普顿在 2010 年 7 月写道，这还只是海量案例的冰山一角。[3]

整个 21 世纪 10 年代，曾有数次警告表示火灾风险评估员的能力远不达标——伦敦消防局也曾发出过这类警告。可公务员们却坚称强加标准会给"企业带来不必要的高成本负担"。

同时，新法案也存在其他问题：建筑所有者自己负责流程，这使得他们会故意无视那些需要花钱维修的问题。2022 年，我采访了一位受雇于众多社会住房房东的风险评估员，他称自己曾因为提出担忧而遭到"霸凌"，并且被"施以巨大压力要求他改写报告"。[4]另一项研究显示，社会住房评估实际上都是"I类"：最为基础的一类，不需要进行入户检查，这会导致很多表面之下的问题被忽略。[5]

在格伦费尔塔楼起火前，被用于检查其问题的，正是这个有缺陷、有漏洞的制度。它毫不意外地失效了，但失效的方式至今仍令人不安。

如果认为对方的要求过分，
他"愿意代表我们向伦敦消防局发起挑战"

2009 年，在要求建筑所有者自行评估风险的法案实施四年后，TMO 便委任内部员工开展评估工作了。他们没有正式的职业资格，尽管这并不违反法案的要求，但伦敦消防局对此并不满意。他们命令 TMO 任命一名有资质的风险评估员，否则将下达强制执行通知。

于是 TMO 找到了萨尔弗斯公司——一家已经相当有名的消防咨询公司——请他们在六个月内对 TMO 名下的高火灾风险建筑进行评估。萨尔弗斯也出具了一份管理报告，表达了对 TMO 日常管理中的火灾风险的强烈担忧。[6]

2010 年 2 月，TMO 的健康与安全部主管贾尼丝·雷决定终止和萨尔弗斯的合作，并重新任命一家评估公司。在一封写给同事的邮件中，她称萨尔弗斯"过于死板"。她写道："尽管他们说正在为代表我们挑战伦敦消防局做准备，因为我们是他们的客户，但我觉得他们并不情愿在棘手的问题上向伦敦消防局发起挑战。"①

卡尔·斯托克斯当时是萨尔弗斯方面的一名风险评估员，他在 2009 年 9 月结束了在消防部门的 19 年职业生涯，成为一名风险评估员。他参加过几门短期培训课程，也曾以消防员的

① 雷的证词，2021 年 6 月 7 日。雷女士声称当时伦敦消防局要求对某一栋楼的干式立管进行翻修，她对萨尔弗斯的"作壁上观"行为感到失望。

身份审查过其他人的风险评估，但还从未有过独立评估的经验。尽管如此，他的个人简历上还是写着他拥有"从事风险评估的经验"，并罗列了众多令人印象深刻的资格证，还拥有众多头衔，例如"英国特许仲裁员协会准会员""欧洲消防保护协会消防保护文凭持有者""消防保护协会消防工程师证"，等等。但很多头衔实际上都是用不相关的东西（比如仲裁员证书）和不存在的东西（比如消防保护协会消防工程师证）拼凑起来的。在调查中被问及此事时，斯托克斯先生否认这是为了欺骗客户，并称他只是想列举几门自己上过的培训课。①

斯托克斯先生以个体户自居，接手了 TMO 的"中等风险"居民楼的评估工作。他在 2010 年 9 月得到任命，并将在接下来的六年半的时间里完成这些居民楼的风险评估工作。2010 年的 TMO 董事会文件显示，他为这个项目提供了一份"非常具有竞争力"的报价，并表示"如果认为伦敦消防局的要求太过分，他很乐意代表我们予以回击"。[7]

调查发现，他在为不同的建筑撰写报告时，偶尔会将一份报告中的文字复制粘贴到另一份报告中。这就导致了很多尴尬的错误。比如，他在 2016 年 4 月出具的格伦费尔塔楼风险报告中称，他对阳台附近的防鸽网进行了视检，发现它们都安装妥当，没有受损。然而格伦费尔塔楼既没有防鸽网，也没有阳台。[8]

当他在评估过程中发现问题时，他就会将一系列"重大发

---

① 调查笔录，2021 年 5 月 25 日。专家证人科林·托德称，斯托克斯先生的证书"适用于格伦费尔塔楼（的风险评估）"。

现"整理成清单，用不同的颜色标注优先级供 TMO 解决。但
TMO 解决问题的效率确实不算很高。

截至 2014 年 3 月，董事会文件记录了 650 栋需要接受风险
评估的居民楼未完成的工作，所积压的工作数量达到了惊人的
1400 件，每一件背后都是一项已知但未解决的居民安全风险。[①]
董事会文件表明 TMO 决定不向伦敦消防局公开这些积压的工
作，因为这"会招致伦敦消防局的仔细检查，还有带来强制执
行通知书的风险"。[9]

在接下来的三年多里，TMO 一直在努力减少积压的工作，
并定期在委员会会议上讨论这一问题。但一直没能完全解决。
直到火灾的前一天，依然还有 287 项工作未完成，其中的 128
项已经积压超过一年。TMO 管埋的所有公寓楼都存在未解决的
火灾风险。格伦费尔塔楼也不例外。

卡尔·斯托克斯先后共去过格伦费尔塔楼 5 次。他需要检
查公寓的入户门，但合同并未要求他入户检查，所以他的检查
基本就是在走廊上进行视检。偶尔遇到住户，他也会请他们给
自己看一下门。他声称自己在这些专项检查中评估了大楼内 5%
的入户门[10]，但他没有注意到这些门中有很多都关不上。

他还考虑了楼内的残障住户们的安全问题。在对格伦费尔
塔楼的 5 次风险评估中，他全都勾选了"为残障人士提供了合

---

① 调查笔录，2021 年 5 月 10 日。在调查中，肯辛顿和切尔西 TMO 的证人们称
　他们在 2012 年就已经将维修工作外包出去，并认为这一情况与私人承包商的
　糟糕表现以及一些大型项目的复杂性有关。

适的逃生设施"这一项，并在旁边的评语栏写道："没有迹象表明本楼内居住着听不到大声火警的感官障碍人士。"然而有明显证据表明楼内居住着残障居民——比如一封邮件提及过一位盲人居民，以及他自己在一份评估报告中也提到了一辆代步车。相同的陈述也被复制粘贴到了其他由他评估的 TMO 居民楼的报告里。①

2012 年 12 月，伦敦消防局通知 TMO，他们计划在残障居民家里设置试点，安装一种小型洒水设施，以将火灾风险降至最低。这封邮件被转发给了斯托克斯先生。他回复："我觉得没有合适的试点对象，因为如果有的话，那就应该为他们制订（疏散计划），直行（原文如此）一切带有额外消防安全措施的调查结果。如果你发现现在有人质疑大楼的火灾风险评估为什么没有一开始就把他们考虑在内，我觉得一个聪明的回答可以是：'感谢您告知我们这些，如果我们之后发现楼内有残障居民会通知您的。'"

在调查中被问及此事时，斯托克斯先生否认他实际上是在让 TMO 对他们楼里有残障居民但没有为他们制订任何疏散计划这件事"保密"。②

---

① 调查笔录，2021 年 5 月 26 日。斯托克斯先生说，由于肯辛顿－切尔西 TMO 没有提醒过他楼里有残障居民，他便默认没有。专家证人托德先生说，除非建筑所有者提供了这些高级别信息，否则他认为评估员不太可能掌握残障居民的任何具体信息。

② 同上。斯托克斯先生说，他以为伦敦消防局对重度烟民尤其感兴趣，而据他所知，格伦费尔塔楼并不存在这种情况。

至于大楼外墙上的那些致命覆层呢？ TMO 委托斯托克斯先生对翻修工作进行了两项审查。2016 年 4 月，他在风险评估报告中写道，墙板"接受过消防评定"，并称覆层系统得到了建筑管理官员的"许可和承认"。斯托克斯先生说他曾和赖登公司高层有过"非正式交谈"，后者带他在施工现场转了一圈，并向他"保证"建筑管理部门对覆层非常满意。这次会面后的手写笔记称覆层"合格，阻燃，无木材"，且"覆层外部不可燃"。①

2017 年 4 月，在埃迪·达芬受前一年牧羊人丛林地区火灾的启示在博客发出警告之后，伦敦消防局给伦敦市的所有地方议会都发出了警告，建议他们在火灾风险评估中也对覆层进行检查。RBKC 收到这份警告后将它转发给了 TMO 的健康与安全部主管贾尼丝·雷，雷又将它转发给了斯托克斯先生。"据我所知，我们的居民楼都没有使用这种材质的外部覆层。能请你确认一下吗？"她在 4 月 24 日写道。

他回复道："格伦费尔塔楼的确使用了覆层，但覆层材料是符合建筑条例规定的，已经向赖登斯（原文如此）公司询问了很多问题，均已收到回复。"他之后承认，自己在给出保证之前并没有对这些记录进行任何检查，他并不是建筑材料方面的专家，也没有能给出这项保证的资质。[11] 这次沟通的三个月之后，真相大白了。

---

① 调查笔录，2021 年 6 月 1 日。专家证人托先生说，如果斯托克斯先生亲自确认过覆层系统得到了建筑管理部门的认可，那么他在检查方面已经"绝对做得足够多了"。

15

04:00

西伦敦的天空即将破晓。凌晨4点08分，之前在楼身向相反方向扩散的两条火链在楼冠顶部汇合了。大楼仅剩一角没有着火。仍有一部分居民被困在楼内，他们还活着，却无法逃生——烈焰正向他们逼近。

副局长安迪·罗认为大楼的结构还足够坚固，可以继续派消防员上楼救援。有更多延长续航的呼吸器被送到了现场，但大楼内的情况依然十分危险——黑暗而炎热，消防员们受命尽力救援，却没有任何扑火设备，并且无线电信号随时可能中断。他决定不再向12层以上派遣消防员了。

🔥

此时的12层已经无比炎热。一名来到该层的消防员的热成像记录仪显示温度已经突破1000摄氏度。他回忆道："一到达12层，我就知道基本上所有公寓都着火了，因为当我把热成像仪凑到脸前时，发现画面全是白的。"他能感觉到热浪穿透了他的防护头套。整个小队都没有扑火用水和水管。"如果我们破坏了其中一个隔断，那么整层楼都会起火。我确信这地方非常危险。我知道如果出了差错，我和我的队员们都会死，这让我感到责任重大……我知道我们必须离开这一层。"

而在这些门后，娜塔莎和她的家人依然被困在火海中。4点15分左右，她卧室中的烟雾持续加重，他们不得不逃到了女儿的卧室。当他们关上房门后发现自己被困住了：门把手不见了，他们没法再打开门了。他们可以用一把剪刀撬开门逃出来，但现在形势很明朗了：他们必须逃出公寓，不然就只能留在原地等死。

4点27分，娜塔莎给等在楼外的姐姐丹尼丝打了电话，得知消防员正在赶去救他们的路上。她的伴侣站在12层的门前大喊："有人吗？"突然间，站在楼外的丹尼丝听见他的声音从站在她身边的一名消防员的无线电中传来。她就知道搜救娜塔莎的小队一定就在附近了。

娜塔莎的伴侣打开了通往灌满烟雾的楼道的房门。她听到有一名消防员大喊："你们能看到手电筒的光吗？朝着光走。"消防员们带领他们走到楼梯间，接着走下楼梯，走出大楼。他们在4点47分离开了塔楼。

🔥

凌晨5点，斯特拉福德的指挥中心静得诡异，响了一夜的报警电话归入沉寂。全场鸦雀无声，却宣告着可怕的事实正逐渐沉淀下来。

消防员们还在不断被派上楼进行搜救，即使他们此时进入的公寓要么已经人去楼空，要么已经被火焰吞噬。大楼依然有坍塌的风险，所以消防员被告知要在上下楼时留意有没有位置不对劲的柱子。结构工程师此时已经到达现场，消防员们则继续展开搜救任务。

有一名队员来到 11 层，救出了被困在公寓数小时的住户安东尼奥·龙科拉托。早上 6 点，他听到敲门声，打开门发现是两名消防员，他们进屋后关上了门。他戴上了儿子的泳镜，在头上顶了一条湿毛巾，接着被护送下了楼梯，离开了塔楼。

负责协调救援任务的消防员正努力获取被救或未被救出的居民的照片。他们认为有 171 人曾被困在大楼内并拨打了电话求助，一共包括来自 45 间公寓的 38 名儿童和 133 名成人——但他们无法确定谁被救出来而谁被落下了。尽管很难确定准确的数字，但消防员们认为有 115 人下落不明。

于是消防局的高级指挥官们要求地方议会或者 TMO 提供一份住户名单。但就再也没有下文了。第一次要求应该是在快 5 点时提出来的，但直到 5 点 50 分应急救援部门的高层们再一次召开战术会议时依然没能拿出来。指挥官们还想要一份大楼最新的平面图。这惹得消防员们十分恼火。7 点 16 分，一名警察的随身相机记录下了安迪·罗向一位联络官员表达他的不满。他说："无法向我提供平面图是你们的重大失职，我要突出强调这一点。"[1]

RBKC 的联络官员先是在 4 点 50 分要求 TMO 的首席执行官罗伯特·布莱克提供名单。布莱克先生在 6 点 24 分通过邮件收到了一份 2017 年 5 月 30 日确认过的住户名单。大楼平面图也在 6 点 14 分发给了他。但他直到 7 点 35 分才把平面图转发给消防员们，在 7 点 56 分转发了住户名单。他之后声称自己当时不知道这是消防员们要的。不过与此同时，布莱克先生给自己的团队群发了邮件商讨公关策略。"我们必须尽快整合一些健康和安全合规性方面的信息，"他写道，"我们得整理有关翻修的所有信息，因为这肯定会是焦点。"[2]

当这一切正在发生时，整个世界正在苏醒，马上就会知道这一夜格伦费尔塔楼里所发生的一切。全世界的新闻频道都在转播塔楼被烧毁的画面——墙壁已经被烧焦，公寓内的火仍未熄灭。

这些摄像机都对准了同一楼层——12 层。在覆层的浓烟和仍在燃烧的火焰中，人们可以看到一个男人的轮廓站在窗口，挥舞着一条白毛巾。

16

盲区

毫不夸张地说，没能疏散格伦费尔塔楼的居民造成了严重的后果。世界各地都发生过很多覆层火灾事故，但它们大多都没有造成死伤，因为居民们大可以毫发无伤地走出塔楼。这些案例包括阿联酋的一系列火灾，以及2012年发生在车臣共和国格罗兹尼的一场覆层火灾——这场火灾和格伦费尔一样，火焰在大楼全身蔓延，彻底摧毁了它。

　　格伦费尔塔楼的故事核心在于原地等待政策。火灾的第二天上午的许多新闻简讯都报道称居民们没有听到任何火灾警报。其实这真没什么可惊讶的。格伦费尔塔楼根本没有火灾警报器。这个国家的其他居民楼大多也没有。[①]

　　从技术角度来说，"原地等待"政策是要以隔断理念为基础的。有了有效的隔断，建筑才能将火势长时间控制在一个独立的空间内，从而为消防员扑灭火焰创造时间，在忙自己事情的其他居民甚至都察觉不到出了事。在消防和住房领域，大家都坚信

---

① 与独立烟雾警报器不同，公共火灾警报器是法律要求任何高度的居民楼都必须配备的设备。但格伦费尔塔楼上的公共火灾警报器并没有互联，因此不能向全楼发出警报。

英国的建筑都是按照标准建造的，能够有效地保证该政策成功。

这种确信是以一个 20 世纪 60 年代出现的理念为基础的，它的历史源远流长，可以追溯到伦敦大火时期，那时英国的消防法案就将防止大火在建筑物间蔓延视为第一要务。于是，当我们随后开始建造高层建筑时，建筑规范继续规定我们必须尽量防止火势在建筑物之间蔓延——也要防止在同一栋楼的不同公寓内蔓延。[1]

从原则上说，这种理念没有任何问题。如果我们持续秉持这一信条，修建结实稳固的建筑，那么火灾通常只会是小事故，也就不需要进行大规模疏散。但问题在于我们过于信任这一信条了，以至于一旦出了差错，我们根本没有备选方案。

而现实根本不存在完美的隔断。一项考察了 1960 年——当时"原地等待"政策尚未问世——以来的火灾调查显示，火焰可以冲破窗户蔓延到建筑外部，即使没有可燃材料的助力，即使窗户之间相隔甚远，火舌也能蹿出窗户向上方爬去，蔓延至建筑物外部。[2] 不仅如此，救火行动本身也会破坏隔断。如果消防员们推倒失火公寓的门，再抵住楼梯间的门让水带穿行，都会将烟雾放进整栋楼。

但在格伦费尔火灾之前，数据显示这项政策非常有效，因此任何对"原地等待"的忧虑都会被一贯用来搪塞的统计数据所缓解。比如国家消防警长委员会（the National Fire Chiefs Council）就曾在格伦费尔火灾后强调，在 2010 年至 2017 年发生的 57000 起高层建筑火灾中，只有 216 起需要疏散 5 人以上。[3]

然而，光鲜的外表下是累累伤痕，这些数据也远没有听上去那么令人放心。专家证人何塞·托雷罗教授在调查中说，这些火灾疏散数据具有误导性。它们既没有说明居民在消防员到来前就自行逃生的案例，也没有说明本应疏散却没有疏散的案例。当你意识到火势蔓延两层以上的火灾每周都会发生一次时，再低的比例也不会让人放心。由斯图尔特·霍金森博士、高层建筑安全专家菲尔·墨菲和研究员安迪·特纳对火灾数据所做的详细分析却呈现出另一番景象。他们发现，21 世纪 10 年代共有 1847 起火灾蔓延到了起火公寓之外。他们还发现致死率的涨幅令人担忧：这些火灾的致死率达到了 29.6%，而火势没有蔓延的火灾致死率为 15.6%。分析还显示，消防员对高层居民住宅火灾的响应速度往往更慢，因为他们很难靠近大楼，也很难确定起火公寓的位置。这就为火势蔓延创造了时间。[4]

托雷罗教授对利用统计数据营造所谓令人放心的假象的行为提出了严厉批评，说这是"全方位无能"的体现。尽管高层建筑发生失控火灾的概率很低，但风险不仅仅是概率的问题，还涉及后果。"（如果）后果极其严重，你也不能因为概率很低就对潜在的后果视而不见。"托雷罗教授说。[5]

消防部门往往高估了在惊恐中进行疏散的难度，这是他们普遍选择淡化风险的原因之一。但并没有证据能够证明惊恐中的疏散很困难。遇难者家属和幸存者的代理律师之一、王室大律师丹妮·弗里德曼在调查中表示："有人研究了灾难中的群众心理学，包括诸如夏日乐园度假村火灾、国王十字车站火灾、世贸大楼坍塌事故这类火灾和爆炸，他们得出结论是，人们在危机中往往会空前团结、众志成城，面对陌生人时尚且如此，面对熟悉的环境和认识的人时则更甚。"[6] 格伦费尔火灾当晚的证词更是增加了这一观点的可信度。成功逃生的人往往都沉着冷静、互相帮助，尤其是在火灾初期烟雾尚未填满楼道时自行逃生的那些人。

除此之外还有实操和财务方面的考虑。"原地等待"是一项非常方便的政策，如果我们决定要改变它，往往会牵一发而动全身。我们需要要求高层住宅不能只有一个楼梯，这会大大降低房地产开发行业的利润率。我们需要安装火灾警报器，房屋供应商们就要进行安装维护。对公共住房来说，这需要国家来买单。如果我们承认火焰会从起火公寓向外蔓延，那或许我们也需要洒水器来浇灭火焰。我们还要想办法重新安置成百上千位在火灾中无法逃生的残障居民，或者制定帮助他们逃生的法规。总之，原地待命策略比它们都更简单、更便宜——于是我们对那些证明我们的策略大错特错的证据视而不见、充耳不闻。

押在现状上的双倍赌注

在 2009 年拉卡纳尔公寓火灾之前，还没有足够大的灾难事件能够引起大众注意，从而彻底思考"原地等待"的问题。但自南伦敦的那个可怕的夏日午后开始，任何思考过这个问题的人都应该能清楚地意识到，我们需要做出改变了。这在 2013 年 3 月成了逃避不了的事实，庭审时陪审团做出裁决，如果当时的接线员让 6 名受害者及家长逃出大楼，如果他们知道逃生路线，他们本可以全部躲过一劫。①

彼时正是改革的好机会。"原地等待"策略或许对很多公寓火灾都很有效——但这还不够。必须要为下一场发生在高层建筑里且无法控制的大火做准备了。然而，什么准备也没做，政府选择了维持现状。

在拉卡纳尔公寓火灾陪审团做出裁决之前两年，住房产业曾向政府请示自己该如何降低高层住宅楼的火灾风险。2011 年，政府委托著名的消防安全咨询机构 C. S. 托德联合公司撰写一部最新的高层建筑消防安全指南，用来帮助社会住房的房东们应对像拉卡纳尔这样的火灾。埃里克·皮克尔斯的部门深度参与了指南的撰写工作，指南在消防与住房行业的强力支持以及一众专家的声援下发布了。

该指南为"原地等待"策略作了强有力的背书。指南称这一原则"毫无疑问非常成功"："2009 至 2010 年间的 8000 起高层住宅楼火灾中，只有 22 起需要在消防或救援部门的帮助下疏散 5 人以上。"指南确实提到了有的火灾需要进行疏散，但同时补充道："幸运的是，这种情况很少见。而且通常是由建筑内的设施失灵导致的。"[7] 这份指南完美呈现了托雷罗教授之后会提到的错误。概率很小但后果很严重的事件依然需要我们为之制订周密的计划。

---

① 叙述性裁决称，希克曼女士在下午 4 点 21 分第一次拨打了 999，而她在 4 点 40 分之前其实都可以逃生，被困在浴室中的其他人也都可以在 5 点 15 分之前逃生。裁决请见 https://beta.lambeth.gov.uk/about-council/transparency-open-data/lakanal-house-coroner-inquest。

这份指南还明确反对安装火灾警报器。它写道:"一般高层住宅楼(区别于专门为残障居民设计的住房)通常不需要公共火灾警报系统。"并补充道,火灾警报器"不宜安装,除非能够证明没有其他切实可行的方式可以保证同等的安全水平"。[8]然而,还有另一个大问题,这个问题在格伦费尔火灾之后愈发陷入争议——如何才能保证残障居民在火灾中逃生?

极富歧视色彩的过时观点

在 2011 年地方政府协会(Local Government Association)的官方指导出台之前,有关残障居民疏散的法律立场非常明确。多项法律和指导意见都重申了各自的立场:必须落实相关措施,保证残障人士在紧急情况下,即使没有消防员的帮助也能离开建筑物。[①]这是一个很好理解的平等性问题,并且毫无疑问地成了办公场所风险评估的标准之一,而达标的途径便是一个叫做"个人紧急疏散方案"(Personal Emergency Evacuation Plans,下文简称为 PEEP)的程序。

但在高层住宅楼中,这项法案并没有得到落实。C. S. 托德联合公司的总监科林·托德在为格伦费尔塔楼调查作证时解释,尽管并没有在法规中明确出现,但住房建设行业认为该法案仅适用于办公场所。当被问到为什么会这样时,托德先生说:"我

---

① 公开要求提供 PEEPs 认证的指导文件包括《公开可用规范 79》(PAS 79)和《英国标准 9991》。

们完全信任'原地等待'政策。"⁹

2011 年，托德先生以此为基础和同事们一起编写了指导文件。这鼓励了社会住房的房东对残障居民也贯彻"原地等待"政策，也暗示他们为残障居民定制疏散方案或者"进行特殊安排通常是不切实际的"。在撰写过程中，他们没有咨询过任何一位身为残障人士的专家，也没有听取残障代表团体的建议。相反，他们基于这项"房东们的实际问题"给出了建议：给出疏散方案难度过大。¹⁰

这是个令人担心的问题。首席消防官员协会（Chief Fire Officer Association）收到了该指南的草案，并对其提出批评，称"对残障人士的通行需求和疏散方案的忽视与否定是一个根本性错误"。¹¹

在指南颁布后，一位心存疑虑的顾问伊丽莎白·格兰特警告称，该指南"反映了一种极富歧视色彩的过时观点，违反了英国在平等和消防安全方面的法律"，并称如果因为没有疏散方案而导致残障人士被落下，将会酿成"无谓的悲剧"。C. S. 托德联合公司起草了给她的回复邮件。他们坚称，"默认"所有的高层住宅楼都应该为残障人士制定疏散方案是"不合常理且不切实际的"。这样做"会要求高层住宅楼的管理人持续更新信息，这是一项沉重的负担"。¹²

人们在讨论 PEEP 时往往会提到这一"实际问题"。持批评态度的人会问，对那些无法独自逃生，又没有护工或亲戚提供住家照护的居民而言，我们又该为他们做些什么？不同于照护中心和办公室，大众住房没有驻场员工提供支持。如果要求住房行业在每一栋楼都安排 24 小时驻场员工来疏散居民，这笔花销将会是天文数字。

这种典型的回应其实误解了 PEEP 的本质。残障分为不同的类型和程度。例如，听障居民的疏散方案可以是一个连接了烟雾警报器的震动枕头；孤独症居民的疏散方案可以是一个周密而明确的计划，告诉他们离开大楼的时机和方式；可以为患有严重关节炎的居民准备低压门把手；可以为母亲和婴儿准备防烟罩。这些都不需要派员工驻场。

对必须在协助下才能离开大楼的居民来说，这个问题无疑会更复杂，但也不如它有时被形容的那么复杂。许多住在高层住宅楼的残障居民都有同住人，或者有住在附近的人可以帮助他们。因此可以对这些能够提供帮助的人进行培训，教他们如何把残障人士转移至疏散椅上并离开大楼。类似地，残障人士在办公场所也应配备"疏散拍档"。很少有人会把残障的亲人留在火海中自己逃命。如果实在无法逃生，他们往往会选择一同赴死。格伦费尔塔楼火灾中的萨金娜和法蒂玛以及其他人的悲剧就是如此。

对于那些实在没有帮手的残障居民，可以将他们优先安置在住宅楼一层。尽管这类房源供不应求，但随着时间推移也是可以实现的——尤其是如果我们的新建筑政策能够有针对性地为残障人士修建更多适合他们的住房。由此，许多残障居民就可以有机会搬进更合适的房子，不至于每次电梯故障时都被困在家里。有人可能会拒绝，选择接受住在自己喜欢的公寓里的风险。但至少这是他们自己的选择，而不是像萨金娜那样——

除了被迫接受，别无他法。

上述这些方案也需要花费财力和时间。但作为一个资源充足的国家，英国承担得起这项成本。这样做或许还会带来额外的好处，比如迫使我们主动伸出援手，为残障居民提供帮助，让他们不再被遗忘在高层住宅楼中孤立无援，甚至让我们得以在小规模火灾中挽救生命。"如果残障人士的公寓或者隔壁公寓起火，他们必须要能够离开火场。如果有移动方面的问题……他们就无法离开。如果在火源附近停留 20 分钟以上，他们极有可能会丧生。"伊丽莎白·格兰特在 2021 年对我说。[13]

但无论是国家高层还是住房业都没意愿做这些，后者一直在通过游说来反对 PEEP，因为他们担心执行这些方案会带来管理和法务负担。格兰特女士说，整个消防部门和住房行业"从上到下"，全都没有好好落实这项政策。

结果就是，2011 年的官方指导支持并遵循了这样一个立场，即不需要个人紧急疏散方案。对托德先生来说，他依然是"原地等待"政策的坚定拥护者，称其对残障人士"大有裨益"：如果在建造一栋居民楼的时候不需要考虑疏散问题，那就说明残障人士在遇到火灾时根本没必要冒着风险疏散。但正如我们对"原地等待"政策的依赖一样，这种思路使我们将一个棘手的问题抛在脑后：万一出了问题，会发生什么？

标志性的歧视行为

这就是发生在西伦敦的事情。似乎 TMO 一开始确实准备制定 PEEP。2010 年 7 月的董事会文件显示，他们计划"确定有特殊需求的居民，并和他们一起制定单独的 PEEP 以保证他们的安全"。[14] 首席执行官罗伯特·布莱克在内部邮件中说，该机构计划准备一个"通用 PEEPs"，同年晚些时候会基于此为居民量身定制方案。

但这项工作后来不了了之了。尽管已经收集了数据，但数据被分开储存在两个系统中，并且他们也从未试着去了解残障居民如何在火灾中逃生。为什么？在调查中被问及此事时，TMO 的证人们提到了完成这项工作所需的资源数量，以及在没有驻场员工的协助下疏散居民所面临的实际困难。他们还表示，遵守 2011 年颁布的指南是一种"审慎的决定"。

事实是，火灾当晚，格伦费尔塔楼中有 37 名残障住户无法自行逃生。他们中的 15 人在第二天丧生——因为没有为他们制定的逃生方案。之后，遇难者家属和生还者的代理律师团谴责这场大火是针对残弱居民的"标志性的歧视行为"。[15]

盲区

住房行业听从了地方政府协会的指导意见和对"原地等待"政策的强硬背书，那么消防部门呢？拉卡纳尔公寓火灾验尸官弗朗西丝·柯卡姆想要看到改进。她在一封信中呼吁埃里克·皮克尔斯出台"针对'原地等待'政策及与'逃离等待'政策相结合的国家统一指导意见"。[16] 皮克尔斯先生在回复中承诺会"建议（消防部门）事故指挥官在原地等待政策显然不再适用的情况下做出疏散决定"。[17]

这就要修订《通用风险评估3.2》文件中消防部门的国家指导意见了。实际上，中央政府已经委派伦敦消防局重新起草这份文件，将拉卡纳尔火灾的教训写入其中。

但伦敦消防局表现出了一种非常奇怪的态度，就是不愿写入任何反对"原地等待"的内容。2012年2月被提交给咨询机构的草案并没有提及修改该政策的需求。其他阅读了草案的官员评论道，应该特意加上疏散相关的条款。可他们的评述并未被采纳。在被问及此事时，主导起草程序的高级官员彼得·考厄普说，疏散位于消防局的"盲区"。[18]

但社区与地方政府部的官员们对此非常担心。一名官员在2013年10月的一封内部邮件中写道："这并没有明确兑现我们对验尸官的承诺。"尽管官方进行了督促，但考厄普先生依旧没有修改他的草案。最终，在2014年2月考厄普先生的草案发布前，官员们代劳了这项工作，在草案后单方面追加了一段文字。[19]

这段文字写道，消防部门应该准备"应急预案"，包括"当'原地等待'策略失灵时的应对方案"。但除此之外，关于如何执行应急预案，并没有任何具体的说明。尽管伦敦消防局的内部指导意见反映了有必要对高层建筑进行"全面或部分疏散"，但他们并没有为事故指挥官制定一套培训，指导他们如何判断疏散时机以及如何疏散。

这类方案是可以实现的。米夏埃尔·赖克博士是德国的区域消防主管，也是斯图加特大学消防研究实验室的前主任，他说:"建筑总会有出现灾难性失效的可能。"他解释道,即使是在防火隔断失效的情况下,德国的消防员们还会用风扇、窗帘和防烟罩帮助加快疏散速度。

但赖克博士很清楚,这不能怪火灾当晚在场的人。这项计划早在几年前就应该开发出来了。"英国人指责消防部门没有(对格伦费尔)制订备用计划。我可以理解这种心情。但消防工程师们在几年前就应该制订好备用计划,只是从来没有人做这些准备。"他说。[20]

于是,2017年6月14日格伦菲尔塔楼前的指挥官只能临场发挥。这注定会是一场失败。迈克尔·唐顿和他的下属们无计可施。既定方案的缺失要归咎于整个英国政府,当需要阻止一场完全可以预见的灾难发生时,从消防部门到中央政府都选择了盲目信任"原地等待"策略。

信条

马丁爵士的残酷结论——"原地等待"策略被当作一种"信条",如果早点放弃它,可能会挽救更多的生命。可令人难过的是,这并没有改变什么。无论是在住房业还是消防部门,抑或是政府内部,"原地等待"策略的地位都难以撼动。我记得曾经参加过一个住房行业的活动,有人认为是时候就"原地等待"进行一场"辩论"了,此时距离格伦费尔火灾已经过去了两年半。另一名组员表达了强烈反对。"我们不需要辩论,"他说,"我们要站在房顶上大声喊出来:'原地等待'政策有效。"2021 年，我带着我的孩子们参加了一个地方消防站的开放日活动，我们收到了一张告诉我们发生火灾时应该怎么做的传单，上面写着"原地等待并拨打 999"，后面还加了一句，即使烟雾和火焰进入了室内，在消防队到来之前，"待在你的公寓里都更安全"。[21]

事实是，建筑需要具备消防工程师所说的保护层：控制火势的洒水器、火灾警报器、在必要时可用于疏散的备用楼梯。世界上大部分的建筑法规都提供了备用方案。即使是在火灾初始阶段采取"原地等待"策略，在必要时也可以进行"阶段性"疏散。由于对"原地等待"策略的完全依赖，调查专家何塞·托雷罗教授称英国是"世界的异类"。[22]

"将'原地等待'作为首选方案没有问题，"国际知名疏散专家埃德·加利亚在 2022 年告诉我，"但你必须要有备选方案，以及第二备选方案。备选方案应该是居民自行疏散，到了第二备选方案才应该是消防员去援救仍然被困的居民。"[23]

在格伦费尔塔楼火灾发生前，我们没有备选和第二备选方案。由于对英国建筑质量的盲目自信，认为它们没那么容易失效，我们将所有的筹码都押在了"原地等待"策略上。最终我们输掉了赌局，却让那些葬身格伦费尔的人替我们付出了代价。

17

08:00

埃尔皮迪奥·博尼法西奥已经在格伦费尔塔楼的 12 层住了 36 年了。火灾当晚，他的妻子罗西塔出门了，只有他一个人在家。

埃尔皮迪奥已经成为一名注册盲人 15 年了。他看不清也无法分辨物体。自翻修以来，由于在底层新增的三层住宅改变了熟悉的格局，他感觉在塔楼周围活动变得更困难了。当电梯因故障无法使用时——这经常发生——他会在楼层间迷路，找不到大楼的出口。

当晚早些时候，妻子的电话将他吵醒了，惊恐地告诉他楼里着火了。他打开了公寓的门，闻到了烟味。烟味很重，他感觉到温度要比平常高。

他的儿子和儿媳帮他打了火警电话并报告了他的位置。他将护照等重要文件收进一个背包，等待着消防员的到来。

他等啊等，可消防员却一直没有来。尽管视力有限，但他还是能透过窗户看到有燃烧的物体掉落。他坐在客厅里给妻儿打电话，而他们也一直在和应急救援部门报告他的位置。但最后他认为火已经烧进了客厅，于是他退到卧室里，关上门，朝着打开的窗户挥舞白毛巾。现在，他出现在了全世界的新闻里，上百万人都目睹了这一幕。

他感受到了楼外消防员们水带中的水。水非常凉，他只能退回到温暖的房间里，但又不得不返回窗边呼吸新鲜空气。房间逐渐被烟雾灌满了。

埃尔皮迪奥想过跳楼逃生。他试过把床垫从床上拽下来，再扔下楼接住自己，但床垫太重了，他只能放弃。他开始感到绝望。公寓越来越热，他觉得自己就要死了。他拿出了一把药，准备吃下去，至少能让自己免遭痛苦。但天主教信仰不许他自杀，于是他决定将命运交给上帝安排。他听到了客厅里的镜子破裂的声音，门外的火焰也在噼啪作响。整套公寓的烟雾警报器开始尖叫。"主啊，我将灵魂交于你手中。"他祈祷着。

🔥

7点30分，值班队长安德鲁·麦凯和他的小队戴着延长续航的呼吸器爬上了塔楼，去扑灭高层依然在燃烧的火焰。当他们爬楼梯时，发现地板上散落着水带，水从台阶上漫了下来。他们进入了12层的中央大厅，开始在公寓里搜救。第一间公寓已经完全被烧焦，所以他们离开了。第二间公寓里没有人。消防员们看到地上还留有居民们用来阻挡烟雾的毛巾。很可能是几小时前娜塔莎·埃尔科克和家人逃离的那间公寓。

第三间公寓非常热，门厅里有两处起火。其中一个消防员开始试着用消防水带扑灭火焰。突然，一间卧室的门打开了，出现了一位老人。

　　"他们身材高大，在我看来就像巨人一样，"埃尔皮迪奥在他的证人陈述中回忆道，"他们说：'加油，放轻松，我们会把你带下楼的。'主回应了我的祈祷。"埃尔皮迪奥在 8 点 07 分被背出了大楼。他是最后一个活着离开塔楼的居民。

18

"宇宙飞船砸在碎片大厦上"

伦敦消防局备受爱戴。火灾的第一阶段调查报告想要追究他们在格伦费尔火灾当晚的行为，这引起了人们的强烈不满。怎么能让出生入死的消防员们为企业和政府的责任买单呢？

但令人不悦的真相是，伦敦消防局确实有一些棘手的问题需要回答。尽管格伦费尔塔楼火灾的规模令人震惊，但消防局本应对高层住宅楼的大规模、不可控的火灾准备预案。然而由于自大，他们没有准备预案，也没能根据需要及时调整救援行动。

例如接听报警电话的问题。对拉卡纳尔火灾的 6 名遇难者的调查明确凸显了之后格伦费尔塔楼火灾所暴露的问题。陪审团认为接线员"显然认为被困者一定会被消防员救出来"，并且"他们的建议……严重依赖这一假设"。人们指责消防局对接线员的培训"没有鼓励他们积极倾听"，也没有"鼓励他们随机应变"。人们谴责培训文件"前后不一，相互矛盾"，尤其是在建议报警人在火灾中原地等待还是逃生这一问题上。[1]

但验尸官并未要求伦敦消防局做出改变，而是标注了"消防局已经采取了措施"。[2] 而事实上他们只采取了部分措施，并且执行得非常糟糕。早从 2010 年起，伦敦消防局的内部审查就发现局内"并未落实针对指挥中心员工进行长期充分培训"的计划。

他们发现培训内容也存在问题。"我觉得如果我们将这份幻灯片交上去（交给伦敦消防局内部审查拉卡纳尔火灾的董事会），我们一定会被骂得体无完肤。因为它并没有涵盖一些我们对董事会声称已解决的问题。"一位指挥中心的经理在 2011 年写道。[3]

即便是在拉卡纳尔火灾验尸结果出来之后，培训也被缩减至 4 个小时，并且减少了角色扮演的环节。员工们在指挥中心隔壁的一个房间内接受培训，如果打进的电话过多，他们还会被叫回工位。培训应该是每年一次，全体员工都要参加，但 2013 年的数据显示，只有 28% 的员工参加了培训，2014 年是 29%，而 2015 年则完全没有培训。原因是资源短缺，而且信息系统升级占用了员工们大量的时间。实际上，在拉卡纳尔火灾发生 8 年之后，伦敦消防局的接线员们并没有比之前准备得更充分，犯相同错误的比率甚至变得更高了。

对事故指挥官们的培训——尤其是针对何时放弃"原地等待"策略的培训——也无疾而终。尽管消防局对内部监察部门声称已经在 2013 年秋季完成了培训的开发工作，但实际上才刚刚开始。巴布科克国际公司是培训的私人供应商，他们声称该培训在格伦费尔塔楼发生时尚未完全投入运行，而且并没有包括关键的一点——放弃"原地等待"策略。从指挥中心到事故现场，一旦"原地等待"策略失效，伦敦消防局的一线员工们注定会因为没有接受过相关培训而不知所措。

但在消防局内部，至少是高层内部，他们是知道"原地等待"可能会失败的。比如在 2010 年 3 月，伦敦消防局在给大伦敦市政府的咨询回复中就曾警告现代覆层材料的风险，称"火焰会绕过防火屏障和防火墙，沿着覆层扩散开来"。

2012 年，伦敦消防局还致函内政部，警告称外墙使用了易燃材料的高层建筑火灾"可能会同时影响多各（原文如此）楼层，给扑救工作带来更大困难"。2016 年，牧羊人丛林地区的火灾发生后，消防局曾考虑警告伦敦其他建筑所有者其建筑立面所使用的易燃材料的危害。"这可能会'泄露天机'，让所有人都知道存在这个问题。"一名高层写道。

实际上，消防安全专家甚至已经准备了一份幻灯片，详细介绍了世界上其他地方覆层火灾的风险。"建筑立面火灾以及高层建筑外墙火势的疯狂蔓延，都会对建筑内部消防系统的有效性造成巨大威胁。"技术团队的一名成员在一次汇报的笔记中写道，这次汇报原本定在 2017 年 6 月——就在格伦费尔火灾的几天之后。尽管掌握了这些知识，消防专家们却从没为高层建筑制定过疏散方案，而似乎是带着一种英式侥幸态度，认为这种情况肯定不会发生在英国。

对于消防局未能为诸如格伦费尔火灾这样的事故做预案，时任伦敦消防局局长丹妮·科顿在火灾后出席公开调查时将其比作没有为"一艘宇宙飞船砸在碎片大厦（伦敦第一高楼）上"做预案，这激怒了幸存者。[4]科顿的表态未免过于虚伪了，毕竟伦敦消防局知道覆层火灾迟早会发生，可他们仍旧没有做好准备。[①]

---

① 伦敦消防局在开场陈词中表示，尽管世界各地的火灾提供了"很多防火性能方面"的知识，但那些火灾都和格伦费尔火灾不同，并承认英国建筑的设计并不适合在多个楼层展开救援与扑救。

"（遇难者家属和幸存者们）想要的不是英雄，
而是训练有素、按部就班的专业人士"

在调查中，伦敦消防局被多次形容为保守怯懦、效率低下、顽固不化。

而在国内其他地区，消防部门则有一套更为细致的事故决策流程——这是从事故指挥官们在压力下的心理研究中总结出来的。开发出这一模型的高级消防员在格伦费尔火灾发生前被调到伦敦消防局，却得知局里并不会采纳这个模型。在调查中被问及此事时，他说伦敦消防局的团队文化"非常保守"，"更愿意待在熟悉的舒适区里"。[5]

遇难者家属和幸存者的代理律师团指出，伦敦消防局的管理层文化倾向于根据消防实战经验提拔管理人员，却不对他们进行任何正规的管理能力培训。这些获得晋升的人接着再提拔后辈。律师们指出，这种制度滋生了将恪守成规奉为圭臬的职场文化，高级官员们因此都对新的理念持怀疑态度。其中一位律师——王室大律师丹妮·弗里德曼——将这种文化形容为："他们的灭火技能卓越，对标准技能有着肌肉记忆，能够融入守卫文化（watch culture）[①]，扮演着事必躬亲的魅力型领导角色……从 19 世纪消防概念出现直到今天，他们一直是勇气和服

①根据英国国王警事与消防及救援服务督察局（His Majesty's Inspectorate of Constabulary and Fire & Rescue Services）的定义，"守卫文化"是指一种常出现于消防部门中的亚文化现象。一线工作人员训练和生活在一起，便形成了具有自身价值观和文化特征的团体。——译注

务集体的理想化身。"[6]

在一项具有里程碑意义的消防救援心理研究中，社会学家（同时也是前消防员）戴维·贝金特提出，是"强烈的雄性心理需求"占据了主导地位，促使消防员们冲进火场。[7]这种与火焰缠斗并消灭火焰的英雄本能是英国消防部门的基石，也是"原地等待"政策所需要迎合的。在 2021 年 8 月的意大利米兰，面对一场大规模覆层火灾，消防部门在确保所有人都安全撤离之后，便任由它继续燃烧。尽管这场大火和格伦费尔火灾不同（这栋楼并没有住满，并且火灾发生在中午而不是半夜），但还是能体现出不同的救援哲学。尽管失去了一栋楼，但米兰的这场火灾中并没有人员丧生。可"疏散侠"并不是英国消防部门眼中自己的角色。"（遇难者家属和幸存者们）想要的不是英雄，而是训练有素、按部就班的专业人士。"丹妮·弗里德曼大律师补充道。

在调查的举证阶段，这种文化的阴暗面时不时便会冒出来。调查展示了员工培训所使用的图片，其中一张是一个上身赤裸的男消防员从大火中抱出了一名穿着内衣的女子。现任局长安迪·罗回忆，自己曾在值班时听到过有人公然发表种族主义言论——他讲了一件小事，一名消防员在离开一个亚裔家庭的火灾现场时说："巴基斯坦人可真能生。"① 他说自己反正不想让混

---

① 调查笔录，2021 年 11 月 30 日。罗先生说这个例子是守卫文化的"真实写照"，但又补充道，他认为"我们的回复中不存在种族主义或者厌女主义"。他发起了一项针对种族和性别歧视的审查，但在本书撰写时还未有报道。

血的女儿加入消防局。遇难者家属和幸存者团体的代理律师、
王室大律师伊姆兰·汗说，由于存在这个问题，消防局"最起
码也应该考虑到自己是否有能力为伦敦多样化的种族人群提供
合适的服务"。[8]

"滚出去"

关于消防部门的失职，还有一个更具普遍性的故事。这个
故事始于 2004 年，英国新政府的法规废除了国内标准，裁撤了
国有的中央消防顾问委员会（the Central Fire Brigades Advisory
Council）。一夜之间，所有负责消防的国家机构都消失了，取而
代之的是地方主义。

重大政策的决定权被从选举产生的国家政府下放到个体势
力手中：46 个不同的权力机关各自按照自己的章程办事，全由
本地优先事务和地区领导人说了算。因此伦敦消防局成了最高
责任部门。

之后他们便遭遇了 21 世纪 10 年代财政缩减的致命打击。
尽管再多的消防员和消防车也不太可能改变格伦费尔塔楼火灾
的结果，但几年前的财政缩减无疑导致了培训和预案不到位，
况且这些削减数额巨大。

2013 年，高级政府顾问、前消防员肯·奈特爵士——就是
驳回了洒水器改装计划的那位——为联合政府发布的一篇针对
消防和救援服务的评论指出，过去 10 年，报警率下降了 40%，
可消防开销却维持不变。他表示，让地方消防局提高执行"效

率"可以"省下"2亿英镑。⁹这就意味着削减开支——而且基本都是从员工身上扣。根据国家审计署统计，截至2017年，消防局裁掉了1/4的员工。2010年，他们的全职当量①员工数为41632人，而到2017年，这一数字下降到了32761人。¹⁰

实际负责伦敦市财政削减的是时任市长鲍里斯·约翰逊。尽管伦敦消防局的管理层表示反对，约翰逊还是坚决贯彻削减计划。在他担任伦敦市长的8年里，伦敦消防局遭遇了共计1亿英镑的财政削减，552名消防员、27台消防车和10个消防站被裁撤。关键在于，岗位裁员严重影响了后勤支持团队——共有324个岗位被撤，占总岗位的29%。¹¹高级官员的数量也被削减了——与其他消防部队相比，伦敦消防队的后勤人员和高级官员人数与一线消防员的比例要小得多。很难让人相信这与格伦费尔火灾前的预案缺失和准备不足毫无瓜葛。这也在整体上削弱了伦敦的应变能力，让我们在不断变暖的世界中惴惴不安。2022年7月，破纪录的高温在伦敦周边地区引发了数起重大火灾，令羸弱的消防系统难以招架。

2013年9月，在就市长的计划展开辩论时，一名工党政客指责他在削减所带来的影响上撒了谎。约翰逊叫他"滚出去"。¹²

---

① 全职当量（full-time equivalent）是一种衡量单位，是用雇主的实际工时数除以单个全职员工的理论工时数，通常在公司包含全职和兼职员工的情况下用于计算相当于雇用了多少全职员工。——译注

19

火灾之后

西伦敦的天空破晓了，而一场人道主义惨剧正徐徐拉开大幕。逃出塔楼的人们一无所有了。从出生证明到牙刷，大火烧毁了他们的一切。与此同时，家人和朋友们聚集在楼下，焦急地等待着所牵挂的人的消息。

人群被警察一点点地推到了休闲中心。"警察大声喝令我们后退。就好像'公共秩序'比关心受害者还要重要似的。"埃迪·达芬说。有一名救护车司机大声叫他"回家"——全然不知他的家已经被毁了。他还记得有一名警察冲他骂脏话。"那时唯一有帮助的就是本地的人们送上的茶、水和安慰。我不记得有任何应急救援部门或者地方议会的人过来查看我们的情况，"他说，"我们就这样被扔在路边，失魂落魄。"

作为地方议会，RBKC 有应对灾难的法律义务，他们要为无处可去的人们搭建"休息中心"，给他们安排可以栖身的紧急住所。英国红十字会也到达了现场，当地的教堂、青少年活动中心和清真寺都向居民们敞开了大门。但地方议会却没有现身。他们没有派人来到现场，甚至连应急救援队也费了很大劲才找到市政厅重大事故处理办公室的门钥匙。结果就是，事故现场地面上的情况一片混乱：人们无处可去，也不知道该向谁获取信息。

卡里姆·穆西里是来塔楼寻找舅舅希沙姆的，他描述了自己 7 点 20 分到达现场时看到的景象："我不敢相信自己的眼睛，那就像是恐怖片或者灾难片里的场景。太疯狂了，而且那种味道——我至今都记得那股燃烧的塑料味——我这辈子都没闻过。我现在还能想起来那股味道。"[1]

他绕着临时休息中心转了一圈，但因为不是火灾幸存者所以被拒之门外了。现场到处也看不到地方议会或 TMO 的人。他说尽管火灾后有警察在场，但他们看上去像是随时准备和谁"干一架"，让不该待在这儿的人"赶快走"。

他说自己看到楼底用消防员们的 T 恤衫堆成的悼念处，才意识到叔叔没能逃出大楼。消防员们在 T 恤上写了附言，其中一件上写着"致 22 层及以上的住户，很抱歉我们没能去救你们"。

卡里姆的舅舅在塔楼 24 层 204 号公寓居住，也在这里丧生。他身体不好，行动不便，但和很多人一样，地方议会将他安排在接近顶层的公寓里，丝毫没有考虑他在紧急情况下逃生的能力。

纳比尔·舒凯里在调查中讲述了自己前来寻找 6 名住在塔楼的亲人时的恐慌："一切都很含糊，一切都很混乱。你以为在一场紧急灾害中一定会有计划、有组织，但是……一切都很凌乱，实在是太混乱了。没有人帮助我们。我们好像要永远这么找下去，但没人帮我们，没人想帮我们，完全不知道该怎么办。"[2]

他的兄弟希萨姆跑了 11 家医院打听家人的消息。他说："那种感觉就好像你的五脏六腑都被扯碎了，（因为）没有人来沟通，也没有新消息。"

几周之后，官方才终于确定兄弟俩的 6 名亲人在火灾中全部遇难。其他家庭则是在塔楼外的混乱中以口信的方式得知了他们最害怕听到的消息。他们震惊而悲伤的尖叫声引来了媒体摄影记者，记者们第二天便将这些本应属于他们最私密时刻的影像贴上了报纸。还有一些人直到 8 月才收到官方确认，或者在收到确认之前就已经从新闻报道中得知孩子已经遇难的消息。还有人永远也等不来官方的消息。[3] 由于缺乏信息，官方很难统计死亡人数。而且警方明显也很担心，如果发现实际死亡人数比现有数据中的更多，可能会引发骚乱。在一份火灾发生 4 天后的风险评估报告中，当地警局写道："我们认为火灾造成的死亡人数可能会大量增加。并且出于未知原因，后续披露任何信息都会加剧社区的紧张氛围，尤其是在我们推测大部分受到影响的人都是穆斯林的情况下。"这份文件被社区的代理律师团称为带有"伊斯兰恐惧症"和"种族歧视"色彩。①

和很多其他幸存者一样，尼克·伯顿和皮莉在逃出塔楼之后也被带到了休闲中心的运动馆。这里的环境相当混乱：医护人员正忙着照看惊魂未定、浑身是灰的居民，还有许多人躺在体操垫上。他们先接受检查和治疗，然后被抬上救护车送往伦敦

---

① 调查笔录，2022 年 6 月 27 日。伦敦警察厅表示，该文件还提到与当地穆斯林社区的合作，并"强烈反驳"任何有关"伊斯兰恐惧症"的指控。

各地的医院。从满是烟雾的楼梯间艰难下楼之后，娜塔莎·埃尔科克也被送往了医院。

为了保证每个人都能得到帮助，地方议会要对需要帮助的人进行登记。人们在到达休息中心后会报上自己的名字，可地方议会却没有一个收集这些信息的系统。一箱箱写着受害者姓名和详细信息的纸质表格就这样散落在挤满幸存者的教堂和大厅里。

这就是个问题了。没有受害者的明确信息，就不可能在火灾后的几天内找到他们并施以援手。居民们被安排住进西伦敦的酒店，然后就被抛弃了。一大家子人挤在一个单间里，刚刚失去亲人的人无人照顾，家长们找不到可以给孩子奶瓶消毒的设备，包括残障人士在内的一部分居民被安排在高层的房间——这让刚刚经历了火灾创伤的他们饱受折磨。而那些成员有特殊情况（比如失智症）的家庭，也没有获得任何帮助。有人住在酒店里好几天也没有和官方取得联系。还有人因为房间预定已经到期，收到通知之后片刻就被扫地出门。

还有 845 名住在与塔楼相连的低层建筑中的居民。他们在火灾中得到了疏散，可他们的家此刻也被警戒线围了起来并且需要修缮：房门在疏散过程中被警察破坏了，很多公寓都被用来扑灭塔楼火焰的水淹了，而且所有的公寓都没有暖气、热水和烹饪设施：因为负责供应所有公寓的公用锅炉位于塔楼的底层，现在也不能使用了。

但他们也不会得到重新安置——地方议会单纯觉得这么做太麻烦了。于是他们要么去和亲友住在一起，要么睡在住宅区休闲中心的床垫上，很多人都不知道还有后者这个选项，只能露宿街头。第二天他们就得知要回到没有电、水和暖气的家里了。他们的孩子会在杀死了他们同学的火灾留下的灰烬和烟尘里玩耍。[4]

而警方对待社区的态度也很恶劣。他们冲着寻找亲人的家属们大喊大叫，威胁要把他们抓起来。遇难者亲属们回忆道，自己被像"罪犯"一样对待。有报道显示，警方的高级官员曾明确表示他们害怕会发生"另一起达根事件"，即2011年北伦敦的马克·达根[①]被枪杀之后发生的骚乱。反恐部门也来到现场，目击者回忆说，当家属们搜寻自己的家人时，警察正全副武装地在塔楼附近的街道上巡逻。[②]

"我不禁想，如果我们的社区是在这个行政区的另一边，更富有的那一边，如果我们是另一阶层的人，如果我们不是少数族裔，那么他们在灾后的反应也会缓和很多，"逃出了大楼，却在火灾中失去了她的兄弟和家人的哈南·瓦哈比在2022年的调查中说，"他们就会及时到场，他们就会感同身受。"[5]

为什么他们对火灾的应对如此混乱？RBKC本可以请求外部支援来帮助他们有效地应对火灾，毕竟这场火灾无疑已经超

---

① 2011年8月4日，29岁英国黑人男子马克·达根（Mark Duggan）在北伦敦托特纳姆地区遭警方开枪射杀，理由是警方怀疑他可能持有武器。达根的死因引起托特纳姆民众的公开抗议，随后演变成警民冲突，最终激化为在全伦敦及英国其他城市发生的骚乱。——译注

② Renwick D. and Shilliam R., *Squalor*, 2022。伦敦警察厅否认曾派持有武器的警察到场，并称他们"不会采纳"一名发誓曾看到过他们的证人的证词。

出了地方议会的处理能力。伦敦其他地区政府一整天都在发来邮件，表示愿意帮助提供住房或者为休闲中心增派人手。实际上，官方有一套在重大事故发生后启动泛伦敦应急系统的流程。但 RBKC 的首席执行官尼古拉斯·霍尔盖特却没有选择这么做。火灾第二天早上，他的应急规划主管建议他请求外部支援时，他说："那样就显得我们应付不了了。"

RBKC 反而诬陷起了居民们。霍尔盖特先生在一次战略协调组织会议上说，他们"很担心社区内的紧张氛围"，因为"有敌对分子大肆发表关于事故的负面言论"。在这次会议上，一份来自社区与地方政府部的报告称，他们担心"个别心怀不满的居民"正在"抹黑目前形势，借此煽动暴民"。报告称"一小撮已知的本地教唆者"正在"煽动伤痛和怒火，他们为了达到进一步的目的持续捏造事实"，并说部里可能需要"警方的支持"。[6] 而在地面上压根连骚乱的影子都没有——除了火灾后的周末，肯辛顿市政厅出现了一次喧闹的抗议活动，主要参与者都是外部活动人士。但中央政府还是担心会发生骚乱。高级公务员兼首相特蕾莎·梅的国家安全顾问马克·赛德维尔在内部邮件中写道，如果不改进应对方式，这场大火很可能会成为"我们的新奥尔良"（指 2005 年卡特里娜飓风后出现的骚乱）。

在一片混乱中，蒂亚戈·阿维尔斯——那名在火灾初期就逃离了 14 层的学生——离开了和家人临时避难的公寓，去见了自己的女友。他发现自己把地铁卡落在了塔楼的公寓里，现在已经被烧毁了。所以他只好步行了一公里左右，来到和女友约定的咖啡店，他的双腿自顾自地走着，他的思绪一片模糊。"我好像开启了全自动驾驶模式，"他说，"像同时经历冰火两重天。
我一进到咖啡店就抱住了她（他的女友），瞬间崩溃大哭。"他
在 10 点左右回到了塔楼附近和家人过夜的公寓，看见妹妹伊内
丝正在收拾书包。他问她要去哪里，她说自己要去参加复习了
很久的 GCSE 考试。

"我说：'你认真的吗？'"他回忆道，"我告诉她可以不去
的，这属于特殊情况——但她坚持要去。"她参加了考试。交
卷后，她坐在座位上大哭了起来。两个月后，她收到了成绩
单——她得到了一个 A。

虽然政府的应对混乱不堪，但本地社区组织前来补救了。
火灾后的几天里，蒂亚戈和其他几位居民陆续在住宅区里的波
多贝罗青年橄榄球俱乐部会合。这个救济组织很快就成立了，
他们拒绝了蜂拥而至的媒体和好心的志愿者们，只对遇难者家
属和幸存者们开放。他们还为居民发放现金用来添置失去的财
物。在火灾后的几天里，这家橄榄球俱乐部取消了常规活动，
一心一意地应对灾后救援。他们还做了其他很多事情，比如组
织将居民送往酒店和医院，组织供应衣物，搭建临时药房和医
疗点，供应智能手机和笔记本电脑，还运来了迪克森连锁店的
家庭大礼包，里面有电视、烧水壶和微波炉等电器。[7]

艾马纳尔清真寺也向幸存者们敞开了大门。从火灾发生几
个小时到几天后，他们接纳幸存者，向他们发放床上用品、衣
物、洗漱用品和其他必需品。志愿者们为遇难者家属提供了心
理咨询支持，之后甚至出现了针灸和艺术疗愈服务。他们还组
织了不同宗教信仰的祷告会，组织社区和地方政府、消防部门、

警方和中央政府之间的早期会议，解答幸存者和遇难者家属的问题，排解他们心中的怒火。那些政府完全无法提供的尊严和帮助，都被这些社区组织弥补了。

火灾的第二天，哈桑——拉尼亚的丈夫，也是法提亚和拉尼亚的父亲——返回了伦敦，他之前一直在埃及照顾生病的亲戚。一位在清真寺与他结识的幸存者去看望他，两人拥抱在一起。"一直在控制情绪的是我……可哭出来的也是我。"这位朋友回忆道，"他对我说，他的原话是'一切赞美归于真主，无论我们经历何种痛苦'。我想这可能反映了我们穆斯林的传统，无论你经历了什么，都要克服它，你会经历痛苦，你会寻求外部的帮助，但在内心……我们要努力寻找内心的平静，接受……真主的神圣旨意。而对我来说，我就是——震惊于他的反应，他为何能够如此理智。这令我大为感动。"五年后，当在一场报告中还原拉尼亚、法提亚和哈尼亚遇难时的场景时，这家人的律师复述了这个故事，并说尽管哈桑和他的社区"努力追寻信仰中的平静"，他们同样也在"追寻正义"。

与此同时，一些被送医的居民情况也不容乐观。马尔西奥·戈梅斯入院接受了 6 天的治疗。由于在楼梯间吸入了烟雾，妻子安德烈娅的情况更为严重。她昏迷了 15 天，一度只有一半的生还可能。他们的孩子们也住进了医院，陷入了诱导昏迷①。

————

① 诱导昏迷（induced coma）是指用麻醉性药物使病人陷入暂时的昏迷或深度无意识状态，通常在人体受伤后用来避免大脑肿胀，为身体争取恢复时间。——译注

"地方议会和 TMO 从未联系过我们。只有一位邻居和我们取得了联系，并问我们是否需要衣服或者别的东西。这是在火灾一周后，"马尔西奥说，"他们（地方议会）说以为我们去了家人那里住。但这只是他们的揣测。"[8]

RBKC 最终把马尔西奥安置在了几公里之外的一家酒店里。他想住得离医院近一点，但地方议会却说帮不了他。"他们就这样把我扔在一边，在我需要帮助的时候袖手旁观，真是令人恶心。"他说。最终，医院为他提供了一间公寓，麦当劳餐厅资助的一家慈善机构为他垫付了 3 周的房租。

在安德烈娅昏迷期间，医生告诉马尔西奥，洛根——他那尚未出世的儿子——已经死亡，被从昏迷的母亲腹中剖出来时已经没有了呼吸。马尔西奥目睹了全过程，将儿子小小的尸体抱在怀里。安德烈娅在火灾发生 15 天后醒了过来，她问的第一个问题就是："孩子怎么样了？"他不得不告诉她，孩子已经去世了。他说："告诉她孩子已经没了简直要了我的命。她甚至都没来得及抱抱他。"

20

国家丑闻

格伦费尔塔楼事件并不只存在于西伦敦的一栋楼上，而是暗示了一个波及全国的重大问题。第一个重大启示在火灾9天后降临在了几公里之外的北伦敦。

社会住房的房东们开始疯狂检查他们的高层建筑所使用的覆层，陆续查出有几栋住宅楼使用了格伦费尔所用的极度易燃的ACM。他们发现卡姆登地区的查尔克茨住宅区的5栋住宅塔楼都使用了这款材料。不仅如此，负责其覆层工作的还是赖登公司和哈利公司——正是负责格伦费尔塔楼覆层的公司。地方议会进一步调查发现，这些塔楼的防火门和隔断也存在问题。完全就是格伦费尔塔楼的翻版。

鉴于格伦费尔事件的余波加剧的恐慌正在席卷全国，卡姆登地方议会决定杜绝一切风险。6月23日晚，700多套公寓的住户被连夜转移，至少有一百人临时住进了一座休闲中心，睡在英国红十字会提供的充气床垫上。[1]

这只是一场持续至今的全国性危机的开始。政府设立了一个服务中心，专门接收其他塔楼住宅的覆层样本，所牵涉的大楼数量与日俱增。火灾一周后，就已经有3栋塔楼送来的样本没有通过测试。这一数字也在逐日增长——5栋，9栋，15栋。

等到下一个周末，这个数字达到了近 30 栋。

这些数字摆在眼前，很明显是出了重大问题。我们的法律怎么会允许这么危险的材料在这么多高层建筑上使用了这么久？陆续有报告援引专家的话称英国的法律比欧洲其他地方宽松。0 级标准成为焦点，同样成为众矢之的的还有政府的明显失职——没有吸取拉卡纳尔公寓火灾的教训。

而暗地里，政府正在准备推诿责任。他们并不想就这样承认自己的法律不严，而且忽视了警告。火灾后的第二天，他们就宣布要开展公开调查。[2] 虽然这一过程最终揭示了上述许多令人震惊的事实，但它同样保证了任何棘手问题都会被拖上几年。每当人们批评政府的明显过失，大臣们就会不厌其烦地用"我们必须等调查结果出来"推辞。

政府同样在祖护《许可文件（B 类）》的缺陷问题上串通一气。时任社区与地方政府部 ① 最高级别的公务员梅拉妮·道斯，在格伦费尔塔楼火灾之后才通过简报了解到政府的过失。她说自己此前甚至从未听说过拉卡纳尔公寓火灾——可见在之前的几年，拉卡纳尔火灾并未在部门内得到多少重视。

加文·巴韦尔——就是跨党派议会组织曾多次向他本人发出过警告，劝其进行改革的那位——是上一任主管建筑法规的大臣，后来成为特蕾莎·梅首相的幕僚长。"加文，希望一切都好，"道斯女士在最后一位居民逃出格伦费尔塔楼几个小时后给

---

① 该部门在 2021 年 9 月被时任首相鲍里斯·约翰逊更名为"地区平衡发展、住房和社区部"（Department for Levelling Up, Housing and Communities）。——译注

他发了短信,"我只是想告诉你,这场可怕的火灾会凸显政府在修订建筑法规上的拖延。所以作为前住房大臣以及唐宁街 10 号的一员,你可能需要亲自了解一些情况。"[3]

负责建筑法规官方指导的公务员布赖恩·马丁,如今发现自己正处在风暴之眼。这位名不见经传的中层公务员对许多隐情心知肚明,包括 2001 年那场暴露了产品危害性的测试、拉卡纳尔火灾后的无所作为,以及对明确警告的忽视如何日积月累成一场浩劫。但他并没有如实向上级汇报,而是告诉他们这些材料都已经被"有力禁止"了。[4]

但建筑法规并不是这样的:它要求建筑商们要确保墙壁能"充分防止"火势蔓延。但它并没有做出任何规范上的禁令。而指导意见中的 0 级标准意味着政府几乎就是在积极地为这种危险的材料做背书。但政府还是坚称已经禁止使用这种材料了。《泰晤士报》的一篇报道暗示实情可能正相反,官员们便带着事先准备好的材料找到独立专家进行驳斥。[5] 火灾之后的周六,在向新任大臣阿洛克·夏尔马汇报的说明会上,马丁纠集的一群专家一致认为官方指导已经禁止使用该材料了,并且认为该材料仍被使用的可能性非常低,理由是官方指导中的"填充材料"一词包括了 ACM 墙板的注芯。但马丁届时已经知道业界普遍并没有理解这个词的含义。曾有人建议他进行澄清,但他没有。[①]

---

① 马丁说他在火灾发生后的第一时间里一直专注于事件本身,因此他并没有向上汇报之前收到的警告和存在的问题。他说声明中出现了"所有覆层面板都必须'有限可燃'"这一条是出于"疏忽",因为自己在火灾之后的几天里长时间工作,非常疲劳。

6月22日，政府发布了官方声明。在如今已经臭名昭著的一封信中，梅拉妮·道斯对住房供应商们写道，"填充材料"一词是指"覆层系统的所有组成部分"都应该"具备有限可燃性"。在明显有违事实的情况下，政府依然公开声称已经禁止使用易燃覆层。在调查中，马丁拒绝承认这封信是"你和你身边那些改写了历史的人们……为了保护政府立场而做出的……有计划、有目的的卑劣行径"。[6] 调查委员会将择期就此做出判断。但无论是否带有目的，后果都一样显而易见。在过去的30年里，所有的错误都被掩盖起来了。

但有件事是掩盖不住的，那便是存在于全国无数栋建筑上的此类材料。截至6月28日，送检的所有120款材料样本全部未通过测试，而每天都还有新的样本送来。真相逐渐显现——建筑法规存在极其严重的问题，不安全的覆层材料在国内大行其道，政府必须采取行动了。

全国住房联合会（National Housing Federation）是众多住房协会的代表组织，他们敦促政府采取"迅速、果断、富有战略性的措施保证全国建筑的安全"。该组织的首席执行官写道："这是一项重大行动，只有政府才有能力帮助我们所有人承担这项责任。这项行动花费巨大。但国家有能力，也有义务为其买单。"[7] 但政府另有打算。

6月27日，政府任命了一个专家组来指导自己如何做出正确回应。专家组的主席是政府的长期顾问肯·奈特爵士，BRE的首席执行官彼得·邦菲尔德博士也是成员之一。[8] 他们建议在BRE的实验室中对包含ACM的覆层系统进行一系列测试。测试持续了整个夏季，其中有 4 套系统严重不达标。一套与格伦费尔塔楼所用的覆层相似的系统表现尤为夸张，火焰只用了 7 分钟就烧到 9 米高的测试装置顶端。但专家组并没有要求将这款材料从建筑上移除。政府也没有拨给使用了这款面板的住宅楼一分钱的修复经费，反而建议这些建筑的所有者"自行寻求专业建议"。[9]政府并不认为这是自己该解决的问题。

为防止危机大白于天下，政府采取了不少措施。尽管被波及的建筑数量在持续更新，但你根本不知道它们在哪儿。政府以国家安全为借口，声称如果公布这些建筑的位置，恐怖分子可能会点燃覆层。因此，他们要求地方政府不得按照《信息自由法案》的要求提供这些建筑的详细信息。不管是否真的出于这种考虑，这的确导致媒体报道在火灾后的几个月内集体哑火，民众的愤怒也无迹可寻。这些建筑的住户窗外迅速搭建起了脚手架，而他们可能永远也不知道这背后的全部真相。

政府也严重低估了后续事件的规模。截止到彼时，事件的焦点还仅限于社会住房。出于某种原因，政府坚信这种问题只会发生在最穷的人的房子上。"我反复重申的问题其实非常简单，"时任国务秘书赛义德·贾韦德在 2017 年 9 月说，"这种火灾会发生在私人的豪华公寓楼里吗？"

他暗示答案是否定的，因为他说这场火灾警示我们要"彻底重新思考国内的社会住房"。但私营地产也辜负了贾韦德的信任。放松管制的影响根深蒂固，建筑业很少受限，受到其后果波及的不只是全国的上百栋社会住宅楼。危机即将爆发。而对危机的处理不力将为全国各地成百上千名公寓住户带来灭顶之灾。

丽图·萨哈和丈夫在 2009 年从印度来到英国。"我们想开启一场冒险,"她说,"我们想游遍欧洲。"

夫妇俩在伊灵租住了几年,同时把钱存起来留着买公寓时支付定金。他们先申请了长期居留,之后又申请入籍。"因为我的理财观念相对保守,所以我想尽快摆脱负债,"她说,"这套房子是我背上的第一笔债。"夫妇二人在布罗姆利的北点大厦找到了一套公寓。"我们非常喜欢那套房子。"她回忆道。他们在 2015 年 12 月拿到了钥匙。"我们那时真的非常高兴。有的女孩子会梦想拥有自己的家庭,但我一直梦想拥有自己的房子,"丽图说,"我用存下来的钱买了漂亮的家具。我可太知道要把我的房子布置成什么样子了。"

2017 年 6 月,和这个国家的其他人一样,丽图也看到了格伦费尔塔楼的影像。"我从没想过格伦费尔那样的火灾会发生在我住的楼里,"她说,"我已经在那里住了一年半了,公寓楼被维护得非常好。"

但 2017 年 12 月,他们收到物业的一封信,信上说他们正在调查大楼的覆层,应消防局要求,将有一队警卫进驻大楼。信上说警卫将在 1 月撤离。但新年后的一天,一位邻居敲开了她的房门,问她知不知道他们每周要集体付给那些在前台无所事事的保安 6500 英镑的服务费。她说:"那是我第一次察觉到要出大事了。"[10]

在英国,私人公寓的所有者并不能真的拥有他们的公寓。他们只是房产的长期承租人,而建筑本身通常依然归负责开发的私营企业所有。这些房东可能对物业管理没什么兴趣，主要是将房产作为其投资者创收的有效方式。尽管不是实际拥有者，但根据英国法律，承租人却要承担公寓的维护支出。而现在要将覆层陆续从上百栋私人住宅楼上拆下来，这就成了一个问题。这项工程的开销是巨大的，通常单笔费用是 3 万英镑左右，但最高可以达到 6 位数。可住户们没有这么多钱。除此之外，他们突然每个月又要为长期安保——也叫"守夜人"（waking watches）——额外承担 500 英镑的费用，以在火灾发生时疏散全楼人员。而且住户们的保险公司发现了他们住在被易燃覆层包围的房子里，于是大幅度提高了保费——最高涨幅超过 1000%。[11]

住户们起初想提起诉讼，认为让他们承担这些不公平的账单是违法的。但他们接连败诉。法律可能不公平，但那就是法律。截至 2018 年 3 月，有 300 多栋建筑被确认使用了危险的 ACM，却只有 3 栋得到了修缮。其中的一百多栋都是私人住宅楼，需要承租人买单。曼彻斯特中央选区的工党议员露西·鲍威尔说："如果政府不迅速采取行动，这将会是一场巨大的国家危机。"[12] 而政府真的什么都没做。

以埃迪·达芬、娜塔莎·埃尔科克和蒂亚戈·阿尔维斯为代表的幸存者和遇难者家属组成了游说组织"格伦费尔联盟"（Grenfell United），迫于他们的压力，特蕾莎·梅终于在 2018 年 5 月承诺会调拨一些资金。她从政府建造平价新住房的资金池中撤出了 4 亿英镑用于补救社会住宅楼。但她没为私人住宅楼做任何事。政府才不会为私有住宅买单。他们依然拒绝为格伦费尔塔楼负责，坚持认为那不是自己的问题。他们能给予承租人们的最大帮助就是微弱地、反复地恳求私有建筑所有者们"为所应为"。他们坚称人们可以放心地住在这些房子里——因为有守夜人啊。

北点大厦的守夜人依然还在，但住户们已经无法承受其所带来的经济压力了。丽图的邻居们决定自己来守夜。2018年圣诞节，她穿着荧光色夹克，在自家空荡荡的走廊里踱步，检查有无火灾迹象。丽图并不是个例。被牵涉的人数即将迎来指数性增长。

ACM或许是过去30年里在我们住房墙壁上安装的最危险的材料，但不是唯一危险的材料。还有能够释放令人窒息的有毒气体和其他物质的易燃隔热层：聚苯乙烯涂层、木质的覆层和阳台，还有高压胶合板（也是拉卡纳尔公寓使用的材料）。此外，还有很多建筑缺少防火屏障——和格伦费尔塔楼显现出的劣质工艺如出一辙。2018年秋天，一套由胶合板墙板和易燃隔热层组成的覆层系统用测试表现向政府展示了什么叫"灾难级的失败"。而这套系统被广泛应用于世界各地。政府反复强调任何易燃材料都被官方指导禁止了，说任何易燃的、没有通过大规模测试的材料都要从建筑上拆除。

结果导致一片混乱。现在，英国的每一栋建筑都要确定自己的外立面是否使用了易燃材料。但这项任务并不该由评估员或者测试机构来完成。但如今，放贷机构意识到了这个问题。他们不想为要花大价钱来维修，甚至可能被付之一炬的房子提供抵押贷款。于是他们开始拒绝贷款申请，除非能够证明房子符合政府官方指导要求。房产销售市场就这样陷入停滞。

人们得知，在昂贵的补救工作开始之前，自己的公寓一文不值。这就意味着他们无法出售公寓。由此产生了一系列悲剧，有人不能搬去和生病的亲人住在一起，有人不能为生孩子而升级住房，还有一位居民抽泣着告诉英国广播公司，她的家如今变成了"监狱"。"我只想搬出去。"她喃喃地说道。[13] 受牵连的居民们都经受着严重的精神折磨。2019 年春季的一项调查显示，64.8% 的住户表示自己的精神受到了"严重影响"，69.5%的人说他们每天都对未来感到焦虑不安，81.6% 的人精神压力过大，77.6% 的人患上了焦虑症，65.8% 的人存在睡眠障碍，23% 的人陷入抑郁，并且有 8.7% 的人有轻生念头。[14] "除非你身处其中，不然你根本无法想象不确定性所带来的影响。我无比希望自己从未为了攒钱买房而努力工作，"一位受访者说道，"我时时刻刻都会感到压力、焦虑、抑郁、失落、被抛弃、心如死灰。"

但丽图并不打算就这样接受现状。她开始在《卫报》《住房观察》和独立电视台（ITV）等媒体上发声。一位采访过她的《卫报》记者出了一个主意——既然这显然是一个全国性问题，那么为什么不成立一个运动组织来解决呢？

她采纳了这个建议，主要是因为这样她便有机会获得报纸的重点报道。她通过推特和其他一些住户取得了联系，他们一起宣布成立了英国覆层行动组织（UK Cladding Action Group）。

相似的事情也发生在曼彻斯特——受影响的住宅楼的居民们聚在一起，意识到有一场硬仗要打，他们需要团结应战。他们成立了一个名为"曼彻斯特覆层斗士"（Manchester Cladiators）的组织。两个组织一起联系了《住房观察》，该杂志曾经发布过一系列针对这一问题的报道，我们还在 2019 年 4 月发起了"结束我们的覆层丑闻"（End Our Cladding Scandal）活动支持他们。在格伦费尔塔楼火灾的遇难者家属和幸存者们的帮助下，这场活动促使政府调拨了 2 亿英镑，足以支付将 ACM 从高层建筑上拆除的费用。而对于其他材料，人们只能自费拆除了。

在接下来的几个月里，一系列火灾印证了易燃覆层的危害。2019 年 6 月 9 日，格伦费尔火灾两周年纪念日即将到来之际，在一栋住宅楼的阳台上，烧烤炉倾翻后点燃了极度易燃的木质覆层。所有人都逃了出来——但许多人是死里逃生。有的人只能踹开打不开的磁力门逃生，有名男子带着装在盒子里的宠物猫从 5 层阳台爬了下来。火焰洞穿了大楼内部。许多没有财产保险的住户失去了所有家当，许多宠物被活活烧死。[15]

11 月，火焰又毁掉了另一栋住宅楼——这次是博尔顿地区的"方块"学生公寓。这栋住宅楼使用了胶合板制成的覆层面板。一切都因阳台上一根被弹落的香烟而起，火焰摧毁了建筑的外立面。大曼彻斯特市消防救援中心成功疏散了大楼，但这又是一次死里逃生。[16]

这些火灾背后是上万名怒不可遏、心痛欲绝的承租人——由于房子卖不出去，他们的血汗钱化为乌有，还要面对未来可能会导致他们倾家荡产的账单。政府出台了一项支持行业进行补救的措施——EWS1 表格，由验房师签署后可以向放贷机构证明住宅楼的安全性。可结果却适得其反。看到有保障资金安全的机会，放贷行业开始要求所有高度的住宅楼都要提供该表格——甚至偶尔还会对经过改造的联排别墅提出此要求。于是，数以千计的住宅楼都加入了修缮的候补名单。

之后的几年里，在居民们持续不断的施压下，这一情况得到了缓慢的改善。政府稳定地为补救危险建筑提供了越来越多的资金，目前已经累计到达 90 亿英镑——大约有 40 亿来自住房行业的捐助。尽管多次否决了相关提案，但在 2022 年初，政府终于通过了一项法案，通过建立一个向其他责任方索赔的程序，至少可以为许多大楼的住户提供一些维修资金支持。但这个程序又烦又慢，令人苦不堪言。这种压力不可挽回地毁掉了许多人的一生——我听到过的故事包括离婚、失去毕生积蓄、破产、事业被毁，甚至差点失去孩子。甚至有报道称，由于无法承受住在危楼内的压力以及高昂的维修费用，有些人实在不堪重负，选择了自杀。[17] 然而，在格伦费尔火灾 5 年之后，在经历了如此多的痛苦之后，许多楼房依然没得到修缮。尽管高层建筑上的绝大部分 ACM 覆层已经被移除，或者至少开始移除了，但在由于其他问题，向政府申请资助的 3000 多栋大楼中，只有 30 栋完成了工程。我们尚未掌握中层建筑的明确数据。据政府的保守估算，大约有 6620 至 8890 栋、约 50 万人居住的建筑存在"生命安全风险"，需要进行修缮。还有许多尚未被发现，更不用说着手施工了。[18]

令人遗憾的是，除了拆除覆层，我们还有很多方面都没能吸取格伦费尔塔楼火灾的教训。

如果说将易燃材料从建筑墙上扒下来是一项复杂又昂贵的挑战，那么不把它们装上新建筑的外墙应该就简单多了。可是在格伦费尔火灾之后，禁止新建筑使用易燃材料竟然变得更困难了。

隔热材料制造商金斯攀在火灾发生六周后便着手为反对修改规定奔走了。他们聘请了一家大型公共关系公司助其进行游说，以确保任何变化都不会损害他们的商业利益。两家公司一起拟定了一张有影响力的议员的名单，并定向给他们发消息：易燃隔热层可以安全地用在高层建筑上，只要安装得当。[19]

一份外泄的公司高层 2017 年 9 月的会议纪要详细介绍了这个策略。"支持（大规模）测试，支持案头研究。"纪要写道。它还写道公司将"向不可燃材料的标准提出质疑"。[20]

而另一边，政府聘请了独立专家朱迪丝·哈吉特女爵审查建筑法规并给予改进意见。但她在 2018 年春季发布的审查结果中过于给政府面子了。尽管她说建筑行业存在"价格战"，但她毫无异议地采纳了官方的立场，认为官方指导已经在实际上禁止易燃覆层的使用，于是它们依然出现在建筑上的原因只能是：违规。

结果便是她并不建议对法规进行实质性的变更，反而认为应该增加新的流程来帮助参与建筑项目的各方更高效地进行沟通，并明确划分各阶段的安全责任方。政府欣然接受了这些变更，但如果不收紧法规，就无法保证安全。实际上，她的审查报告建议维持放松管制所导致的现状。她写道："本次审查的目的不是告诉那些（住宅塔楼的）责任人'应该怎么做'，而是让他们能够明智地决定需要采取哪些措施才能保障他们名下建筑的安全。"[21] 因此，她认为没有必要明令禁止使用易燃材料。

这立刻遭到了格伦费尔联盟的公开抨击。该组织在报告发布前和朱迪丝女爵面谈过。他们对相关法规的漏洞了如指掌，并且毫不含糊地表达了自己的诉求：他们想要政府禁止使用这种材料。"我们深知使用危险的覆层会以生命作为代价，"娜塔莎·埃尔科克说，她正在自己的超市经理工作和领导团队工作中找寻平衡，"这就是为什么哈吉克的报告应该禁止再次使用该材料。"[22]

在该组织的压力下，政府的态度出现了180度的大转弯。他们宣布计划禁止18米以上的建筑使用易燃材料。这是撒切尔时代以来首个针对特建建筑的限制令。

但也仅此而已了。18米以下的建筑实际上依然放任自由——甚至格伦费尔火灾前为数不多的几项标准都不适用于这些最高可达6层的建筑。这就导致了一种怪象——放贷人站在规避风险的角度要求中层建筑斥巨资拆除易燃材料，而与此同时，75%的18米以下新建筑外墙都含有易燃产品。[23] 直到2022年5月，政府才更改这一领域的规定。即便如此，他们依然不愿颁布全面禁令，而是称11米至18米高的建筑只能在一套通过了大规模测试的覆层系统中使用易燃材料。

但格伦费尔大火从来都不仅仅与覆层有关。世界上的其他火灾都证明，如果人们能够逃出建筑，覆层火灾其实不会引起大量伤亡。除了警告我们要将危险的覆层从高层建筑上拆下来，格伦费尔的灾难还要求我们放弃对"原地等待"的全面依赖。而在这一点上，我们同样没有做到。

在听取了火灾当晚的相关证词之后，格伦费尔塔楼火灾调查委员会于 2019 年 10 月发布了第一阶段调查报告。委员会的核心诉求是要求建筑所有者们抛弃对"原地等待"的深信不疑。报告指出，建筑所有者们应该制定备选方案。所有建筑都应该制定疏散预案，以防防火隔断意外失效。他们也应该安装手动警报器，这样消防中心就可以在必要时向全楼或部分区域发出疏散信号。除此之外，他们也应该为残障住户定制 PEEP。[24]

政府立即承诺将全面执行报告的建议，而在这背后也存在阻力。2020 年 4 月，消防和住房行业的代表和内政部召开了一次秘密会议，讨论如何执行委员会的诉求——政府可是公开承诺过的。（我后来拿到的）纪要显示，双方认为在所有高层建筑落实 PEEP"完全不切实际、完全无从下手"。"'原地等待'策略对弱势群体是有益的——他们待在公寓里才安全。"会议纪要如是写道——这可是在格伦费尔塔楼 41% 的残障居民因为听从了"原地等待"指令而丧命的两年后。他们同样反对制定常规疏散方案。"除了简单重复'原地等待'策略的标准，我们很难了解到疏散方案应该包括哪些部分。"会议纪要写道。他们还基于"性价比（毕竟不便宜）"对安装警报器提出了质疑。[25]

政府很显然听取了建议。2020 年夏季，他们的磋商重点又回到了 PEEP 上，认为它应该只适用于安装了危险覆层的住宅楼里。这激怒了遇难者家属们，萨金娜·阿弗拉塞哈比的子女们发起了一项司法审查，强制要求政府兑现他们为所有居民制定 PEEP 的承诺。面对棘手的诉讼，政府做出让步，并承诺会重新进行磋商。

这次磋商产生了对 PEEP 的压倒性支持，83% 的受访者都认为应该引入这一政策。可政府却反其道而行之。在本轮磋商结束后，有些建筑所有者担心这会增加全职岗位，由此增加成本，政府和他们展开了一对一会谈。结果在 2022 年 5 月，政府宣布将不会采纳调查委员会的建议，称要求建筑所有者准备疏散方案"不合适"，甚至宣称这类方案"不安全"，因为残障人士会妨碍其他身体健全的人逃生。相反，政府让残障住户们在大多数建筑中继续采取"原地等待"策略。那些住在危险住宅中的人会将他们的详细信息分享给当地消防队，除此之外，没有其他帮助他们逃出大楼的方案了。这个政策说白了就是：如果他们在消防队赶到之前被困在了火场里，那他们就死定了。

萨拉·伦尼是一名轮椅使用者，住在使用了危险覆层的住宅楼，她一直呼吁为残障住户提供疏散方案。她说：

> 我生下来就有残疾，所以从上学时起，但凡火警响起、别人都跑向安全地带时，我只能坐在楼梯间里。在还是孩子和青少年时，我接受了这一切。我觉得这是我的命。和全国各地的残障人士一样，我每晚也枕着焦虑和恐慌入眠，而且坦白地说，我今天读到政府的发文时备感创伤，他们认为别人的生命都比我的更有价值，因为我会妨碍他们逃生。[26]

我们对"原地等待"的依赖——在这一点上我们已经成了全世界的异类——仍如此强烈，以至于我们不愿采取其他能让人们从火灾中逃生的措施。如我所说，英国和韩国依然是世界上仅有的两个允许任何层高的建筑都只设有一个楼梯的国家。我们依然在几乎所有居民楼里都不配备火灾警报器，也依然没有共同致力于给高层建筑安装洒水器，尽管2013年拉卡纳尔火灾的验尸官早就这么建议了。

相反，我们似乎将"原地等待"酿成的错归结在覆层上。于是，我们一直笨拙地试图将它们从英国所有的建筑上拆下来，而不是将资金投入在采取更多保护措施上，也没有为人们提供在火势失控时迅速撤离的方法。

这就意味着我们尚不能保证格伦费尔的悲剧不会再次上演。早在格伦费尔火灾的数年前，专家们就称覆层是英国消防安全计划中的"盲区"。它本可以不是，却真的成了盲区。我们相信我们的建筑是安全的，却忽略了这一生死攸关的风险。即使我们真的设法将其他建筑上最危险的覆层系统拆除，也还会有别的盲区。木框架建筑的风险高得惊人——火焰能钻进墙后的空间，点燃整栋住宅楼的框架。我们曾见过大型建筑就这样被大火夷为平地，其中一些还发生在格伦费尔火灾之后。越来越流行的"现代建筑方法"也存在类似的风险。这些公寓楼都是用数十套工业预制的部件搭建起来的，能够快速在工地完成组装。但如果内部结构存在缝隙，并且没有得到恰当的保护，火焰便可以从建筑内部撕开一个口子，危及整个架构。类似的火灾2020年曾经发生在设得兰群岛的一家酒店内——整栋建筑烧

得只剩下一堆瓦砾。²⁷

我们现在所需要的，也是我们一直以来都需要的——强有力的法律法规，以及为杜绝不正之风而准备的强制措施，但也要制订备选计划甚至第二备选计划，以防保护措施失效的情况。

世界正在变暖。炎炎夏日为火灾提供了完美的打火匣，还会有更多的火灾发生。尽管我们已经目睹了格伦费尔塔楼的种种不幸，但还是有可能再次目睹有人被困在熊熊燃烧的大楼中的可怕景象。据说政府官员们曾说："倒是给我看尸体啊。"如今他们看到了，但什么都没有改变。

21

"请铭记格伦费尔"

格伦费尔塔楼的故事被渲染成一桩"谁该为其他塔楼的修缮工作买单"的国家政治丑闻，人们有时好像把格伦费尔社区抛在脑后。

　　但对这个社区的人们而言，过去的五年是饱受折磨的五年。媒体对火灾的兴趣来得快去得也快，社区要开始面对自己的损失了。幸存者和遇难者家属不仅要同悲伤和愤怒斗争，还要经历失败的安置工作，他们中还有很多人仍然只能住在酒店或者临时住所中。许多人都被诊断出患有创伤后应激障碍，或者火灾导致的其他精神问题。[1]

　　身体健康的问题也不断凸显。许多在塔内吸入了窒息气体的人都患上了被当地人称作"格伦费尔咳嗽"（Grenfell cough）的病，许多在楼外围观以及住在附近的人也未能幸免。[2] 对这些住户来说，目睹朋友们葬身火海给他们留下了巨大的阴影，让他们每天都在挣扎中过活。"那种阴影好像要朝你砸过来，"一名住户告诉《住房观察》，"我每天都想哭。住在这里的每一天，我都会起鸡皮疙瘩。孩子们跟我说：'妈妈，我看到鬼了。'"[3]

　　与此同时，人们也为逝者举行了葬礼。黛比·兰普瑞尔的发小们从北伦敦赶回城里和她道别。她生前工作的荷兰公园歌剧院的歌手和乐手们也前来吊唁。她的母亲曾在一所学校当厨娘，为一代人提供餐食，当送葬的队伍经过这所学校时，全校师生都出来送别。她的骨灰被安放在伦敦市火葬场公墓，在她挚爱的父亲身旁。

"我真不知道她是怎么做到如此乐观向上的。不是因为有钱或者别的原因；但她拥有自由，她热爱自己的事业，也爱身边的人。我觉得这让她成为一个富足的人。"她的母亲之后在调查的陈述中追忆道。

"我是个一无所有的老太太。或许黛比的离去能够让我们意识到自己的不正常。黛比是一个了不起的、不同凡响的人，能够拥有她这样的女儿是我莫大的福分。"

拉尼亚的姐姐拉莎飞抵了伦敦。"我依然不相信她已经不在了，我在经过的人群中寻找她的面孔，直到看到她躺在停尸房里。我希望从来没有在那里看到她。"拉莎回忆道。

"我请求和她单独待一会，然后我听到她告诉我她很好，让我替她走下去。我觉得这是真实的，不是我的想象，我向她保证会替她走完她的路。"

几年过去了，拉莎告诉我她相信妹妹依然和自己在一起。"每当我遇到困难，我就会和她聊天，她的灵魂总会安慰我困难终会过去。我一直在进步，学会了游泳、骑自行车，还减了肥，就像她一样。她还在我身边，每当有人把她当作逝者提起时，我依然会有点懵，我知道拉尼亚一直在我心中，只是除了我别人都不知道。"

拉尼亚小时候特别迷恋威廉王子，她经常告诉拉莎自己长大后要嫁给他。当拉莎看到威廉王子出席悼念格伦费尔逝者的纪念仪式时，她笑泪参半。"是哪个姑娘总有办法得到想要的东西呀？"她说，"是拉尼亚。"

周复一周，月复一月，火灾一周年纪念日很快就要到了，很显然，逃出格伦费尔塔楼的居民的安置工作一塌糊涂。

简而言之，问题在于很多房产都是为格伦费尔的人买的，而不是**和**格伦费尔的人一起买的，但却希望他们接受硬塞给他们的东西。特蕾莎·梅在火灾一周后夸下海口，说为幸存者们准备了164套房子。但事实证明，很多房子都不适合他们。比如，对低收入居民来说，位于辖区内富人区的房子意味着他们负担不起儿童托管费用，他们的子女也无法入学。有的房子没有根据残障居民的需求进行改装。还有的房子位于高层住宅楼中，经历过创伤的孩子们一步也不想踏进楼内。他们还为格伦费尔社区提供了一栋住宅楼，可在20名幸存者搬进去之后，大楼被查出存在"严重"消防风险——包括有缺陷的防火门、大楼外墙的部分区域存在可疑覆层。[4]

幸存者们在竞价过程中相互竞争最好的房子。其他家庭则被分配了或是潮湿或是有怪味的房子。他们拒绝接受私人出租的住所，害怕一旦接受就会失去自己的社会住房租户身份。最终结果便是，几个月里，饱经创伤的家庭要么挤在酒店房间里，要么到处睡沙发或者待在临时居留点。[5]这并不容易。例如，贝拉尔·艾格努尼和妻子逃出塔楼后被安置在一个酒店房间里。但在他们的孩子们出院后,酒店经理想把一家人赶出去,理由是很多人都要住这间房。在火灾一周年之际,仍然有 60 户人家无家可归。

与此同时,尼克·伯顿正在照顾妻子皮莉。在火灾后的混乱中,他和妻子被分别送去了不同的医院,但他最终在北伦敦的皇家自由医院找到了她。皮莉的情况不容乐观——和多数后半夜逃出塔楼的居民一样,她也在下楼过程中形成了严重的烟雾吸入伤。她本身就虚弱的身体令痊愈变得更加困难,并且火灾的创伤进一步恶化了她的失智症。"你该如何向她这种情况的人解释发生了什么呢?"尼克之后在问讯中说道,"她的房子没了,她的狗没了,她的好朋友和邻居们可能也没了,还有很多朋友下落不明。她父母的骨灰存放在我们的公寓里,也没了。一切都没了。太难以承受了。"

2018 年 1 月,皮莉经历了一次中风。在两周的生命支持治疗后,医生告诉尼克他们已经无能为力。他把床垫搬进了她的病房,整日整夜握着她的手,就这样过了一周。1 月 29 日,在儿子刚刚踏入病房后,她呼出了最后一口气。尼克说,她好像在等他一样。

"一个人的生命,她的灵魂,她的人生,就这样没了。无论你信仰何种宗教,这都是一个非常悲伤的时刻。"他说,"我们都不懂生命的意义,真的。我们都并不真的知道自己是什么,不知道自己是谁,也不知道什么样的生活在等着自己。但我们都很幸运,能和一个这样好的人共度 34 年光阴,我真的很幸运。我们开心过，欢笑过，一起经历人生的点点滴滴，这很美好。这就是我们所能做的一切了。"

🔥

整个社区还要和调查缠斗，被似乎永无止境的法律流程围困。调查在一系列对逝者的纪念活动中开始。数个家庭受邀介绍他们的生活。他们的故事或幽默，或感人，或暖心，或令人心碎，或令人愤怒。一位失去了 5 岁儿子的父亲的发言让我久久无法忘记。他说如果他们没被要求原地等待——一名凌晨 2 点到达的消防员告诉他们的——他的儿子本可以活下来。

"那天之后的每一分钟我都在想：如果我们没在原地等待会怎么样？如果那名 2 点左右过来的消防员没有让我们待在原地并关上了门，而是带我们离开了，又会怎么样？如果？这些'如果'让我的心、我的头因为伤痛和愤怒而炸裂，让我心如刀绞。但我还要继续微笑，不能哭，不能外露你的情绪，坚强起来，做个男子汉，做个坚强的父亲。我的生活成了一片废墟。谈论起发生的事都会让我们受不了。（我的小儿子）都不敢直视（哥哥的）照片。我无法面对镜中的自己。他的母亲靠宗教和信仰强撑着活下去，而我直到三周前才敢再次念出我那美丽的儿子的名字。"

过去的几年间，他们听过需要承担责任的企业和社会团体字斟句酌的声明，字里行间充斥着苍白无力的同情，却格外仔细地解释为什么他们公司不应该为格伦费尔事故承担责任。调查委员会自己的律师称这种态度是"转着圈儿地推卸责任"（a merry-go-round of buck passing）。

他们也不得不目睹这场教训被拉出公众视野，英国脱欧谈判、政治动乱、新冠疫情以及战争都在分散公众的注意力，西伦敦听证室内的证词逐渐淡出了人们的视线。

当埃里克·皮克尔斯——拉卡纳尔公寓火灾验尸官致函的时任大臣——终于在 2022 年 4 月出庭作证时，他痛斥质询他的律师在一个话题上耽搁了太长时间，并说他"承诺过今天上午就会走"，因为他"今天非常忙，要见很多人"。接着他向火灾的"96 位无名受害者"致敬，然后结束了作证。事后，他承认自己把这场悲剧和 1989 年的希尔斯伯勒体育馆坍塌事故弄混了。①

无数人急切渴望的，是正义。但正义还有一段距离。警方正在积极调查，已经对 40 多人进行了问讯，其中一些人收到了警告，但直到调查报告出炉才能实施抓捕——这可能要等到 2023 年了。② 即便如此，庭审也要持续好几年，并且正如希尔斯伯勒的惨剧所证明的那样，这个过程并不能百分百保证胜利。前路漫漫且充满变数，而与此同时他们还要承受着悲伤、愤怒

---

① 调查笔录，2022 年 4 月 7 日。在 2021 年安德鲁·迪瓦恩去世后，希尔斯伯勒事故的实际遇难人数变成了 97 人。皮克尔斯勋爵为自己在作证过程中的"无礼"，以及记错了遇难者人数而对家属造成的冒犯致歉。

② 2020 年 2 月，英国总检察长同意保护调查中的证人免于自证其罪。这意味着检察官不能使用口头回答来进一步推动指控回答者的案件。媒体广泛将其误报为免于起诉。但检察官仍可以利用现有的其他证据进行指控。

和惨痛的损失。

2021 年夏季，我采访了马尔西奥·戈梅斯。他们一家人搬进了新房子，可所发生的一切仍在他心中挥之不去。他回忆起有一次他正在踢足球，却突然发现自己完全喘不上气了。

"我去看了医生，他们说这是我的心理作用，"他说，"每当我感到费力，我都会回想起逃出塔楼的时候。而且由于我的身体还记得我吸入的烟雾，因此它就停止工作了，这让我呼吸困难。"

他只能请专家帮助他"重新学会呼吸"。他说他们一家人的新房子很好，但那不是家。"塔楼才是我们的家，"他说，"可它不在了。"

尼克·伯顿在皮莉去世后进行了一趟环球旅行。他每到一个国家，就会来到消防站，给他们讲格伦费尔火灾的故事。"我所到之处，人们都听说过格伦费尔的事，他们都想请我进来聊聊。"他说。他巡游的目的是确保其他地方的消防部门不会犯同样的错误。他会问他们对建筑物火灾的预案，以及当地高层建筑都使用什么覆层。

回到伦敦后，他搬进了一套带小花园的一层公寓，距离塔楼只有两公里不到。后花园铺着整齐的盖板，墙上挂着色彩鲜明的现代画作。但尼克给我看的第一件东西是一台烧焦的破笔记本电脑。警方最近才将它交还给了尼克，它也成了从和皮莉幸福生活了许多年的公寓中尼克所能复原的最大物件。"我还没有适应一个人的生活。"他说。

火灾 5 周年之际，整个社区在塔楼附近的街上组织了一次沉默游行，之后在塔楼地基举行了集会。发言者们呼吁正义，要求将责任人绳之以法，敦促政府做出改变。在火灾中失去舅舅的卡里姆·穆西里说：

> 5年过去了，我们却还在这里说着同样的事。我情不自禁地想到我们失去的孩子们。每当我闭上眼睛，依然能听见他们在玩耍。而如今，我们并没有比最初的时候更接近正义。
>
> 但我们学到了什么？其实很简单。那就是政府根本不在乎你。他们之前没在乎过，以后也不会在乎。就是这么简单……你要从我们身上看到你自己。你要明白，所发生的事并不是什么可怕的意外，它本可以轻易避免，但他们就是允许它发生了。请铭记格伦费尔。这些问题如今依然存在。永远不要任它远去。

🔥

历史上有许多节点都可以在格伦费尔塔楼火灾后的几年里成为故事的终点。但我要选择的是2020年6月22日下午6点，东伦敦坎宁镇的一栋高层住宅楼的13层——这里距离1968年坍塌的罗南之角塔楼只有一箭之遥。

和格伦费尔塔楼一样，费里尔角公寓也在翻修时安装了ACM覆层。工程也是由赖登公司和哈利公司完成的——它们正是负责格伦费尔塔楼翻修工程的公司。和格伦费尔一样，费里尔之角内部也存在严重的消防安全漏洞——阿诺德·塔林等专家在格伦费尔火灾几天后递交给英国广播公司的报告中将其形容为"骇人听闻"。[6]

2020年6月22日，格伦费尔火灾刚刚过去3年，一场火灾从费里尔之角的13层开始了。大火烧碎了窗户，喷涌而出的烟雾冲向东伦敦上空，火舌舔舐着楼外的覆层。

但火灾到此为止。多亏了格伦费尔塔楼火灾幸存者和遇难者家属的奔走，政府在2018年5月不情愿地掏出了4亿英镑用于拆除其他高层住宅楼上的ACM覆层。费里尔之角便是这笔资金的受益者之一。覆层的拆除和重装工程在几个月前刚刚结束。150多名住户撤出了大楼，无一人受伤。傍晚7点45分火势便得到了控制，大多数住户都回到了完好无损的公寓里。[7]

这是我们应该从格伦费尔事件的后果中吸取的一个小小的积极教训。在看似无尽的挫折和打击中，幸存者、遇难者家属以及追求正义的活动家们也曾取得过胜利。

导致格伦费尔塔楼火灾的世界看上去无可救药地不诚实。这是一个关于企业体系的故事，这个体系纵容人们抛弃自己的良知和自制力，只考虑销售额和利润率。政府机构常常只知道唱高调而无视人的生命。在年复一年地聆听这些体系内的人的证词后，你会深深感到他们被困住了。他们只是转动齿轮的工兵，而背后的机器远远不是他们所能控制的。

但从格伦费尔塔楼的悲剧中，我们也可以看到人性的另一种面貌。它是那些停下逃生的脚步去帮助邻居们逃出燃烧的大楼的人；是那些在无水可带、无线电失灵甚至无法确定大楼是否会随时垮塌的情况下，依然返回火场、在烟雾弥漫和致命高温中走上楼梯间的消防员；是在国家耻辱性地没能做出响应时，清真寺、教堂和志愿组织展现出的人道主义回应；是那些在火灾前站出来为邻里发声、要求房东妥善对待他们、在火灾后继续为他人而战的人。

我们站在这样一个世纪的边缘：在导致格伦费尔火灾的放松管制的经济后果威胁着整个世界时，我们都必须以某种方式加入这场战斗。在任何微小的胜利中，我们至少可以瞥见一个更美好世界的曙光。

22

逝者

在你刚刚读完的火灾事件中，有许多名字都被省略了。有人对采访感到不适着实有情可原。因此在前面的章节中，我只引用了经过亲属同意的受害者事例。还有一些人很难取得联系，所以最好还是不要打扰他们的隐私和哀痛。但如果要写一个关于格伦费尔的故事却没有纪念那晚逝去的每一个生命，那是不对的。

一共有 72 位逝者。其中 18 位是儿童。每一位都被爱着。每一位都被留在世上的人深深怀念着。每一位都因为这个体系的错误、贪婪和无情而承受了无法言喻的痛苦，这个体系把他们的家变成了一个死亡陷阱。以下是他们的名字：

法提亚·艾哈迈德·艾尔撒努西（Fathia Ahmed Elsanousi）、阿布弗拉斯·穆罕默德·易卜拉欣（Abufras Mohamed Ibrahim）、伊斯拉·易卜拉欣（Isra Ibrahim）、穆罕默德·阿梅耶德（萨比尔）·内达（Mohammed Amied [Saber] Neda）、希沙姆·拉赫曼（Hesham Rahman）、拉尼亚·易卜拉欣（Rania Ibrahim）、法提亚·哈桑（Fethia Hassan）、哈尼亚·哈桑（Hania Hassan）、马尔科·戈塔尔迪（Marco Gottardi）、格洛丽亚·特雷维桑（Gloria Trevisan）、雷蒙德·赫伯特（摩西）·伯纳德（Raymond

Herbert [Moses] Bernard）、艾丝拉·艾尔格瓦里（Eslah Elgwahry）、玛丽梅·艾尔格瓦里（Mariem Elgwahry）、安东尼·基思·迪森（Anthony Keith Disson）、巴西姆·舒凯尔（Bassem Choukair）、纳迪娅·舒凯尔（Nadia Choucair）、米尔娜·舒凯尔（Mierna Choucair）、法蒂玛·舒凯尔（Fatima Choucair）、宰纳卜·舒凯尔（Zainab Choucair）、哈希姆·凯迪尔（Hashim Kedir）、努拉·贾迈勒（Nura Jemal）、叶海亚·哈希姆（Yahya Hashim）、菲尔道斯·哈希姆（Firdaws Hashim）、雅各布·哈希姆（Yaqub Hashim）、西莉亚·舒凯尔（Sirria Choucair）、阿卜杜勒阿齐兹·艾·瓦哈比（Abdulaziz El Wahabi）、法乌奇亚·艾·瓦哈比（Faouzia El Wahabi）、亚辛·艾·瓦哈比（Yasin El Wahabi）、努尔·胡达·艾·瓦哈比（Nur Huda El Wahabi）、迈赫迪·艾·瓦哈比（Mehdi El Wahabi）、莉加娅·穆尔（Ligaya Moore）、杰西卡·乌尔瓦诺·拉米雷斯（Jessica Urbano Ramirez）、奥马尔·贝尔卡迪（Omar Belkadi）、法拉赫·哈姆丹（Farah Hamdan）、马拉克·贝尔卡迪（Malak Belkadi）、莱纳·贝尔卡迪（Leena Belkadi）、玛丽·阿贾伊·奥古丝塔·门迪（Mary Ajayi Augusta Mendy）、卡迪亚·塞伊（Khadija Saye）、维多利亚·金（Victoria King）、亚历山德拉·阿塔拉（Alexandra Atala）、穆罕默德努尔·图库（Mohamednur Tuccu）、阿迈勒·艾哈迈迪（Amal Ahmedin）、阿马亚·图库·艾哈迈迪（Amaya Tuccu Ahmedin）、阿姆纳·马哈茂德·伊德里斯（Amna Mahmud Idris）、玛乔丽·维塔尔（Majorie Vital）、厄尼·维塔尔（Ernie Vital）、黛比·兰

普瑞尔（Debbie Lamprell）、加里·芒德斯（Gary Maunders）、贝尔克蒂·哈夫托姆（Berkti Haftom）、比鲁克·哈夫托姆（Biruk Haftom）、哈米德·卡尼（Hamid Kani）、伊萨克·保罗斯（Isaac Paulos）、萨金娜·阿弗拉塞哈比（Sakina Afrasehabi）、法蒂玛·阿弗拉塞哈比（Fatemeh Afrasiabi）、文森特·切金纳（Vincent Chiejina）、卡迪亚·卡鲁菲（Khadija Khalloufi）、卡姆卢·米亚赫（Kamru Miah）、拉比亚·贝根（Rabeya Begum）、穆罕默德·哈米德（Mohammed Hamid）、穆罕默德·哈尼夫（Mohammed Hanif）、胡斯纳·贝根（Husna Begum）、约瑟夫·丹尼尔（Joseph Daniel）、希拉（Sheila）、史蒂文（史蒂夫）·鲍尔（Steven [Steve] Power）、宰纳卜·迪恩（Zainab Deen）、杰里迈亚·迪恩（Jeremiah Deen）、穆罕默德·艾哈加里（Mohammad Alhajali）、丹尼斯·安东尼·彼得·墨菲（Denis Anthony Peter Murphy）、阿里·亚瓦尔·贾拉里（Ali Yawar Jafari）、阿卜杜勒–萨拉姆·赛巴尔（Abdeslam Sebbar）、洛根·戈梅斯（Logan Gomes）、皮莉·伯顿（Pily Burton）。[1]

致　谢

许多人都对本书做出了贡献。首先——我要感谢 Oneworld 团队对本项目的坚定支持和辛苦付出。尤其感谢亚历克斯·克里斯托菲（Alex Christof）看好本项目的潜力。感谢塞西莉亚·斯坦（Cecilia Stein）在多个阶段的悉心建议，以及在困难时刻的同情与理解。感谢里达·瓦夸斯（Rida Vaquas）、保罗·纳什（Paul Nash）和霍利·诺克斯（Holly Knox）的火眼金睛以及对初稿的精雕细琢。感谢丹和伊内丝至关重要的引荐。

感谢《住房观察》的所有人。我们对消防安全和格伦费尔塔楼调查的报道从来都是团队努力的结果，没有你们的付出就不可能有这本书。特别感谢马丁·希尔迪奇（Martin Hilditch）的远见卓识和给予我的信任，他总是支持我们追踪故事的走向。感谢杰克·辛普森（Jack Simpson）、卢克·巴勒特（Luke Barratt）、索菲·巴恩斯（Sophie Barnes）、纳特·巴克（Nat

Barker）、格兰妮·卡夫（Grainne Cuffe）、露西·希思（Lucie Heath）以及所有协助完成对调查进行报道这一艰巨任务的人们。

感谢建筑安全监察局（the Building Safety Regulator，BSR）和社区代理律师们，感谢他们在调查中极其出色的工作，为本书许多细节的披露做出了贡献。

感谢菲尔·墨菲（Phil Murphy）和雷米·穆罕默德（Remy Mohamed）阅读了早期草稿并给出了极富价值的反馈。感谢乔纳森·埃文斯（Jonathan Evans）、伊恩·艾布利（Ian Abley）和安德鲁·查普曼（Andrew Chapman），没有他们的帮助，我可能永远也搞不明白错综复杂的《许可文件（B类）》。感谢阿诺德·塔林（Arnold Tarling）、萨姆·韦布（Sam Webb）以及他们的团队，他们在我出生之前就一直为提高高层建筑安全性作斗争，如果没有他们，《住房观察》可能要花上很久才会提出这些问题。

感谢黛博拉在关键时刻给予的重要的专业支持。

感谢露西对我的信任、建议和支持。如果没有你，我永远也无法做成这一切。感谢妈妈和爸爸给予我的一切。感谢扎利亚的耐心和爱。感谢本杰明和塞缪尔能一直包容爸爸总在工作，没时间陪他们玩。

最后，我要感谢格伦费尔社区那些信任我来讲述这个故事的人——特别是与我直接对话分享他们经历、允许我讲述他们挚爱之人的故事的人们。我真心希望我的书能够报答你们的信任，也希望你们翘首以待的正义早日到来。

注　释 [①]

序

1. Davenport, J. et al, '40 lives saved in Camberwell Tower inferno', *Evening Standard*, 6 July 2009. https://www.standard.co.uk/hp/front/40-lives-saved-in-camberwell-tower-inferno-6784010.html.

2. 调查笔录，2021 年 12 月 6 日。

3. Barnes, S., 'Government delay in reviewing fire safety regulations "putting tower blocks at risk"', *Inside Housing*, 7 March 2017. https://www.insidehousing.co.uk/news/news/government-delay-in-reviewing-fire-safety-regulations-putting-tower-blocks-at-risk-50024.

4. Apps, P., 'A stark warning: the Shepherd's Bush tower block fire', *Inside Housing*, 11 May 2017. https://www.insidehousing.co.uk/insight/insight/a-stark-warning-the-shepherds-bush-tower-block-fire-50566.

---

① 本部分一些网址已失效，为保全资料完整性，故予以保留。——编注

1 00:54

1. 对话有删减。

2.《格伦费尔塔楼火灾第一阶段调查报告》，第四卷，第 515 页。该报告向公众公开，见 https://www.grenfelltowerinquiry.org.uk/phase-1-report。

3. 同上，第 515 页。

4. 贝哈伊鲁·凯贝德，调查证词。https://assets.grenfelltowerinquiry.org.uk/documents/Inquiry%20Witness%20 Statement%20of%20Behailu%20Kebede%20and%20 accompanying%20Exhibits%20BK%3A1%20-%20BK%3A3%20 IWS00000490_0.pdf.

5. Slater, B., 'Revealed: the brands linked to the most appliance fires', *Which?*, 15 February 2018. https://www.which.co.uk/ news/2018/02/revealed-the-brands-linked-to-the-most-appliance-fires/.

6. 约翰·格洛弗博士，《格伦费尔塔楼火灾第一阶段调查报告》。https://assets.grenfelltowerinquiry.org.uk/documents/Dr%20John%20Duncan%20Glover%20 report%20%28Phase%201%20-%20supplemental%29%20 JDGR0000001.pdf.

7. 专家证据，2018 年 11 月 7 日，第 133 页，第 20 行。https://assets.grenfelltowerinquiry.org.uk/documents/transcript/ExpertEvidence-27-November-2018.pdf.

8. https://www.judiciary.uk/wp-content/uploads/2014/07/ Lapping-2014-0214.pdf.

9. 如未标记出处，引语均来自消防员或居民在调查第一阶段的证词。

10.《格伦费尔塔楼火灾第一阶段调查报告》，第四卷，第 593 页。

11. Howkins, R., 'Concerning the lifts at Grenfell Tower', September 2020. https:// assets.grenfelltowerinquiry.org.uk/. RHO00000003_Report%20of%20Roger%20 Howkins%20 concerning%20the%20lifts%20at%20Grenfell%20Tower%20 %28September%202020%29.pdf.

12. 托尼·恩莱特，提交给澳大利亚委员会的覆层安全性证据，2017 年 9 月 6 日。https://www.aph.gov.au/Parliamentary_Business/Committees/Senate/Economics/ Non-conforming45th/Interim_report_cladding.

13.《格伦费尔塔楼火灾第一阶段调查报告》，第四卷，第 597 页。

14. 迈克尔·唐顿，调查证词。

2 "垃圾倾倒场"

1. 'Case Study On The Ronan Point Tower Block History Essay'. https://www.ukessays. com/essays/history/case-study-on-the-ronan-point-tower-block-history-essay.php.

2. Hilditch, M., 'One man's battle to improve tower block safety', 15 May 2018. https:// www.insidehousing.co.uk/insight/insight/one-mans-battle-to-improve-tower-block-safety-56202.

3. 同上。

4. 同上。

5. Wearne, P., *Collapse: When Buildings Fall Down* (TV Books Inc, 2000).

6. Hansard, 'Ronan Point and Tower Blocks', 19 February 1985. https://api.parliament. uk/historic-hansard/written-answers/1985/feb/19/ronan-point-and-tower-blocks.

7. Charles II, 'An Act for Rebuilding the Citty of London', 1666. https://www.british-history.ac.uk/statutes-realm/vol5/pp603-612.

8. FBU, 'The Grenfell Tower Fire: a crime caused by profit and deregulation', 23 September 2019. https://www.fbu.org.uk/publications/grenfell-tower-fire-crime-caused-profit-and-deregulation.

9. https://hansard.parliament.uk/Commons/1982-11-23/debates/544b803f-79cf-4c15-88e3-1ce59a78311f/HousingAndBuildingControlBill?highlight=system%20building%20control%20must%20above%20reproach%20building%20control%20officers%20local%20authorities%20independent%20not%20owe%20their%20position%20one%20developer%20that%20must%20continue%20anything%20would%20unacceptable#contribution-65a9cd98-3045-4936-bca1-06c76b75d4f4.

10. Lords Hansard, 'Housing and Building Control Bill', 5 April 1984. https://api. parliament.uk/historic-hansard/lords/1984/apr/05/housing-and-building-control-bill-1#division_4.

11. Apps, P., 'Special investigation, how the government missed the chance to prevent the cladding crisis', *Inside Housing*, 13 June 2021. https://www.insidehousing. co.uk/insight/insight/special-investigation-how-the-government-missed-the-chance-

to-prevent-the-cladding-crisis-in-the-1990s-71109.

12. Bisby, L., 'Regulatory testing and the Path to Grenfell', 2022. https://assets. grenfelltowerinquiry.org.uk/LBYP20000001_Professor%20Luke%20Bisby%20 Phase%202%20Report%20-%20Regulatory%20Testing%20and%20the%20 Path%20to%20Grenfell_1.pdf.

13. 调查笔录，2022 年 6 月 13 日。

14. Connolly, R. 'Investigation of the behaviour of external cladding systems in fire', https://assets.grenfelltowerinquiry.org.uk/RCO00000001_Investigation%20of%20 the%20behaviour%20of%20external%20cladding%20systems%20in%20fire%20 -%20Report%20on%2010%20full-scale%20fire%20tests%20CR143_94%20-%20 Fire%20Research%20Station.pdf.

15. Morgan, P., Martin, B., Morris, T., 'Fire at Garnock Court, Irvine on 11 June 1999', https://assets.grenfelltowerinquiry.org.uk/BRE00035377_Report%20by%20 the%20BRE%20into%20the%20fire%20at%20Garnock%20Court%20in%20 Irvine%2C%20Scotland%2C%20prepared%20for%20North%20Ayrshire%20 Council%20by%20Brian%20Martin%20and%20others.pdf.

16. 消防安全发展集团备忘录（ROF 26）。https://publications.parliament.uk/pa/ cm199899/cmselect/cmenvtra/741/9072003.htm.

17. 窗户与覆层技术中心代表斯蒂芬・莱德贝特的备忘录（ROF 45）。https:// publications.parliament.uk/pa/cm199899/cmselect/cmenvtra/741/9072011.htm.

18. 环境、交通与地方事务特别委员会首份报告，《建筑外墙覆层系统的潜在扩散 火灾风险》，https://publications.parliament.uk/pa/cm199900/cmselect/cmenvtra/ 109/10907.htm.

19. 布赖恩・马丁，2022 年 3 月 17 日。

20. 作者采访。

21. 布赖恩・马丁，调查笔录，2022 年 3 月 17 日。https://assets.grenfelltowerinquiry. org.uk/documents/transcript/Transcript%2017%20March%202022_0.pdf.

22. Kellier, A., 'Letter to Dr Sarah Colwell', 15 August 2002. https://assets. grenfelltowerinquiry.org.uk/BRE00042031_Letter%20from%20Alan%20

Keiller%20%28CWCT%29%20to%20Sarah%20Colwell%20%28BRE%29%20
providing%20comments%20in%20response%20to%20the%202002%20
consultation%20in%20relation%20to%20the%20revision%20of%20BR%20
135.%20Response%20to%20comments%20are%20in%20ma.pdf.

23. 安东尼·伯德，调查笔录，2022 年 2 月 28 日。

24. 建筑规则制定建议委员会会议纪要，2022 年 4 月。https://assets.grenfelltowerinquiry.
org.uk/CLG00000720_Minutes%20-%20Building%20Regulations%20Advisory%20
Committee%20Part%20B%20Working%20Party%20Meeting.pdf.

25. "RADAR 2" 项目，《沃灵顿火灾调查》，2000 年 5 月。https://assets.grenfelltowerinquiry.
org.uk/CLG00000951_RADAR%202%20Project%20-%20Research%20Test%20
Report%20-%20Correlation%20of%20UK%20Reaction%20to%20Fire%2C%20
Guidance%20on%20Revision%20of%20Approved%20Document%20B%20
%28Part%202_%20Proposals%20for%20the%20European%20Supplement%20
to%20Approved.pdf.

26. 金斯攀公司，《新欧洲防火分类体系技术公告》。https://assets.grenfelltowerinquiry.
org.uk/KIN00000060_Kingspan%20document_%20bulletin%20entitled%20
%27New%20European%20Fire%20Classification%20System%27%20
dated%20May%202003.pdf.

27. 布赖恩·马丁的证词，2022 年 3 月 22 日。

28. 同上。

3　01:20

1. Purser, D. https://assets.grenfelltowerinquiry.org.uk/documents/Professor%20
David%20Purser%20report%20%28Phase%201%20-%20supplemental%29%20
DAPR0000001.pdf.

2. 作者采访。

3.《格伦费尔塔楼火灾第一阶段调查报告》，第四卷，第 607 页。

4 "给我看尸体"

1. 调查笔录，2022 年 2 月 10 日。

2. 调查笔录，2022 年 3 月 1 日。

3. 调查笔录，2022 年 3 月 29 日。

4. 内阁办公室新闻稿，2021 年 4 月 7 日。

5. Barwise, S., 'Opening statement', 6 December 2021. https://assets.grenfelltowerinquiry. org.uk/BSR00000096_BSR%20Team%201A%20-%20Phase%202%20Module%20 6%20Written%20Opening%20%28Government%2C%20FRA%2C%20Testing%20 and%20Certification%29%20Submissions%20%5BBindmans%2C%20Hickman%20 %26%20Rose%2C%20Hodge%20Jones%20%26%20Allen%5D.pdf.

6. 调查笔录，2021 年 4 月 7 日。

7. Glaze, B., Bentley, D., Woodcock, A., 'David Cameron: I will kill off safety culture', *Independent*, 5 January 2012. https://www.independent.co.uk/news/uk/politics/david-cameron-i-will-kill-off-safety-culture-6285238.html.

8. 调查笔录，2022 年 4 月 4 日。

9. 调查笔录，2022 年 3 月 8 日。

10. 调查笔录，2022 年 2 月 9 日。

11. Kirkham, F., 'Letter to DCLG', 28 March 2013. https://www.lambeth.gov.uk/sites/ default/files/ec-letter-to-DCLG-pursuant-to-rule43-28March2013.pdf.

12. 调查笔录，2022 年 3 月 29 日。

13. Pickles, E., Letter to coroner Frances Kirkham, 20 May 2013. https://www.lambeth. gov.uk/sites/default/files/ec-letter-from-rt-hon-eric-pickles-mp-20May2013.pdf.

14. Kirkham F., 'Letter to DCLG', 28 March 2013. https://www.lambeth.gov.uk/sites/ default/files/ec-letter-to-DCLG-pursuant-to-rule43-28March2013.pdf.

15. Apps, P., 'Grenfell management company ignored Lakanal recommendations after government said they would not become mandatory', *Inside Housing*, 12 June 2019. https://www. insidehousing.co.uk/news/news/grenfell-management-company-ignored-lakanal-recommendations-after-government-said:they-would-not-be-

mandatory-61861.

16. 调查笔录，2022 年 3 月 23 日。

17. 斯蒂芬·威廉姆斯写给戴维·阿麦斯爵士的信，2014 年 9 月 9 日。

18. 戴维·阿麦斯爵士写给斯蒂芬·威廉姆斯的信，2014 年 10 月 28 日。

19. 调查笔录，2022 年 3 月 30 日。

20. 调查笔录，2022 年 3 月 22 日。

21. 调查笔录，2022 年 3 月 24 日。

22. 调查笔录，2022 年 3 月 8 日。

23. 同上。

24. 调查笔录，2022 年 3 月 28 日。

25. 调查笔录，2022 年 3 月 7 日。

26. 调查笔录，2022 年 4 月 7 日。

27 调查笔录，2022 年 2 月 10 日。

28. 调查笔录，2022 年 3 月 8 日。

29. 加文·巴韦尔写给戴维·阿麦斯爵士的信，2017 年 5 月 2 日。

30. 调查笔录，2021 年 11 月 25 日。

31. 调查笔录，2021 年 3 月 8 日。

32. 调查笔录，2022 年 3 月 30 日。

33. 同上。

5　01:30

1. BSR 第二团队开卷陈述，2020 年 1 月 30 日。https://www.grenfelltowerinquiry.
org.uk/evidence/bsrs-team-2-openingstatements.

2. Bisby, L., 'Grenfell Tower Inquiry: Phase 1 – Expert Report', 2 April 2018. https://
www.grenfelltowerinquiry.org.uk/evidence/ professor-luke-bisbys-expert-report.

6 "绝对机密！"

1. 维多利亚最高法院上诉法院判决，2021 年 3 月。

2. 阿尔科宁克公司，"创新史"。https://www.alcoa.com/global/en/who-we-are/history。

3. 调查笔录，2021 年 2 月 16 日。

4. 调查笔录，2021 年 3 月 22 日。

5. 调查笔录，2021 年 2 月 17 日。

6. 同上。

7. 调查笔录，2021 年 3 月 10 日。

8. 调查笔录，2020 年 11 月 9 日。

9. 调查笔录，2021 年 2 月 10 日。

10. 调查笔录，2021 年 2 月 16 日。

11. 调查笔录，2021 年 2 月 10 日。

12. 调查笔录，2020 年 7 月 14 日。

13. 调查笔录，2021 年 11 月 9 日。

7 01:45

1.《格伦费尔塔楼火灾第一阶段调查报告》，第四卷，第 606 页。

2. 同上，第 600 页。

3. 同上，第 606 页。

8 "挽救生命或减少伤亡的受益……并不高"

1. Tubb, G. and Stylianou, N., 'Long Read: Grenfell Britain's fire safety crisis', *Sky News*, 4 June 2018. https://news.sky.com/story/long-read-grenfell-britains-fire-safety-crisis-11146108.

2. Apps, P., 'Hanging in the balance: what is the future for cross-laminated timber?', *Inside Housing*, 29 April 2020.

3. European Phenolic Foam Association, 'Properties of phenolic foam', https://epfa.org. uk/properties-of-phenolic-foam/.

4. BRE, 'The Production of Smoke and Droplets from products used to form wall and ceiling linings', 2005. https://www.bre.co.uk/filelibrary/pdf/rpts/partb/ODPM_ Smoke_Droplets_Report.pdf.

5. Hull, R., et al. 'Fire Behaviour of modern facade materials: understanding the Grenfell Tower fire', *Journal of Hazardous Materials*, January 2019. https://www. sciencedirect.com/science/article/pii/S0304389418312275?via%3Dihub.

6. 消防工程师事故记录文件机构, 1993 年, 太阳谷。https://www.ife.org.uk/ Firefighter-Safety-Incidents/sun-valley-1993/34014.

7. Apps, P., 'Special investigation: how the government missed the chance to prevent the cladding crisis in the 1990s', *Inside Housing*, 13 June 2021. https://www. insidehousing.co.uk/insight/insight/special-investigation-how-the-government-missed-the-chance-to-prevent-the-cladding-crisis-in-the-1990s-71109.

8. *Fire*, 1997。

9. Memorandum by the Fire Brigades Union (ROF 28). https://publications.parliament. uk/pa/cm199899/cmselect/cmenvtra/741/9072002.htm.

10. 诺斯利火灾档案, 获取自国家档案馆。摘自 1992 年约翰·萨瑟恩与托尼·莫里斯的通信。

11. 环境、交通与地方事务部特别委员会, 证据纪要, 1999 年 7 月 20 日, 问题 40—59。https://publications.parliament.uk/pa/cm199899/cmselect/cmenvtra/ 741/9072008.htm.

12. 色罗提公司 2005 至 2006 年度财务年报。

13. 金斯攀公司 2005 至 2006 年度财务年报。

14. 调查笔录, 2020 年 11 月 23 日。

15. 金斯攀公司, "你的立面后面潜伏着什么?"传单, 2005 年 5 月。

16. 调查笔录, 2020 年 11 月 30 日。

17. 'Celotex pink bus completes "insulating Britain" promotional tour', *East Anglian Daily Times*, 21 June 2014. https://www.eadt.co.uk/news/business/hadleigh-celotex-

pink-bus-completes-insulating-britain-promotional-tour-2146138.

18. 调查笔录，2020 年 11 月 19 日。

19. 调查笔录，2020 年 9 月 21 日。

20. 调查笔录，2022 年 3 月 23 日。

21. 同上。

22. 同上。

23. 调查笔录，2020 年 12 月 3 日。

24. 调查笔录，2020 年 12 月 4 日。

25. 调查笔录，2021 年 12 月 14 日。

26. 调查笔录，2020 年 11 月 24 日。

27. NHBC, 'Acceptability of common wall constructions containing combustible materials in high-rise buildings', July 2016. https://assets.grenfelltowerinquiry.org.uk/KIN00000516_Exhibit%20AP_4%20-%20Adrian%20Pargeter%20%28Kingspan%29.pdf.

28. 调查笔录，2020 年 9 月 21 日。

29. 调查笔录，2022 年 6 月 9 日。

30. 调查笔录，2020 年 11 月 9 日。

31. 调查笔录，2022 年 6 月 20 日。

9 02:00

1.《格伦费尔塔楼火灾第一阶段调查报告》，第四卷，第 619 页。

10 "我们就要发财了"

1. 作者采访，2020 年 8 月。

2. Boughton, J., 'A perfect storm of disadvantage: the history of Grenfell Tower', *The i*, 26 July 2017. https://inews.co.uk/news/perfect-storm-disadvantage-history-grenfell-tower-80807.

3. 作者采访，2020 年 8 月。

4.《诺丁巴恩斯南部总体规划草案报告》，2009 年 7 月。https://grenfellactiongroup. files.wordpress.com/2015/08/notting-barns-south-masterplan.pdf.

5. 埃迪·达芬的证人陈述，《格伦费尔塔楼火灾第二阶段调查报告》。

6. 调查笔录，2020 年 3 月 3 日。

7. 同上。

8. Apps, P., 'Grenfell cladding consultation did not mention fire safety', *Inside Housing*, 11 July 2017. https://www.insidehousing.co.uk/news/news/grenfell-cladding-consultation-did-not-mention-fire-safety-51419.

9. Booth, R., 'Grenfell Tower: fire-resistant cladding plan was dropped', *Guardian*, 8 May 2018. https://www.theguardian. com/uk-news/2018/may/08/grenfell-tower-more-costly-fire-resistant-cladding-plan-was-dropped.

10. 作者采访。

11. Exova,《格伦费尔塔楼消防安全对策大纲》，2012 年 10 月 31 日。

12. 调查笔录，2020 年 7 月 9 日。

13. 调查笔录，2020 年 10 月 7 日。

14. 同上。

15. 调查笔录，2020 年 9 月 9 日。

16. 调查笔录，2020 年 7 月 28 日。

17. 调查笔录，2020 年 10 月 15 日。

18. 调查笔录，2020 年 9 月 7 日。

19. 调查笔录，2020 年 7 月 9 日。

20. Apps, P., 'Hundreds of building control surveyor posts cut by councils since 2010, research reveals', *Inside Housing*, 28 April 2021. https://www.insidehousing.co.uk/news/news/hundreds-of-building-control-surveyor-posts-cut-by-councils-since-2010-research-reveals-70525.

21. 调查笔录，2021 年 3 月 10 日。

22. 调查笔录，2020 年 10 月 1 日。

23. 调查笔录，2020 年 9 月 30 日。

24. 调查笔录，2020 年 9 月 16 日。

25. 调查笔录，2021 年 3 月 9 日。

26. 调查笔录，2020 年 9 月 17 日。

27. 调查笔录，2020 年 9 月 29 日。

28. 第四频道，《格伦费尔：不为人知的故事》，2021 年 9 月 8 日播出。

29. 调查笔录，2021 年 5 月 18 日。

30. 埃迪·达芬提供给作者的演讲稿。

31. 调查笔录，2021 年 5 月 19 日。

32. 同上。

33. Royal Borough of Kensington and Chelsea, 'North Kensington Tower Block transformed by £10m. Refurbishment', 13 May 2016. https://www.rbkc.gov.uk/ press-release/north-kensington-tower-block-transformed-£tom-refurbishment.

34. 调查笔录，2020 年 10 月 1 日。

11 02:30

1. 《一般风险评估 3.2》和《伦敦消防局政策》第 633 条 7.46 款。https://www. highrisefirefighting.co.uk/docs/GRA%203.2%20High%20rise.pdf.

2. Purser D., 'Phase 1 Report: General description of hazards excluding comprehensive references to individual occupants', 5 November 2018. https://www.grenfelltowerinquiry. org.uk/ evidence/professor-david-pursers-expert-report.

12 "让我们祈祷好运常在"

1. 地方议会文件，获取自肯辛顿图书馆。

2. Memoli, M., 'Investigation report on longstanding complaints of the Kensington and Chelsea TMO', April 2009. https://assets.grenfelltowerinquiry.org.uk/IWS00001462_ Exhibit%20SA_8%20-%20Investigation%20report%20on%20the%20long-standing%20complaints%20of%20the%20KCTMO%20by%20Maria%20Memoli.

pdf.

3. My London, 'New Kensington and Chelsea TMO boss promises radical shake-up', 1 June. 2009.https://www.mylondon.news/news/local-news/new-kensington-chelsea-tmo-boss-6007382.

4. 作者采访。

5. Barker, N., 'KCTMO left thousands of repairs undone', *Inside Housing*, 12 January 2018. https://www.insidehousing.co.uk/news/news/kctmo-left-thousands-of-repairs-undone-council-papers-reveal-53919.

6. 调查笔录，2021 年 4 月 20 日。

7. 沙阿·艾哈迈德的证人陈述，《格伦费尔塔楼火灾第二阶段调查报告》。

8. 调查笔录，2020 年 4 月 27 日。

9. 调查笔录，2020 年 4 月 21 日。

10. 作者采访。

11. Barnes, S., 'The biggest ever survey of fire risk assessments has revealed widespread safety problems', *Inside Housing*,13 June 2018. https://www.insidehousing.co.uk/insight/insight/the-biggest-ever-survey-of-fire-risk-assessments-has-revealed-widespread-safety-problems-56774.

12. Booth, R., 'Grenfell Tower door resisted fire for half as long as it was meant to', *Guardian*, 15 March 2018. https://www.theguardian.com/uk-news/2018/mar/15/grenfell-tower-door-resisted-fire-half-as-long-as-it-was-meant-to.

13. 调查笔录，2021 年 4 月 20 日。

14. 娜塔莎·埃尔科克的证人陈述，《格伦费尔塔楼火灾第一阶段调查报告》。

15. 调查笔录，2021 年 4 月 19 日。

16. 谢默斯·邓利，证人陈述。

17. 调查笔录，2021 年 5 月 27 日。

18. Harley, N., '50 Rescued from burning flats in Kensington', *Telegraph*, 31 October 2015.

19. 调查笔录，2021 年 4 月 29 日。

20. 调查笔录，2021 年 5 月 12 日。

21. 调查笔录，2021 年 6 月 10 日。

22. Apps, P. and Barker, N., 'The Grenfell Tower Inquiry report: one year on, is the sector acting on the recommendations?', *Inside Housing*, 30 October 2020. https://www.insidehousing.co.uk/insight/insight/the-grenfell-tower-inquiry-report-one-year-on-is-the-sector-acting-on-the-recommendations-68316.

23. Apps, P., 'Moratorium on sales of composite doors lifted', *Inside Housing*, 11 December 2018. https://www.insidehousing.co.uk/news/news/moratorium-on-sale-of-composite-fire-doors-lifted-59467.

24. Barker, N., 'Three-quarters of composite fire doors failed safety tests', *Inside Housing*, 14 February 2019. https://www.insidehousing.co.uk/news/three-quarters-of-composite-fire-doors-failed-safety-tests-60190.

25. Apps, P., 'Fire doors: a systemic problem?', *Inside Housing*, 26 July 2018. https://www.insidehousing.co.uk/insight/insight/fire-doors-a-systemic-problem-57326.

26. 作者提供的资料。

27. Hewitt, D., 'Britain's Housing Shame: a story of shocking conditions and tenants' despair at lack of action', *ITV News*, 12 September 2021. https://www.itv.com/news/2021-09-12/britains-housing-shame-shocking-conditions-and-despair-at-a-lack-of-action.

28. Brown, C., 'Shapps confirms plan to scrap TSA', *Inside Housing*, 24 June 2010. https://www.insidehousing.co.uk/news/news/shapps-confirms-plans-to-scrap-tsa-20665.

29. Hardman, I., 'Death of a watchdog', *Inside Housing*, 25 June 2010. https://www.insidehousing.co.uk/insight/insight/death-of-a-watchdog-20572.

30. Hansard, 'Circle Housing and Orchard Village', 12 January 2017. https://hansard.parliament.uk/Commons/2017-01-12/debates/17011264000002/CircleHousingAndOrchardVillage.

31. 王室大律师莱斯利·托马斯向格伦费尔塔楼调查递交的材料，2021 年 7 月 7 日。

32. Snaith, E., 'Council workers called Grenfell area "little Africa" after deadly fire,

MP says', *Independent*, 7 June 2019. https://www.independent.co.uk/news/uk/ home-news/grenfell-kensington-chelsea-council-little-africa-tropics-emma-dent-coad-a8948526.html.

33. Dent Coad, E. 'The most unequal borough in Britain – revisited', October 2020. https://www.dropbox.com/s/87fjaogenl945ws/The%20Most%20Unequal%20 Borough%20in%20Britain%2021.10.20.pdf?dl=0.

34. 埃迪·达芬的证人陈述,《格伦费尔塔楼火灾第二阶段调查报告》。

13　03:00

1. 作者采访，2021 年 1 月。

14　风险评估

1. 马特·拉克的证人陈述,《格伦费尔塔楼火灾第二阶段调查报告》。

2. Todd, C., 'Legislation, guidance and enforcing authorities relevant to fire safety measures at Grenfell Tower', March 2018. https://assets.grenfelltowerinquiry.org. uk/documents/Colin%20Todd%20report_0.pdf.

3. 调查笔录，2022 年 3 月 14 日。

4. Apps, P., 'The Secret Life of a Risk Assessor: whistleblower warns of culture of cover-up', *Inside Housing*, 21 March 2022. https://www.insidehousing.co.uk/insight/ insight/ the-secret-life-of-a-fire-risk-assessor-whistleblower-warns-ofculture-of-cover-up-74400.

5. Barnes, S., 'Revealed: the most common fire safety problems in tower blocks', *Inside Housing*, 4 August 2017. https://www. insidehousing.co.uk/insight/insight/ revealed-the-most-common-fire-safety-problems-in-tower-blocks-51730.

6. 贾尼丝·雷的证词，2021 年 6 月 7 日。

7. Barratt, L., 'KCTMO appointed "competitively priced" fire risk assessment consultant', *Inside Housing*, 16 June 2018. https:// www.insidehousing.co.uk/news/news/the

TMO-appointed-competitively-priced-fire-risk-assessment-consultant-50993.

8. 调查笔录，2021 年 5 月 26 日。

9. 调查笔录，2021 年 4 月 28 日。

10. 调查笔录，2021 年 5 月 27 日。

11. 同上。

15　04:00

1. 调查笔录，2018 年 11 月 15 日。

2. 同上。

16　盲区

1. Todd, C. 'Legislation, guidance and enforcing authorities relevant to fire safety measures at Grenfell Tower', March 2018. https://assets.grenfelltowerinquiry.org. uk/documents/Colin%20 Todd%20report_0.pdf.

2. Holland C., et al., 'External Fire Spread – Part 1 Background research', April 2016. https://www.bre.co.uk/filelibrary/Fire%20 and%20Security/FI---External-Fire-Spread-Part-1.pdf.

3. Apps, P., 'Where did the stay put policy come from and where do we go now?', *Inside Housing*, 31 October 2019. https://www. insidehousing.co.uk/insight/insight/where-did-the-stay-put-policy-come-from-and-where-do-we-go-now-63957.

4. Hodinkson, S., Murphy, P., Turner, A., 'The Fire Risks of Purpose Built Blocks: an exploration of incident data in England', July 2021. https://d3bbcf31-25c6-489a-ad4f-3e78dca61563.usrfiles.com/ugd/d3bbcf_637ac7cb24b547828ff1 952056dd60a3.pdf.

5. 调查笔录，2021 年 10 月 21 日。

6. 调查笔录，2021 年 9 月 20 日。

7. C.S. Todd & Associates, 'Fire Safety in Purpose Built Blocks of Flats', 2011. https://

assets.publishing.service.gov.uk/government/uploads/system/uploads/attachmentdata/
file/1020410/ Fire_Safety_in_Purpose_Built_Blocks_of_Flats_Guide.pdf.

8. 同上。

9. 调查笔录，2021 年 7 月 27 日。

10. 调查笔录，2022 年 3 月 15 日。

11. 同上。

12. 调查笔录，2021 年 7 月 28 日。

13. Apps, P., 'How social landlords are failing to provide evacuation plans for disabled
residents', *Inside Housing*, 27 September 2021. https://www.insidehousing.co.uk/
insight/insight/how-social-landlords-are-failing-to-prepare-emergency-evacuation-
plans-for-disabled-residents-72430.

14. 调查笔录，2021 年 6 月 23 日。

15. 调查笔录，2021 年 3 月 29 日。

16. Kirkham, F., 'Rule 43 letter to DCLG', 28 March 2013. https://www.lambeth.
gov.uk/sites/default/files/ec-letter-to-DCLG-pursuant-to-rule43-28March2013.
pdf.

17. Pickles, E., 'Letter to Frances Kirkham', 20 May 2013. https://www.lambeth.
gov.uk/sites/default/files/ec-letter-from-rt-hon-eric-pickles-mp-20May2013.pdf.

18. 调查笔录，2021 年 11 月 3 日。

19. 同上。

20. Apps, P., 'Grenfell five years on: could it happen again?', *Inside Housing*, 13
June 2021. https://www.insidehousing.co.uk/ insight/grenfell-five-years-on-
could-it-happen-again-76000.

21. 《特建公寓楼建筑居家消防指南》，伦敦消防局，分发于普莱斯托消防站，
2021 年 10 月 31 日。

22. 调查笔录，2022 年 6 月 15 日。

23. Apps, P., 'Grenfell five years on: could it happen again?', *Inside Housing*, 13 June
2021. https://www.insidehousing.co.uk/ insight/grenfell-five-years-on-could-it-
happen-again-76000.

18 "宇宙飞船砸在碎片大厦上"

1. 关于凯瑟琳·希克曼死亡的叙述性裁决，2013 年 3 月 28 日。https://www. lambeth.gov.uk/sites/default/files/ec-inquisition-and-narrative-verdict-catherine-hickman.pdf.

2. Kirkham, F., 'Letter to LFB pursuant to Rule 43', 28 March 2013. https://www. lambeth.gov.uk/sites/default/files/ec-letter-to-london-fire-brigade-pursuant-to-rule43-28March2013.pdf.

3. 调查笔录，2021 年 11 月 16 日。

4. 调查笔录，2018 年 9 月 27 日。

5. 调查笔录，2021 年 10 月 5 日。

6. 调查笔录，2021 年 9 月 20 日。

7. Baigent, D., 'One more last working class hero: a cultural audit of the UK Fire Service', 2001. https://www.academia.edu/4254126/ ONE_MORE_LAST_WORKING_CLASS_HERO_A_CULTURAL_AUDIT_OF_THE_UK_FIRE_SERVICE.

8. 调查笔录，2021 年 9 月 20 日。

9. Knight, K., 'Facing the future', May 2013. https://www.gov.uk/government/publications/facing-the-future.

10. National Audit Office, 'Impact of funding reductions on fire and rescue services', November 2018. https://www.nao.org.uk/report/impact-of-funding-reductions-on-fire-and-rescue-services/.

11. Hansard, 30 October 2019. https://hansard.parliament.uk/commons/2019-10-30/debates/97A7B2AB-DD4E-427D-BBBF-431A1B8E7017/GrenfellTowerInquiry.

12. BBC News, 'Mayor Boris Johnson tells opponent to get stuffed', 11 September 2013. https://www.bbc.co.uk/news/av/uk-england-london-24050870.

19 火灾之后

1. 调查笔录，2022 年 4 月 13 日。

2. 调查笔录，2022 年 4 月 25 日。

3. 调查笔录，2022 年 4 月 13 日。

4. 同上。

5. 调查笔录，2022 年 4 月 26 日。

6. 调查笔录，2022 年 4 月 10 日。

7. 同上。

8. 作者采访。

20　国家丑闻

1. Mortimer, C., 'Camden residents face third night in leisure centre amid Grenfell cladding aftermath', *Independent*, 27 June 2017. https://www.independent.co.uk/news/uk/home-news/ chalcots-estate-camden-council-cladding-fire-risk-grenfell-tower-georgia-gould-a7807801.html.

2. Stewart, H., 'Theresa May announces public inquiry into Grenfell Tower fire', *Guardian*, 15 June 2017. https://www.theguardian. com/uk-news/2017/jun/15/theresa-may-announces-public-inquiry-into-grenfell-tower-fire.

3. 调查笔录，2022 年 3 月 16 日。

4. 调查笔录，2022 年 3 月 23 日。

5. 调查笔录，2022 年 2 月 3 日。

6. 调查笔录，2022 年 3 月 30 日。

7. Orr, D., 'Ministers need to take new approach in Grenfell response', *Inside Housing*, 30 June 2017. https://www. insidehousing.co.uk/comment/comment/ministers-need-to take-a-new-approach-in-grenfell-response-51259.

8. Ministry of Housing, Communities & Local Government, 'Expert panel appointed to advise on immediate safety action following Grenfell fire', 27 June 2017. https://www.gov.uk/ government/news/expert-panel-appointed-to-advise-on-immediate-safety-action-following-grenfell-fire.

9. 第 11 号建议标注，组委会专家：https://assets.grenfell towerinquiry.org.uk/

documents/60.%20Building%20Safety%20 Programme%20update%20and%20 consolidated%20advice%20 for%20building%20owners%20following%20large-scale%20 testing%20-%20exhibit%20to%20MHCLG_CLG10003157.pdf.

10. 作者采访。

11. Simpson, J., 'Birmingham high rise with fire safety issues faces 1,237% insurance premium hike', *Inside Housing*, 27 April 2020, https://www.insidehousing.co.uk/ news/news/ birmingham-high-rise-with-fire-safety-issues-faces-1237-insurance-premium-hike-66215.

12. Barnes, S., 'Fire safety: the leaseholder issue', *Inside Housing*, 2 March 2018. https://www.insidehousing.co.uk/insight/insight/ f ire-safety-the-leaseholder-issue-54918.

13. De Gallier, T., 'Imprisoned by cladding: The flat owners who cannot sell', 8 February 2020. https://www.bbc.co.uk/news/ stories-51412328.

14. Apps, P., 'Revealed: the mental health trauma of residents in private blocks with dangerous cladding', *Inside Housing*, 26 April 2019. https://www.insidehousing. co.uk/insight/ revealed-the-mental-health-trauma-of-residents-in-private blocks-with-dangerous-claddingi-61169.

15. Simpson, J., 'Barking fire: the inside story', *Inside Housing*, 13 September 2019. https://www.insidehousing.co.uk/insight/ insight/barking-fire-the-inside-story-63110.

16. Apps, P., 'Swift evacuation of the Cube "saved many lives," says fire report', *Inside Housing*, 31 July 2020. https://www. insidehousing.co.uk/news/news/ swift-evacuation-of-the-cube saved-many-lives-says-fire-report-67357.

17. Siddle, J., 'First suicide victim linked to cladding scandal feared huge bills and no way out', *Daily Mirror*, 3 October 2021. https://www.mirror.co.uk/news/uk-news/ f irst-suicide-victim-linked-cladding-25124910.

18. Apps, P., 'Grenfell five years on: could it happen again?', *Inside Housing*, 13 June 2021. https://www.insidehousing.co.uk/ insight/grenfell-five-years-on-could-it-happen-again-76000.

19. 调查笔录，2021 年 3 月 25 日。

20. Barratt, L. and Apps, P., 'What do the leaked Kingspan minutes show?', *Inside Housing*, 22 February 2018. https://www. insidehousing.co.uk/insight/insight/what-do-the-leaked-kingspan-meeting-notes-show-54739.

21. Barratt, L., 'The Hackitt Review: key recommendations at a glance', *Inside Housing*, 17 May 2018. https://www.insidehousing.co.uk/insight/insight/the-hackitt-review-key-recommendations-at-a-glance-56337.

22. Apps, P., 'Grenfell survivors "saddened and disappointed" by Hackitt report', *Inside Housing*, 17 May 2018. https://www. insidehousing.co.uk/news/news/grenfell-survivors-saddened and-disappointed-by-hackitt-report-56329.

23. Apps, P., 'Three quarters of cladding systems on new medium rise buildings use combustible materials', *Inside Housing*, 6 April 2021. https://www.insidehousing.co.uk/news/news/three-quarters-of-cladding-systems-on-new-medium-rise-buildings-use-combustible-materials-data-shows-70298.

24.《格伦费尔塔楼火灾第一阶段调查报告》，第四卷。

25. Apps, P., 'Government watered down implementation of Grenfell recommendations for disabled people after push from lobbyists', *Inside Housing*, 18 December 2020. https://www.insidehousing.co.uk/news/news/government-limited-grenfell-inquiry-recommendations-for-disabled-people-after-push-from-industry lobbyists-69036.

26. Apps, P., 'Government's rejection of proposals for disabled residents branded "shameful" and "reprehensible"', *Inside Housing*, 19 May 2022. https://www. insidehousing.co.uk/news/news/ governments-rejection-of-grenfell-inquiry-proposals-for-disabled-residents-branded-shameful-and-reprehensible-75683.

27. Apps, P., 'Are two fires in the Shetland Islands a canary in the coal mine for modular housing?', *Inside Housing*, 16 October 2020. https://www.insidehousing.co.uk/insight/insight/are-two-fires-on-the-shetland-islands-a-canary-in-the-coal-mine-for-modular-construction-68170.

21 "请铭记格伦费尔"

1. Lomas, C., 'Hundreds of children struggling with mental health issues after fire', *Sky News*, 11 June 2018. https://news.sky.com/ story/hundreds-of-children-struggling-with-mental-health issues-after-grenfell-11401162.

2. Bowden, G., 'Toxic Grenfell cough leaves survivors and fire fighters with health problems, MPs say', *Huffington Post*, 16 July 2019. https://www.huffingtonpost. co.uk/entry/grenfell-cough_ uk_5d2cbf9ce4b08938b09922ea#:~:text=An%20 emerging%20 %E2%80%9CGrenfell%20cough%E2%80%9D%20has,Audit%20 Committee%20(EAC)%20said.

3. Barratt, L., 'Grenfell's forgotten victims: life on the Lancaster West estate', *Inside Housing*, 14 June 2019. https://www.insidehousing.co.uk/insight/insight/grenfells-forgotten-victims-life-on-the lancaster-west-estate-after-the-fire-61817.

4. Barratt, L., 'Block of flats chosen to house Grenfell survivors has high fire risk', *Inside Housing*, 14 August 2018. https://www. insidehousing.co.uk/news/news/block-of-flats-chosen-to house-grenfell-survivors-found-to-have-high-fire-risk-62729.

5. Independent Grenfell Recovery Taskforce Third Report, 21 November 2018. https:// assets.publishing.service.gov.uk/government/uploads/system/uploads/attachmentdata/ file/949654/ Grenfell_Recovery_Taskforce_Third_Report.pdf.

6. Hosken, A., 'Inspectors find "appalling" fire risks at east London tower block', *BBC News*, 23 June 2017. https://www.bbc.co.uk/ news/av/uk-40382636.

7. Simpson, J., 'Around 150 people forced to evacuate after fire at block which recently had ACM cladding removed', *Inside Housing*, 23 June 2020. https://www. insidehousing.co.uk/news/ news/around-150-people-forced-to-evacuate-after-fire-at-block which-recently-had-acm-cladding-removed-66932.

22 逝者

1.《格伦费尔塔楼火灾第一阶段调查报告》，第 729 页。

你可以做些什么

　　有许多组织在为格伦费尔遇难者家属和幸存者的正义而战，为让改变更加广泛而战。"格伦费尔联盟"是一个由遇难者家属和幸存者组成的大型联合团体，"格伦费尔的正义"（Justice for Grenfell）是由社区主导的正义运动组织，"格伦费尔至亲"（Grenfell Next of Kin）则代表了一些遇难者的家庭。"结束我们的覆层丑闻"（The End Our Cladding Scandal Campaign）运动是由居住在装有危险覆层和存在其他安全隐患的住宅楼中的居民组成的全国性公共组织。以上所有团体均会组织抗议活动和社交媒体运动，且都可以在线上找到。"覆层残运组织"（Cladding Disability Action Group）专门代表高层建筑的残障居民。他们得到了包括英国残疾人权利协会（Disability Rights UK）在内的组织的支持。"英国住宅塔楼"（Tower Blocks UK）是由萨姆·韦布等活动家成立的高层住宅安全运动组织，致力于为危险社会住宅楼的居民提供帮助。"伦敦租户联盟"（London Renters Union）和"社区重建导向网络"组织（A Community Oriented Rehabilitation Network）是私人住宅和社会住房租户的支持组织。北肯辛顿法律中心（North Kensington Law Centre）、艾马纳尔清真寺（Al-Manaar Mosque）、克莱门特·圣詹姆斯中心（Clement St James Centre）和波多贝罗英式橄榄球基金会（Rugby Portobello Trust）等机构也一直帮助着塔楼附近的社区。本书为作者带来的收益的一部分也将用于支持他们和本地其他的草根慈善组织。

"薄荷实验"是华东师范大学出版社旗下的社科学术出版品牌，主张"像土著一样思考"（Think as the Natives），以期更好地理解自我、他人与世界。该品牌聚焦于社会学、人类学方向，探索这个时代面临的重要议题。相信一个好的故事可以更加深刻地改变现实，为此，我们无限唤醒民族志的魔力。

《香港重庆大厦：世界中心的边缘地带》

麦高登 著 杨玚 译

《特权：圣保罗中学精英教育的幕后》

西莫斯·可汗 著 蔡寒韫 译

《音乐神童加工厂》

伊莎贝拉·瓦格纳 著 黄炎宁 译

《学以为己：传统中国的教育》

李弘祺 著

《乳房：一段自然与非自然的历史》

弗洛伦斯·威廉姆斯 著 庄安祺 译

《美丽的标价：模特行业的规则》

阿什利·米尔斯 著 张皓 译

《喂养中国小皇帝：儿童、食品与社会变迁》

景军 主编 钱霖亮、李胜等 译

《给无价的孩子定价：变迁中的儿童社会价值》

维维安娜·泽利泽 著 王水雄等 译

《唐人街：镀金的避难所、民族城邦和全球文化流散地》

王保华、陈志明 主编 张倍瑜 译

《捡垃圾的人类学家：纽约清洁工纪实》

罗宾·内葛 著 张弼衍 译

《人行道王国》

米切尔·邓奈尔 著 马景超、王一凡、刘冉 译

《清算：华尔街的日常生活》

何柔宛 著 翟宇航等 译

《看上去很美：整形美容手术在中国》

文华 著 刘月 译

《找工作：关系人与职业生涯的研究》

马克·格兰诺维特 著 张文宏 译

《道德与市场：美国人寿保险的发展》

维维安娜·泽利泽 著 姚泽麟等 译

《末日松茸：资本主义废墟上的生活可能》

罗安清 著 张晓佳 译

《母乳与牛奶：近代中国母亲角色的重塑（1895–1937）》

卢淑樱 著

《生老病死的生意：文化与中国人寿保险市场的形成》

陈纯菁 著 魏海涛、符隆文 译

《病毒博物馆：中国观鸟者、病毒猎人和生命边界上的健康哨兵》

弗雷德雷克·凯克 著 钱楚 译

《感情研究指南：情感史的框架》

威廉·雷迪 著 周娜 译

《培养好孩子：道德与儿童发展》

许晶 著 祝宇清 译

《拯救婴儿？新生儿基因筛查之谜》

斯蒂芬·蒂默曼斯、玛拉·布赫宾德 著 高璐 译

《金钱的社会意义：私房钱、工资、救济金等货币》

维维安娜·泽利泽 著 姚泽麟等 译

《成为三文鱼：水产养殖与鱼的驯养》

玛丽安娜·伊丽莎白·利恩 著 张雯 译

《生命使用手册》

迪杰·法桑 著 边和 译

《不安之街：财富的焦虑》

瑞秋·谢尔曼 著 黄炎宁 译

《寻找门卫：一个隐蔽的社交世界》

彼得·比尔曼 著 王佳鹏 译

《依海之人：马达加斯加的维佐人，一本横跨南岛与
非洲的民族志》

丽塔·阿斯图蒂 著 宋祺 译

《风险的接受：社会科学的视角》

玛丽·道格拉斯 著 熊畅 译

《人类学家如何写作：民族志阅读指南》

帕洛玛·盖伊·布拉斯科、胡安·瓦德尔 著 刘月 译

《亲密的分离：当代日本的独立浪漫史》

艾莉森·阿列克西 著 徐翔宁、彭馨妍 译

《亨丽埃塔与那场将人类学送上审判席的谋杀案》

吉尔·施梅勒 著 黄若婷 译

《实验室生活：科学事实的建构过程》

布鲁诺·拉图尔、史蒂夫·伍尔加 著 修丁 译

《德国电梯社会：一个欧洲心脏地区的危机》

奥利弗·纳赫特威 著 黄琬 译

《封面之下：一本小说的创作、生产与接受》

克莱顿·柴尔德斯 著 张志强、王翡 译

《离开学术界：实用指南》

克里斯托弗·卡特林 著 何啸风 译

《事实与虚构：论边界》

弗朗索瓦丝·拉沃卡 著 曹丹红 译

《影子母亲：保姆、换工与育儿中的微观政治》

卡梅隆·林·麦克唐纳 著 杨可 译

《诊所在别处：成瘾人类学和药物依赖下的青少年》

托德·迈耶斯 著 姚雨萌 译

《特殊待遇：来自亚洲一流医院的医学生》

安娜·鲁多克 著 于茗骞 译

《生活在写作之中：与契诃夫一同磨砺民族志技艺》

基伦·纳拉扬 著 淡豹 译

《修复世界：保罗·法默博士与下一代医生的对话》

保罗·法默 著 张晶 译

《金门：美国住房之战》

康纳·多尔蒂 著 相欣奕 张美华 译

《拍电影的人类学家：先驱让·鲁什的田野与民族志研究》

保罗·斯托勒 著 杨德睿 译

《寻找正确的单词：一个关于文学、悲伤和大脑的故事》

辛迪·温斯坦、布鲁斯·米勒 著 鲍伟奇 译

《VIP世界》

阿什利·米尔斯 著 时川萌 译

《游戏直播简史：重塑游戏、电竞与情感经济》

T. L. 泰勒 著 曹书乐 何威 译

《电力消费社会》

佳内·厄兹登－席林 著 袁俊 译

《硅谷文化》

J. A. 英格利希－鲁埃克 著 丁依然、董晨宇 译

《格伦费尔塔楼火灾是如何发生的》

彼得·阿普斯 著 崔航蔚 译

薄荷实验·中文原创

《生熟有道：普洱茶的山林、市井和江湖》

张静红 著

《过渡劳动：平台经济下的外卖骑手》

孙萍 著

《薄暮时分：在养老院做田野》（暂名）

吴心越 著